国家社会科学基金项目"我国制造业与服务业协调发展的统计测度研究"
(17BTJ017)

中国制造业与服务业协调发展的统计测度研究

张 虎　周 楠　韩爱华　著

图书在版编目(CIP)数据

中国制造业与服务业协调发展的统计测度研究 / 张虎, 周楠, 韩爱华著. —北京: 北京大学出版社, 2022.12

ISBN 978-7-301-34199-5

Ⅰ.①中… Ⅱ.①张… ②周… ③韩… Ⅲ.①制造工业—关系—服务业—协调发展—研究—中国 Ⅳ.①F426.4 ②F726.9

中国国家版本馆 CIP 数据核字(2023)第 125790 号

书　　　名	中国制造业与服务业协调发展的统计测度研究 ZHONGGUO ZHIZAOYE YU FUWUYE XIETIAO FAZHAN DE TONGJI CEDU YANJIU
著作责任者	张　虎　周　楠　韩爱华　著
策划编辑	王显超
责任编辑	翟　源
标准书号	ISBN 978-7-301-34199-5
出版发行	北京大学出版社
地　　　址	北京市海淀区成府路 205 号　100871
网　　　址	http://www.pup.cn　新浪微博：@北京大学出版社
电子邮箱	编辑部 pup6@pup.cn　总编室 zpup@pup.cn
电　　　话	邮购部 010-62752015　发行部 010-62750672 编辑部 010-62750667
印　刷　者	北京虎彩文化传播有限公司
经　销　者	新华书店 720 毫米×1020 毫米　16 开本　14.5 印张　329 千字 2022 年 12 月第 1 版　2022 年 12 月第 1 次印刷
定　　　价	72.00 元

未经许可，不得以任何方式复制或抄袭本书之部分或全部内容。
版权所有，侵权必究
举报电话：010-62752024　电子邮箱：fd@pup.cn
图书如有印装质量问题，请与出版部联系，电话：010-62756370

序

　　我因能够为这本富有深刻洞察的新书写序而感到荣幸。这本书深入研究了中国经济正在经历的高质量发展阶段,特别强调了在新发展理念的指导下,制造业与服务业协调发展对于实现经济高质量发展的重要性。当前,中国正面临经济发展模式的深刻变革,由高速增长向高质量发展的转变已成为主要趋势。在这一过程中,创新、协调、绿色、开放、共享等五大发展理念成为引领经济发展的基石。作者深刻地指出,要实现经济高质量发展,必须重视实体经济的发展,尤其是制造业在其中的核心地位。这一观点与中南财经政法大学一直以来强调的理论导向、理论与实践结合的理念是一致的。

　　特别值得一提的是,为了充分了解中国服务业与制造业的协调发展水平,以及对制造业升级的影响,本书采用统计学、新经济地理学、产业经济学的相关理论和方法,在分析制造业与服务业协调发展机制基础上,搭建"产业发展—产业协调—驱动因素—产业升级"的研究路径,为促进区域间产业协调发展及产业优化升级提供决策参考。作者通过以研究问题为牵引,以研究路径为导向,对产业协调发展的动机、载体、路径进行了深入探讨,为实现产业协调发展提出了可供借鉴的发展模式。此外,引入空间因素,通过测度制造业与服务业协调发展的空间集聚效应,进一步将产业协调发展的理论分析扩展至空间层面,为我们全面理解经济发展提供了新的视角。

　　相较于市场同类书籍,本书的创新和主要贡献在于:(1)探析了产业协调发展的动机、载体、路径,健全了制造业与服务业协调发展的理论机制;(2)创新性探究了制造业与服务业协调发展状况、共性特征、差异水平及动态演进规律,继承和拓展了产业关联研究,为实现产业协调发展提出可供借鉴的发展模式;(3)引入空间因素,通过测度制造业与服务业协调发展的空间集聚效应、驱动因素的空间溢出效应、空间异质性,将产业协调发展的理论分析扩展至空间层面;(4)突破传统的线性单向思维,检验制造业与服务业协调发展对制造业升级的阈值效应,建立了产业协调发展对产业升级的非线性推动机理。

　　本书是国家社会科学基金一般项目"我国制造业与服务业协调发展的统计测度研究"(17BTJ017)的最终成果,并获得良好结项。我要由衷地感谢作者为国家社会科学基金项目所做出的贡献。本书的作者不是象牙塔里的研究者,而是能把统计学的学理研究与应用相结合做出一系列有社会效益和经济效益成果的实践者。本书是一本理论与实践相辅相成的著作,作者将空间计量理论和产业经济理论，应用于中国制造业与服务业实际发展研究的实例中，旨在为决策者提供一些有益的参考，共同推进制造业和服务业的协调发展，为中国经济高质量发展做出积极贡献。

最后，希望这本书能够得到广大读者的认同，成为推动中国经济高质量发展的研究范本，更好地引领相关领域的学术研究和实践探索。

二零二二年九月一日于武汉

前　言

随着中国社会主要矛盾的历史性转化，中国经济由速度优先转为"高质量发展"，与此同时产业结构也呈现较大的改变，服务业已成为新时期增加就业与拉动经济增长的主要动力。要实现"高质量发展"，应当有发达的实体经济作支撑，而实体经济的核心是制造业，因此当经济逐步由"工业"时代迈向"服务业"时代时，制造业与服务业协调发展与互动融合将成为必然趋势。新时代产业变革呈现出服务化、高端化、智能化、网络化、绿色化等趋势，同时，一方面由于国内劳动力成本的加快提升，新兴经济体的廉价劳动力形成替代效应；另一方面，随着产业技术水平的提升，占据优势地位的发达国家通过构建新的贸易模式使中国在国际竞争关系中处于被动地位。在"前有围堵、后有追兵"的经济环境下，产业升级迫在眉睫，而产业升级离不开产业间的协调发展。制造业与服务业的协调发展主要表现在产业结构合理、形成产业集聚、提高劳动生产率、缩小收入差距、可持续发展五大方面。

本书应用统计学、计量经济学、新经济地理学、产业经济学、区域经济学的相关理论和方法，在探明制造业与服务业协调发展机制基础上，搭建"产业发展—产业协调—驱动因素—产业升级"的研究路径，为促进区域间产业协调发展及产业优化升级提供决策参考，并尝试回答如下几个问题：

（1）制造业与服务业协调发展的理论基础是什么？制造业与服务业协调发展出于何种动因？需要依托哪些载体来实现协调发展？存在怎样的机理和路径？

（2）中国制造业与服务业处于怎样的发展水平？各自发展水平的时空演变趋势如何？是否存在较为明显的区域差异？如何测度制造业与服务业的发展水平及区域差异？

（3）中国制造业与服务业是否协调发展？产业协调发展的演进状态及区域特征如何？未来产业协调发展的前景是怎样的？

（4）驱动制造业与服务业协调发展的主要因素有哪些？其作用机制如何？各种因素对协调发展水平的作用效果如何测度？是否存在空间溢出效应及空间异质性？

（5）当前中国制造业产业升级现状如何？产业升级如何科学合理测度？制造业与服务业协调发展是否能促进制造业升级？作用大小与方向如何？

以研究问题为牵引，以研究路径为导向，以2005—2016年中国30个省份制造业与服务业的面板数据为研究对象，本书所得到的主要研究结论包括以下几点。

第一，中国制造业与服务业综合发展水平在空间上呈非均衡特征。具体来看，制造业与服务业综合指数逐年提升，在省域层面呈左偏分布，而在区域层面保持"东中西"（"沿海到内陆"）递减的分布格局，且制造业总体发展水平略滞后于服务业；对区域差异分解可以发现"区域间差异＞区域内差异＞超变密度"，区域间差异是总体区域差异的主要来源，且空间细分后区域间差距趋于扩大，而区域内差距趋于缩小。

第二，中国制造业与服务业耦合协调度呈逐年上升态势，且未来发展趋势向好，但在不同地区及行业表现出差异性特征。从地区层面来看，经济发达、产业集聚程度高的东部沿海地带往往产业协调水平高；而经济欠发达、产业集聚程度低的西南部地区则产业协调水平低。从行业层面来看，服务业主导型和产业趋同型中部分行业已渗透至双方产业内部，表现出较强的协调性，使之率先迈进勉强协调水平；而制造业主导型中多数行业在两产业升级及融合过程中未能有效发挥作用，而止步于濒临失调水平。

第三，中国制造业与服务业耦合协调度存在显著的空间相关性，驱动因素的空间溢出效应和空间异质性同时存在。通过全局与局部 Moran's I 指数，发现耦合协调度的空间相关性逐渐增强，位于高水平集聚区的省份数逐渐增多。基于空间计量模型的相关检验表明，空间固定效应 SDM 模型拟合效果最好，估计结果发现人力资本、基础设施建设、产业政策对应变量存在显著的空间溢出效应，其他变量未发现存在明显的空间溢出效应。地理加权回归模型（GWR）估计结果表明，各驱动因素回归系数均值对产业耦合协调度存在正向作用，且区域差异特征显著。

第四，中国制造业与服务业协调发展对制造业升级有显著的正向促进作用，但在不同门限变量下对制造业升级效果存在差异。其中，产业规模存在单一门限值，当制造业工业销售产值低于 34685 亿元时，产业协调发展对制造业生产效率提升效果较强，反之则较弱；综合发展水平存在双重门限值，当制造业综合发展水平介于 0.0854～0.3330 之间时，产业协调发展对制造业生产效率提升效果最强，其他情况则较弱；技术创新存在单一门限值，当 R&D 经费内部支出高于 2.127 亿元时，产业协调发展对制造业生产效率提升效果较强，反之则较弱。

基于本书的理论及实证分析所得结论，提出促进区域间产业协调发展及产业优化升级的相关建议：提升制造业与服务业发展水平，加快形成产业集群；深化供给侧结构性改革下的高质量发展，促进产业向全球价值链中高端转移；顺应"互联网＋"发展趋向，不断更新产业互动模式。

目 录

导 论 ·· 001
  一、研究背景和研究意义 ·· 001
  二、国内外研究现状综述 ·· 005
  三、研究的基本思路与技术路线 ······································ 014
  四、主要内容与研究方法 ·· 015
  五、创新之处 ··· 018

第一章 制造业与服务业协调发展的基本理论分析

第一节 研究范围及产业协调发展概念界定 ························ 020
  一、制造业范围界定 ·· 020
  二、服务业范围界定 ·· 021
  三、产业协调发展概念界定 ··· 021

第二节 产业协调发展的动因 ·· 023
  一、分工协作理论 ··· 023
  二、交易成本理论 ··· 024
  三、价值链理论 ·· 025
  四、产业集群理论 ··· 027

第三节 产业协调发展的载体 ·· 028
  一、业务载体 ·· 028
  二、资本载体 ·· 029
  三、技术载体 ·· 030
  四、人才载体 ·· 031
  五、信息载体 ·· 032

第四节 产业协调发展的路径 ·· 033
  一、需求遵从路径 ··· 033
  二、供给主导路径 ··· 034
  三、互动发展路径 ··· 035

本章小结 ··· 036

第二章 制造业与服务业综合发展水平的测度分析

第一节 制造业与服务业发展水平的评价指标体系构建 ·················· 038
 一、评价指标体系构建的基本原则 ································· 038
 二、评价指标体系的具体确定 ····································· 040
 三、数据来源及区域划分 ··· 043
 四、指标权重及综合指数确定 ····································· 044

第二节 制造业与服务业综合发展水平分析 ···························· 046
 一、制造业与服务业总体发展水平及特征 ··························· 046
 二、省域制造业与服务业发展水平及特征 ··························· 047
 三、区域制造业与服务业发展水平及特征 ··························· 051
 四、各门类服务业发展水平及特征 ································· 056

第三节 制造业与服务业发展水平的灰色关联度分析 ···················· 057
 一、灰色关联度计算方法 ··· 057
 二、制造业发展水平与各评价指标 ································· 059
 三、服务业发展水平与各评价指标 ································· 060
 四、制造业与服务业灰色关联度 ··································· 062

第四节 制造业与服务业发展水平的区域差异 ·························· 063
 一、Dagum基尼系数分解方法 ····································· 063
 二、三区域下制造业综合指数的空间差异分解 ······················· 064
 三、八区域下制造业综合指数的空间差异分解 ······················· 066
 四、三区域下服务业综合指数的空间差异分解 ······················· 067
 五、八区域下服务业综合指数的空间差异分解 ······················· 068

本章小结 ··· 070

第三章 制造业与服务业协调发展水平的测度分析

第一节 耦合协调度模型构建与等级划分 ······························ 071
 一、耦合协调度模型 ··· 071
 二、等级划分标准 ··· 072

第二节 制造业与服务业协调发展水平分析 ···························· 073
 一、总体协调发展水平及特征 ····································· 073
 二、省域层面协调发展水平及特征 ································· 074
 三、区域层面协调发展水平及特征 ································· 076

第三节 制造业与服务业各门类协调发展水平分析 ······················ 079
 一、制造业与服务业各门类总体耦合协调度 ························· 079

二、三区域下制造业与服务业各门类耦合协调度 ················· 084
　　三、八区域下制造业与服务业各门类耦合协调度 ················· 085
第四节　制造业与服务业协调发展水平的区域差异 ··················· 088
　　一、三区域下制造业与服务业协调发展水平空间差异分解 ········· 088
　　二、八区域下制造业与服务业协调发展水平空间差异分解 ········· 090
　　三、三区域下制造业与服务业各门类协调发展水平空间差异分解 ··· 091
　　四、八区域下制造业与服务业各门类协调发展水平空间差异分解 ··· 094
第五节　制造业与服务业协调发展的前景分析 ······················· 097
　　一、灰色预测建模原理 ··· 097
　　二、制造业与服务业协调发展水平总体预测 ····················· 099
　　三、制造业与服务业协调发展水平区域预测 ····················· 101
　　四、制造业与服务业各门类协调发展水平预测 ··················· 102
本章小结 ··· 104

第四章　制造业与服务业协调发展的驱动因素分析

第一节　制造业与服务业协调发展水平的驱动因素 ··················· 105
　　一、驱动因素及相关假设 ······································· 105
　　二、变量选择及说明 ··· 108
　　三、数据来源 ··· 109
第二节　产业协调发展水平的空间相关分析 ························· 110
　　一、空间权重矩阵 ··· 110
　　二、全局空间相关分析 ··· 111
　　三、局部空间相关分析 ··· 114
第三节　产业协调发展驱动因素的空间溢出效应分析 ················· 116
　　一、空间面板计量模型的选择 ··································· 116
　　二、固定效应与随机效应 ······································· 117
　　三、溢出效应及其分解 ··· 118
　　四、产业协调发展水平空间溢出效应的实证分析 ················· 120
第四节　产业协调发展驱动因素的空间异质性分析 ··················· 125
　　一、指标选取与数据来源 ······································· 125
　　二、地理加权回归模型 ··· 125
　　三、空间异质性分析 ··· 126
本章小结 ··· 129

第五章　制造业与服务业协调发展对制造业升级的影响分析

第一节　制造业升级的现状分析 ··· 131
一、制造业产值占国民经济比重现状 ······································· 132
二、制造业结构升级现状 ·· 133
三、制造业价值链升级现状 ··· 134

第二节　制造业升级的测度及特征分析 ···································· 135
一、基于DEA－Malmquist全要素生产效率指数模型构建 ········· 135
二、指标设定及处理 ·· 136
三、制造业全要素生产效率测算结果 ······································ 137

第三节　产业协调发展对制造业升级影响的门限效应 ················· 142
一、门限回归模型 ··· 142
二、模型设定、变量选择及数据来源 ······································ 144
三、实证结果分析 ··· 147

本章小结 ··· 153

第六章　结论与启示

一、研究结论 ·· 155
二、主要启示 ·· 158
三、研究展望 ·· 160

参考文献 ··· 163

附　录 ··· 181

导　　论

一、研究背景和研究意义

(一)研究背景

1. 世界经济服务化与"再工业化"

经济服务化通常用服务化率,即用服务业占国民经济总体的比重来衡量,它反映了三次产业演进的规律,也是产业高级化和产业优化升级的必然趋势。在很长的一段时间内,经济学理论普遍认为对服务的需求是经济增长的派生需求。第二次世界大战后,世界服务化率持续上升,尤其是随着信息技术的发展和互联网的普及,目前世界服务业增加值占 GDP 比重已达 68%,多数发达国家该比重已超过 70%,包括中国在内的很多发展中国家也超过了 50%,服务业成为推动经济增长的重要力量,人们也逐渐走出对服务业在作用、功能及地位上的认识误区。对于中国而言,应当将更多的资源经济要素投入服务业的发展上来,充分发挥其作为经济黏合剂作用,不断推动商品生产、经济增长和产业升级,这亦是可持续经济发展战略的必然要求。

"再工业化"通过政府的作用来刺激旧工业部门的再度兴起并扶持新兴工业部门的成长,是促进经济增长的有效政策手段。"再工业化"的主要动力源于以下几方面:首先,各发达国家在生物制药、汽车、飞机制造、电子信息等高端制造业领域激烈竞争以获得产业发展制高点;其次,以中国为典型代表的发展中国家不断进行技术创新,促进产业转型升级,给发达国家造成了巨大压力;最后,发展中国家加大了其在战略性新兴产业和高新技术产业上的投资力度,让部分发达国家有了危机感。基于此,后金融危机时期,以美、英、德为首的发达国家相继实施"再工业化"战略,目的是强化本国实体经济的国际地位、挤出虚拟经济泡沫、重寻经济增长点,这使制造业规模居全球首位且强烈依托对外出口的中国面临严峻挑战。如今,中国正处于经济转型升级的关键时期,如何在发达国家"再工业化"背景下实现"稳增长、调结构、促发展"的目标,需要深入剖析其对中国制造业的影响,有的放矢地采取相应手段来进行防御。

基于世界经济服务化与"再工业化"的现实状况,为推动中国建设经济强国和实现可持续发展,应当准确认识制造业与服务业协调发展的演进规律及趋势,协同打造制造业与服务业两个竞争力。

2. 转向高质量发展的供给侧结构性改革

进入新时代,中国社会主要矛盾发生历史性变化,中国经济也由速度优先转为"高质量发展",它是为实现美好生活目标的创新发展、绿色发展和包容性发展。习近平总书记在党的十九大报告中首次提出建设现代化经济体系,其中包含了深化供给侧结构性改革。推进供给侧结构性改革是引领高质量发展的必然要求,而高质量发展是建设现代化经济体系的中心内容。

要实现高质量发展,首先应当有发达的实体经济作支撑,在继续推进"三去一降一补"[1]的同时,将振兴实体经济作为深化供给侧的攻坚任务。实体经济重要关注点主要在制造业,尽管中国制造业增加值占全球比重约为20%,处于领先地位;但就产出效率而言并不高,制造业增加值率仅为21%,是发达国家的一半左右;就人均增加值而言则更低,仅为3000美元,约为发达国家的三分之一。发展实体经济的关键在于制造业,推进供给侧结构性改革,应首先加快制造业产业升级,提升制造业的国际竞争力。其次,应当在服务业扩张的同时提高"含金量",实现服务业发展的提质增效。在贯彻新发展理念和深化供给侧结构性改革的作用下,加之世界经济复苏状况向好,为服务业的发展造就了良好条件,2017年我国服务业增加值实际增长8%,对GDP的贡献率为58.8%,贡献率已连续三年超过50%,对经济保持中高速增长意义重大。在促进产业价值链向中高端提升的过程中,将高水平服务业全面开放,加大服务企业"走出去"的指导与服务,充分发挥技术和知识溢出效应,增强资源配置与全球布局能力。在产业发展过程中促进服务业与制造业的深度融合,着眼于制造业升级的需求,通过服务企业在创意、营销、信息方面的优势力量为制造业提供专业化的服务,加快推进新旧动能转换。以高水平生活类服务业来提升消费满意度,鼓励更多资本投入大数据、人工智能等领域,充分挖掘消费者潜在需求,通过丰富服务内容、创新服务方式、提高服务质量等方式,不断满足人民日益增长的美好生活需要。

3. 产业升级中的区域协调发展

区域协调发展是党的十六届三中全会提出的"五个统筹"之一,习近平总书记在党的十九大报告中提出实施区域协调发展战略[2],2018年11月国家出台旨在缩小区域间公共服务和人民生活水平差距的《中共中央 国务院关于建立更加有效的区域协调发展新机制的意见》[3]。新时代产业变革呈现出服务化、高端化、智能化、网络化、绿色化等趋势。一方面由于国内劳动力成本的上涨,使得新兴经济体的廉价劳动力形成替代效应;另一方面,随着产业技术水平的提升,占据优势地位的发达国家通过构建新的贸易模式使中国在与发达国家的竞争中处于被动地位。在

---

[1] 即去产能、去库存、去杠杆、降成本、补短板。

[2] https://www.gov.cn/zhuanti/2017-10-27/content_5234876.htm,2017-10-27。

[3] http://www.gov.cn/xinwen/2018-11/29/content_5344537.htm,2018-11-29。

"前有围堵、后有追兵"的经济环境下,产业升级迫在眉睫,而产业升级离不开区域间经济的协调发展。

产业升级需要区域间经济的协调发展的各种要素,主要包含产业发展基础、市场需求、人力资本、社会政治。第一,区域间过大的差异将会形成大面积产业洼地,这些区域由于缺乏产业发展的配套基础,束缚了区域间的产业转移,阻隔了产业整体升级通道。第二,市场需求,尤其是购买力决定的有效需求是产业升级的先决条件,对经济发展和区域间经济的协调发展也是不可或缺的要素。区域间经济的协调发展需要合理的收入水平及与之相适应的市场需求。第三,依据Hirschman(1959)的不平衡增长理论,发达地区由于自身在基础设施建设、市场、服务等方面的优势,对劳动、资本等要素产生极化效应[1],这给人才集聚造成了先天性的约束,影响增长极跳跃和整体产业升级。第四,从社会政治层面考虑,产业升级需要稳定的社会经济环境,改革开放以来中国之所以取得如此大的成就也得益于此;而动荡的社会环境下保持原有的产业基础都很困难,产业升级更无从谈起。

由此,为加速产业升级,防止区域发展差距扩大,应当从中国实际国情出发,将战略着眼于产业协调发展,尤其是制造业与服务业的协调发展。东部地区应充分利用创新要素集聚,引领新兴产业和先进服务业的发展,打造全球先进制造业基地;中部地区应依托功能平台承接产业转移,发展战略性新兴产业和先进制造业,培育优良的产业集聚群;东北地区应扩大开放、减少干预、深化改革,形成有活力的市场化配置体制机制,加快东北等老工业基地的振兴;西部地区应充分发挥"一带一路"的引领作用,加强与中东部的经济合作与联系,发展形成具有区域特色的新兴产业,提高产业竞争力。

4. 服务业与制造业的深度融合与互动发展

近年来,中国产业结构呈现出较大的改变,服务业已成为增加就业与拉动经济增长的主要动力,中国经济逐步由"工业"时代迈向"服务业"时代,制造业与服务业融合发展成为一种新的趋势。在企业组织形式、产业链的上下游及新旧产业形态等方面均表现出深度融合和互动发展,制造业服务化与服务业产业化现象逐渐增多,未来在企业属性特征的界定上将面临全新挑战。推进制造业与服务业融合发展的主要力量包含以下多方面。

首先,随着近年来一站式服务、一体化平台等的广泛发展,使长期处于价值链"微笑"曲线底端的中国制造业开始积极向产业链两端延伸,以摆脱由于国内劳动力成本上升导致的低利润发展困境,进而提升自身竞争力。例如,依靠装备制造起家的陕西鼓风机(集团)有限公司,通过向用户提供分布式一体化模式的能源系统

---

[1] 极化效应是指处于高梯度的发达地区,不断积累有利因素,使生产进一步集中,加速经济与社会发展,加速两极分化。

解决方案和系统服务，逐渐发展成为产业多元化、国际化的智慧绿色能源企业，工业服务已经成为该公司的重要业务。

其次，中国在经济体制改革全面深化过程中，部分国有企业逐步丧失垄断经营权，并开始主动寻求企业转型升级的道路。加入世贸组织以来，国家对各类商品及各所有制企业的外贸经营权渐渐放开，国际贸易相关企业快速增长。大型国有贸易类企业凭借自身参与国际市场竞争的优势，不断向产业链上下游拓展。例如，中国最大的粮油食品进出口公司和食品生产商——中粮集团有限公司，从大健康需求出发，践行"从农田到餐桌"的全产业链发展模式；中国机械工业规模最大、覆盖面最广的中央企业——中国机械工业集团有限公司，从贸易向制造延伸，如今机械装备制造早已超越服务贸易成为该企业排名靠前的产业。

最后，互联网时代，商业模式和价值创造方式不断被重塑，互联网相关服务直面消费者，也赋能制造企业，依托于此，制造业和服务业企业可向彼此延伸，相互融合助力，增强对消费终端的服务能力。以新兴的现代服务业企业——阿里巴巴集团为例，其通过科技基础设施及营销平台，一方面给消费者提供更加方便、快捷、高品质的生活服务，另一方面还服务于生产制造者，为他们提供供应链优化、精准营销等服务。

因此，传统的制造业与服务业的边界已经变得模糊，单纯形态的制造企业或服务企业很难在当前的经济环境中生存，目前情况下多是二者的多元化融合式发展，这种"融合"优化了资源配置，使产业结构更趋合理。

（二）研究意义

现今，制造业持续向服务业延伸，服务业不断向制造业渗透，二者的融合发展已成为主流趋势。服务业与制造业关系问题逐步成为学术界关注的重点和热点，然而现有可供参考的文献并不多，且多数仅从问题的某一方面切入探讨，缺乏系统的理论机制研究和实证支撑。

本书的主要理论研究意义在于：运用新经济地理学、产业经济学、区域经济学的相关理论和方法，在借鉴国内外学者研究基础上，探析了产业协调发展的动机、载体、路径，健全了制造业与服务业协调发展的理论机制；在全面性、科学性、层次性、目的性、可比性、与评价方法一致性及可操作性等原则指导下，兼顾每个指标间互相关联的同时也能够反映问题的不同方面，"从无到有"，再"从有到优"地创新性构建了制造业与服务业协调发展的评价体系；将灰色系统理论依次应用于制造业与服务业指标评价及情景预测分析中，通过测度各指标间的灰色关联度保证了所选取指标的科学性和有效性，通过灰色预测模型对两产业未来发展的可能变化趋势做出预测，丰富了制造业与服务业协调发展的评价体系；采用空间探索性分析考察了制造业与服务业协调发展的集聚效应，采用空间计量分析及地理加权回归分析分别考察了协调发展驱动因素的空间溢出效应和空间异质性，将产业协调发展的理论分析扩展到空间层面;基于门限回归模型考察制造业在不同产业规模、综合发展水平及技术创新三个门限变量下,制造业与服务业协调发展对制造业升级的非线性影响,建立了产业协调发展对产业升级的推动机理。

本书的主要现实研究意义在于:通过探析制造业与服务业协调发展的理论机理,有利于准确理解和把握两产业协调发展的特征、模式及方向,为加强制造业与服务业的产业互动、促进合作共赢、优化产业升级等提供了新的思路。基于近12年的省级面板数据,结合所构建的指标体系对制造业与服务业协调发展水平作出评价,有助于正确把握两产业在整体、省域、区域及行业层面协调发展状况、差异水平及动态演进规律。运用灰色预测模型对未来制造业与服务业综合发展状况及协调发展水平作出预测,为产业发展方向及发展程度提前作出科学预判,为政府优化产业结构、制定产业发展策略等提供理论参考。采用空间相关分析、空间面板计量模型、地理加权回归模型等方法来揭示制造业与服务业协调发展的集聚程度、驱动因素的作用机制及作用大小,这些问题的解决有利于为产业优化与升级提供一些经验性证据,探究缩小区域产业发展差距的可能路径,方便政府在中长期决策时实行差异化区域政策措施。通过门限回归模型分析了制造业与服务业协调发展对制造业升级的影响,揭示了制造业在不同产业规模、综合发展水平及技术创新对产业升级的异质性特征,使制造业在未来促进产业升级过程中可以有不同的侧重点。

二、国内外研究现状综述

有关制造业与服务业协调发展的研究文献颇为丰硕,然而大多是从制造业与生产性服务业的角度来探讨的,随着信息技术的发展和"互联网+"时代的到来,产业发展逐渐向价值链高端挺进,制造业与服务业的关系也日益紧密,相关文献研究也逐步增多。本书分别从制造业与服务业关系、制造业与服务业协调发展评价、产业升级三个方面进行文献梳理,并作了文献述评。

(一)制造业与服务业关系的文献综述

产业间的良性互动关系是推动经济发展与社会进步的重要因素,其中不得不提的就是制造业与服务业间的互动关系,两产业通过商品、技术、资本、劳动等多种要素关联并形成唇齿相依、互为因果、彼此促进的紧密联系。就制造业与服务业的关系,学术界也展开了深入讨论,总结归纳起来可以分为需求遵从论、供给主导论、互动论、融合论四种观点。

1. 需求遵从论

"需求遵从论"认为,在产业关系中制造业与服务业是不对等的,服务业处于需求遵从地位,制造业则是服务业获得发展的前提。即,在经济发展过程中,正是制造业生产率的提高和社会分工的深化,出于对降低生产成本和提升竞争力的考虑,使得对专业化、多样化的服务产品的需求量增大,服务业由此获得发展。Riddle(1986)认为服务业是维系经济发展的黏合剂,是刺激生产活动的驱动力,是一个几乎为所有经济活动提供便捷的产业,而制造业则是经济发展的基础;他通过建立交互经济模型,论证了服务业在制造业与采掘业生产过程中的重要作用。Cohen 和 Zysman(1987)、Francois(1990)均认为在产业发展过程中,随着规模的不断扩张和分工的细化,服务业逐渐从制造业中剥离出来,服务业的发展高度依赖制造业。Macpherson(2008)指出制造业在生产过程中对服务业的大量需求是推动其获得发展的核心力量,由于管理及技术水平的进步,制造业将对服务业特别是知识密集型服务业产生巨大需求。江小涓和李辉(2004)通过分析发现中国生产性服务业发展滞后于制造业,认为服务业是经济增长、分工细化、市场扩展的产物,只有繁荣的经济体才能有更大的服务需求。唐海燕(2012)从国际分工和产业演化理论进行了阐述,认为随着制造业的发展,逐渐出现服务业剥离、外包,促使生产性服务业专门化和产业化,进而带动制造业的提升。钟韵和赵玉英(2015)从需求角度,基于对数一线性模型考察了制造业对服务业的促进作用,认为中等城市制造业对本地区消费性服务业需求能够自给自足,而对生产性服务业的需求主要来自邻近的大型城市,由此认为中等城市制造业对本地区消费性服务业的需求大于其对生产性服务业的需求。方来等(2016)从投入产出角度分析了制造业与服务业的关联效应,发现制造业对非知识密集型行业需求水平较高,对知识密集型行业需求水平较低;服务业的发展对制造业并未产生明显效果。

2. 供给主导论

"供给主导论"更加注重服务业的作用,认为正是服务业体系的完善造就了制造业,若没有强大的服务业做支撑,制造业很难具有较强的规模和竞争力。由于服务业,尤其是生产性服务业常常以中间投入的形式参与制造业的生产,因此从服务业对制造业的影响来看,"供给主导论"成为学术界较为认可的观点。Eswaran 和 Kotwal(2002)、Restuccia(2008)等在探讨制造业与服务业的关系时发现,服务业在其中起到了主导性作用,而非所谓的需求遵从,先进制造业竞争力的提升主要依托服务业,尤其是生产性服务业的发展状况。Eloranta 和 Turunen(2016)从更微观的层面探讨了服务驱动型企业对服务平台的依赖程度,展示了服务平台在制造企业服务网络中的价值创造过程,并且认为随着信息化与数字化的发展,服务平台在制造业环境中的重要性将会逐渐增加。孙晓华等(2014)通过构建动态两部门模型,在专业化分工和产业组织变革背景下,实证分析了生产性服务业对制造业的拉动效应,且服务业各细分行业对制造业发展存在不同程度的空间溢出效应。盛丰(2014)认为生产性服务业的集聚通过降低交易成本、提升品牌价值、知识密集、技术扩散等方式能够有效促进制造业的高端化发展,拓宽制造业价值链和产业链,提升制造产品附加值及其生产率,加速制造业升级。席强敏等(2015)构建了工业效率提升与服务业模式选择的研究框架,结果发现随着服务业更为多样化,工业生产效率显著提高,且这种外部性会随距离的增加而衰减。高洋和宋宇(2018)通过测度生产性服务业多样化与专业化集聚,实证检验了生产性服务业集聚带来的马歇尔外部性和雅各布斯外部性,能够有效提高制造业的技术水平,且对区域制造业技术水平提升具有异质性。

3. 互动论

"互动论"否定了上述两种观点,认为二者关系并非单纯的单向关联,而是彼此依赖、互为因果、协同发展的。即,随着制造业规模的扩大,其对服务业多样化、专业化的产品需求也将增加,刺激服务业进行技术创新,提高劳动生产率;对于服务业而言,繁荣兴旺的服务体系能够为制造业创造良好的外部环境,促进其竞争力攀升和转型升级。随着"互联网+"时代的到来,一方面信息技术融入制造业与服务业发展的方方面面,两产业地理临近性不断遭到削弱;另一方面也促使了制造业与服务业互动关系不断加强(Bhagwati,1984)。Lodefalk(2014)研究发现生产性服务业的提升能够有效促进知识、信息、技术等要素的集聚,这有助于制造业产品质量、服务质量及生产效率的提高,同时降低了企业生产、运营的成本,两产业的互动联系将随着经济的蓬勃发展而日益密切。Arnold 等(2015)从印度制造业与服务业投入产出数据出发,分析了两产业的产业关联关系。然而制造业与服务业的强烈互动关系主要基于发达的市场经济环境,当前中国的制造业发展还存在结构不合理、对外包需求不足等问题,割裂了产业间的互动关联,二者的良性互动关系有待加强(江静,2010;张月友,2014)。周静(2014)深入分析了制造业与生产性服务业的互动特点、方式及内容,总结出两产业互动所需经历的三个阶段,即剥离独立、交叉互动、互动融合,为促进区域间产业协调发展,应首先判断两产业互动发展所处的阶段,再提出相应的发展策略。王正新等(2017)通过引入 Lotka-Volterra 模型刻画了制造业与服务业的互动机理,验证了二者依托人力、知识、资金、物质、信息等要素,存在双向流的互惠互利关系,并求得了二者在经济生态系统中稳定的均衡点。

4. 融合论

"融合论"是近些年才流行起来的观点(周振华,2003),认为随着全球经济一体化的加速及科技的发展,世界经济服务化凸显,由于信息技术的大规模应用使制造业服务化和服务业制造化现象不断增多,二者的边界不再清晰,而是表现出互相依赖、不可分割的融合状态。Szalavetz(2003)研究发现制造业服务化能够有效促进企业营销策略的创新和劳动生产率水平的提高,这也有利于增强企业竞争力。Eberts 和 Randall(1998)认为制造环节与服务环节的剥离降低了企业运营成本,带来了企业劳动生产率的提高和竞争力的增强,服务业通过向制造业输出多样化、专业化的服务产品,推动了服务业的产业化和规模化,使技术能力和创新能力显著提升。张晓涛和李芳芳(2012)采用动态转换及脉冲影响来深入分析制造业与生产性服务业之间的互动联系,结果表明两种状态下相关性都很显著,且实证结果表明二者在2004年之后开始逐渐形成较为稳定的融合趋势。刘佳等（2014）从产业基础和价值创造机制阐述了先进制造业与现代服务业融合的演绎逻辑，认为产业间的关联、互动、协调、融合共生是两产业融合的四种形态，也是融合逐渐深入和高级化的过程，提出应当加强产业链上游的技术水平和下游的服务水平，促进形成产业一体化发展模式。刘奕等（2017）基于全球价值链视角，在产业融合与"互联网＋"大背景下，验证了制造业升级与服务业集聚之间内在的高度融合与密切关联关系。吴永亮等（2018）通过构建多国产业的投入产出框架，从增加值视角测算了中国制造业服务化水平，发现中国制造业服务业化程度呈先降后升的"U型"趋势，生产性服务业是推动制造业服务化的主要因素，而参与全球价值链对制造业服务化的影响有限。

（二）制造业与服务业协调发展评价的文献综述

制造业与服务业协调发展是一个动态的概念，它包含了产业间的素质协调、联系方式协调、相对地位协调及供需结构协调等多个方面，两产业在发展过程中做到相互满足与适应，不可偏废其一。关于产业协调关系的测度与评价，学术界已有较多研究成果，归纳起来主要基于以下三个方面展开讨论：产业关联关系、产业共生关系及产业协同关系。

1. 基于产业关联关系

产业关联是指在经济活动中，各产业之间存在的广泛、复杂及密切的技术经济联系，依据客观性、科学性、可行性、统一性的原则，产业关联程度的判定可以分为相关系数法、回归分析法和投入产出法。其中，基于瓦尔拉斯一般均衡理论的投入产出法（Walras，1954）自诞生之日起就受到学术界的青睐（Leontief，1936，1953），之后被世界各国普遍接受和采用。Kakaomerlioglu和Carlsson（1999）对1987—1994年美国制造业与生产性服务业的投入产出进行了研究，结果显示制造部门对生产性服务业的需求量增长了一倍，约占其总产出的一半。Guerrier和Meliciani（2004）以OECD（经济合作与发展组织）六个代表国为研究对象，通过投入产出分析发现，制造业很大程度上决定着服务业的规模、竞争力及发展状况，是服务业的主要产出部门。胡树华等（2012）基于投入产出表，分行业计算了省域层面制造业与服务业的直接消耗系数和完全消耗系数，并依据聚类分析的结果对关联模式进行了分类。余典范等（2015）通过投入产出分析测算了制造业与服务业的产业关联效应，并进一步利用分解模型将这种效应分解为部门内乘数效应、部门间溢出效应和反馈效应，研究结果表明中国经济长期增长主要源于制造业驱动，且乘数效应占据主导地位，继续优化产业关联机制是促进制造业与服务业融合发展的关键所在。凌永辉等（2018）基于投入产出表的数据测算了服务资本品比率和服务投入率，依据经验分析发现先进制造业与生产性服务业存在非对称的双向互动关系，即相比较而言，生产性服务业对先进制造业的推动效应小于先进制造业对生产性服务业的推动效应。

2. 基于产业共生关系

"共生"的概念最早出现在生物学领域,由德国生物学家德贝里于1879年提出,用以描述不同种属的生物基于一定的物质联系共同生活的状态(De Bary,1879)。之后经济学家将其引入经济学领域,试图从"共生"的生物活动现象中探索经济市场规律。事实上,信息技术的快速发展已经逐渐打破原有的经济主体界限,产业间的互动与融合发展成为主流趋势。Park和Chan(1989)通过对包括中国在内的26个国家投入产出表的比较分析,解释了制造业与服务业的部门间共生关系的演变,发现服务业往往更加依赖于制造业,服务业维持高水平的产出与就业能力取决于其与制造业间的互动关系。胡晓鹏(2008)从经济学视角,结合生物共生与产业发展实践,系统阐述了产业共生理论的内涵,对产业共生融合性、互动性、协调性等特征进行了深入剖析,基于资源交换的产业共生系统探讨了共生机理并计算了共生均衡点。之后,胡晓鹏和李庆科(2009)利用江苏、浙江、上海三地的投入产出表对三地制造业与生产性服务业的产业共生程度进行了评价,研究发现浙江的产业协调性最优,上海的动态协调性欠佳,而江苏的共生系统暂处于封闭状态。庞博慧(2012)基于生态学的Logistic模型,从共生理论视角测度了制造业与生产性服务业共生演化的动态发展过程,研究发现两产业正处于成长期,互惠共生模式尚未完全形成,生产性服务业对制造业的影响程度更大。孙畅(2017)构建了度量制造业与生产性服务业产业共生水平的评价指标体系,结果发现中国产业共生水平表现为共生阶段与区域展布的不均衡性,与产业结构升级表现为正的空间自相关性,应加强技术创新、制度建设及政策调节力度,加快实现制造业与服务业共生模式向更高层次转变。

3. 基于产业协同关系

协同理论最早由德国物理学家哈肯提出,他认为系统内各子系统间彼此影响又相互合作的关系形成了协同效应(Haken,1976)。而产业间的协同常常依托产品或服务的投入产出关系来维持,多夫曼、萨缪尔森等人利用线性规划模型提出了产业协同最优化理论。近年来,有关制造业与服务业协同发展的相关理论与实证研究也较为丰富,就评价方法而言,主要包括耦合协调度模型(Pitt,1977;张沛东,2010;李秉强,2014)、模糊理论(曾珍香,2010;汪晓文等,2014)、灰色关联模型(邓聚龙,1985;唐晓华等,2016)、熵变方程法(Franco,2008;史一鸣,2013)、数据包络分析(DEA)(Jefferson,2000)、回归分析法(孙鹏,2012;陆剑宝,2014)、区间值判断法等。史一鸣(2013)基于耦合熵模型分析了装备制造业与高新技术服务业协同发展的运行机制,研究显示在阈值点的外部干涉将导致系统突变,促使系统向可持续的高度耦合路径运行。杜宇玮和刘东皇(2016)以生产性服务业增加值作为投入指标,以制造业利税总额作为产出指标,基于投入导向型的DEA模型测算了中国省域层面制造业与生产性服务业的产业协同状况。Jiang(2017)采用基于熵的灰色关联度分析测算了中国台湾地区制造业与物流业的关联度,结果显示两产业间存在较强的相互作用,驱动制造业发展的主要因素是道路长度,而驱动物流业发展的主要因素是就业补偿。唐晓华等(2018)利用耦合协调度模型测算了制造业与生产性服务业区域和行业层面的协调发展水平,研究表明两产业总体已过渡至良好协调状态,而行业和区域层面则表现出不均衡的协调状态,指出存量优势是二者协调发展的主要驱动力。

(三)产业升级的文献综述

产业协调和产业升级是两个相互联系、彼此影响的统一整体,产业间的协调发展能够促进产业结构改变、产品附加值提高、生产要素改进、产业链升级,而产业升级又能进一步优化产业间的投入产出关系,使产业协调发展水平向更高层次迈进。通过对相关文献的梳理,本书从产业升级理论、制造业升级及制造业升级影响因素三方面展开论述。

1. 产业升级理论的研究

关于产业升级的概念,从字面意思来看指产业发展由低级向高级的转变,意味着具有更高的生产率水平、更强的竞争力和更多的劳动产出。但就其具体界定而言,学术界基于不同的理论、研究视角给出了许多不同的观点。作为一种中观经济活动,国内外针对产业升级的研究主要有两种不同思路:"产业结构调整"与"产业价值链升级"。

产业结构调整是指一个国家或地区不同类型产业的占比按经济发展规律朝着一定的方向转变。该理论最早可以追溯至 17 世纪,英国经济学家 William Petty 在《政治算术》中揭示了劳动力的分布及转移趋势,也即"配第定理"[1]。之后,Fisher(1935)、Clark(1940)对国民经济按三次产业作了划分,并提出劳动力在第一产业不断减少,而在第二、三产业顺次增加的演进规律。从不同的视角来观察产业结构升级,可以发现不同的变化特征。就产业视角而言,意味着三次产业占国民经济比重的规律性变化;就劳动生产率视角而言,意味着劳动生产率由低到高的转变;就价值构成而言,意味着产品附加值不断提高的过程;就生产要素集聚而言,意味着产业逐渐由劳动密集向技术、资本密集的跨越(杨先明和伏润民,2002)。产业结构升级一度成为中国产业升级的代名词和主要研究内容,在具体研究过程中,学界过分注重政府政策制定及评价,而忽视作为产业发展主体的企业的经营状况;强调产业结构优化对经济增长的贡献,却对如何实现产业结构优化缺乏有效措施(李

---

[1] Petty, William. Political Arithmetic; Or, A Discourse Concerning the Extent and Value of Lands, People, Buildings; Husbandry, Manufacture, Commerce, Fishery, Artizans, Seamen, Soldiers; Publick Revenues, Interest, Taxes, Superlucration, Registries, Banks; Valuation of Men Increasing of Seamen, of Militia's, Harbours, Situation, Shipping Power at Sea, Etc; As the Same Related to Every Country in General, But More Particulary to the Territories of His Majesty of Great Britain, and His Neighbours of Holland, Zealand, and .... R. and A. Foulis, 1751.

培育,2003;韩霞,2003)。邹一南和石腾超(2012)认为结构变迁和效率提升是产业结构升级的主要形式,其中结构变迁源于要素变迁和边际报酬差异所导致的产业及细分行业占比变动,而效率提升是技术创新、集聚效应、结构优化等引起的规模经济现象。李子伦(2014)分别从内在机理和外在表现探讨了产业结构升级的含义,认为产业结构升级既是生产函数高效化过程,也是产品附加值、国际竞争力提升及国际分工优化的过程。孙根紧(2015)认为产业结构升级既反映了生产方式的变革、效率的提高和发展的可持续,又呈现出产业升级过程中新旧产业的更迭,将产业结构升级与产业升级视为同一发展过程的两个不同方面。

产业价值链升级最初源于Porter(1985)提出的公司价值链理论,他将企业价值创造过程分为生产、销售、运输等基本性活动和采购、人事、研发等支持性活动,这两大类活动共同构成企业价值链。Kogut(1985)将企业通过技术、原材料与劳动的融合,生产出的产品经由市场完成交换、消费的价值循环过程定义为价值链,不同国家与地区为促进价值增值而进行分工协作,形成最初的全球价值链理论。之后,学者们就全球价值链展开了深入的研究,有的从生产效率、技术、产品品质探讨"升级"的含义(Kaplinsky,2000),也有从产业、要素、功能、需求等探讨"升级"的方式(Ernst,2001),还有从工艺流程、产品、功能、链条等探讨"升级"的模式(Humphrey和Schitz,2002)。总体而言,国外学者关于产业价值链的研究大多从微观层面进行界定,认为产业价值链升级能够带动企业竞争力与劳动生产率的提升。Marcel Timmer(2014)依据全球投入产出数据库,将产品增加值分解为资本收入与劳动报酬,结果发现高技术与资本在全球价值链中占比逐年升高,这种切片化的研究有助于探索以中国为首的发展中国家处于全球价值链底端的原因,也即对资本与低技术劳动力的过度依赖。王直等(2015)基于总贸易额分解法,提出了新的总贸易额核算法,克服了里昂惕夫经典方法无法完全分解中间贸易品的弊端,对全球价值链及官方贸易统计作了有效核算,成为解析跨国生产分工结构及全球价值链的有效工具。马晓东和何伦志(2018)通过对"一带一路"沿线国家整体、区域、单个国家参与全球价值链及产业结构状况的分析,结果发现"一带一路"沿线有8个国家参与全球价值链能带来产业结构的优化,其余10个国家并不能得到显著结果。冯晓华等(2018)基于对省域层面出口增加值进行分解,研究表明中国参与全球价值链的垂直专业化路径满足"国内>省内>国际",且从区域层面观察参与全球价值链的垂直专业化路径来看,东部地区由国际转向国内,其他地区均呈相反趋势。

2. 制造业升级的研究

改革开放四十多年来,中国制造业依靠低廉的劳动力和丰富的资源在全球价值链底端获得了蓬勃发展,然而随着新兴廉价制造成本国家的增多,以及美、德、英、日等发达国家相继提出"再工业化"战略,给在国际贸易中处于被动地位的中国制造业带来了严峻挑战,制造业的转型升级迫在眉睫(李钢等,2011;李扬等,

2013)。

Gereffi(1999,2005)从全球价值链视角探究了制造业升级,认为制造业升级应当是包含国家、企业、个人在内的经济单元参与经济活动所带来的整体价值提升过程。Pietrobelli 和 Rabellotti(2011)认为对于发展中国家而言,深度参与全球价值链分工,学习先进的技术知识与管理经验,是提高本国制造业水平及国际竞争力的有效渠道。Contreras,Carrillo 和 Alonso(2012)在分析墨西哥汽车产业时发现,参与全球价值链能够帮助本国革新技术、优化要素,进而带动产业升级。由于知识与技术的跨国溢出效应,广东、江苏等东部沿海省份的制造企业迅速成长,并逐渐深度融入全球价值链,而其他省份仍以国内价值链为主,因此中国制造企业尚未完全嵌入全球价值链(张少军和刘志彪,2013)。费文博等(2017)将区域价值链融入国家价值链,通过嵌入位置和增值能力分析了制造业升级路径,结果发现不同区域在区域与国家价值链增值能力方面存在较大差异。

许多学者从外商直接投资(FDI)视角对制造业升级展开深入探讨,认为外商直接投资能够带来知识、技术的外向溢出,能够促进经济的增长和制造业升级(Kohpaiboon,2006;Takii,2011)。有统计显示中国外商投资企业出口占中国总出口的一半以上,占 GDP 份额超过 20%,是带动中国经济增长的重要部分(Whalley 和 Xian,2010)。张宗斌和郝静(2011)基于计量分析的结果,发现外商直接投资对中国制造业结构升级具有明显的拉动效应,而对外直接投资由于特定条件尚不能带动制造业结构升级。阳立高等(2017)基于省级面板数据,利用 FGLS 模型探讨了 FDI 对制造业升级的影响,结果发现 FDI 对以技术和劳动密集的制造业升级有明显促进作用,而对资本密集的制造业升级存在抑制作用。

进入 21 世纪后世界经济迈向服务业主导时代,从服务业视角,尤其是从生产性服务业视角探讨制造业升级的研究也随之增多(Hodge 和 Nordas,2001;Francois 和 Woerz,2008)。很多学者分析了生产性服务业集聚对制造业升级的作用机制和效果,认为集聚增强了产业间的关联度,降低了交易成本,提高了需求供给的规模,促进了产业间的内在融合,对制造业生产效率及升级产生正向影响(盛丰,2014;于斌斌,2017;韩同银和李宁,2017;刘奕等,2017)。李永友和严岑(2018)基于制造业上市公司的数据,研究发现服务业"营改增"导致的税额减少显著提高了制造业效率,但在不同年份、区域、企业间存在较大差异,高技术水平企业应选择增加研发投入,低技术水平企业应选择增加外购技术信息服务,论证了供给侧改革下减税效应对制造业升级的作用效果。

3. 制造业升级影响因素的研究

当前中国制造业面临增速下滑、产能过剩、产品附加值低、能源消耗大等问题,加之国际贸易中长期的"低端锁定"(张慧明,蔡银寅,2015),唯有产业升级能改变中国制造业发展的现状,国内外学者们在制造业升级的影响因素及影响机制等方面的研究成果也颇为丰富。John A. Mathews(2009)认为技术创新活动过程中所产生的扩散效应能够促进技术由发达国家流向欠发达国家,进而带动相关产业的快速发展,又被称为技术的"撬动战略"。原毅军和孙大明(2017)基于制造业行业面板数据探讨了不同创新模式对制造业升级的影响机制,结果发现自主研发、合作研发能够有效促进制造业升级,加入知识吸收能力后,FDI技术溢出的产业升级效应明显加强。阳立高等(2018)对制造业行业数据应用FGLS模型分析发现,技术进步对制造业升级具有明显的推动作用,但这种作用在"东中西"呈递减趋势,区域异质性特征显著。Mazzkleni(1997)认为市场需求是制造业升级的内生动力,决定了制造企业要素投入和生产经营活动。通过引进国外先进技术和设备,突破自身的市场需求限制,可以拓宽制造业升级空间(陈爱贞等,2008;阳立高等,2014)。随着市场一体化进程的加快,培育优质的技术、人力资本,改善资本要素结构,能够有效提升参与全球价值链分工的地位和实现产业升级(涂颖清,2011;官华平和谌新民,2015)。于茂荐(2014)探讨了人力资本对制造业升级的影响机制,研究发现专用型人力资本能够促进制造业在产品、工艺、功能上的全面升级,但是中国拥有专门技能的人力资本明显不足,未来应加强人力资本投入。毛蕴诗等(2016)从微观层面结合案例分析构建了企业升级模型,结果发现,财产性资源、知识性资源及外部社会资本对制造企业升级具有重要作用。Breinlich(2008)从企业间合作的角度分析发现并购重组能够整合技术、信息、资本、人才等要素,优化资源配置,进而促进企业转型升级。产业集聚在加强企业间竞争与合作的同时,也降低了企业运营过程中对信息资源的获取成本,促进知识外溢的同时也提升了创新能力,有利于产业升级(Pietrobelli和Rabellotti,2005;邱斌等,2012)。韩庆潇等(2015)基于制造业行业面板数据分析了产业集聚对产业升级的正向促进作用,其中创新在此过程中发挥了重要的中介效应,且在技术密集型行业中这种中介效应达到最大。

(四)研究评述

对制造业与服务业关系的文献整理可以发现,"需求遵从""供给主导""互动论"及"融合论"四种观点并非完全对立,而是层层递进、逐步完善的过程,是从不同时期、不同角度观察两产业相互作用得出的结论。其中,前两种观点认为两产业是"主导"与"遵从"的不对等关系,随着两产业发展过程中相互依赖程度的加深,目前来看两种观点都较为片面。"互动论"结合了前两种观点,认为制造业与服务业在产业发展过程中都具有很重要的地位,两者的密切互动联系符合当前发展现状。"融合论"观点较为超前,未来依托互联网、信息技术的推动,制造业与服务业在结构调整及转型升级过程中必将呈现深度融合的发展趋势。

关于制造业与服务业协调关系的评价研究,从产业关联关系、产业共生关系及产业协同关系研究的文献都较为丰富,其中前两种分析角度主要是基于投入产出表,尽管一定程度对两产业的关系作了实证评价,但往往不得不面对的问题是投入产出表在编制时间上的滞后性,导致研究内容缺乏时效性,无法准确刻画制造业与服务业的关系演进。从产业协同角度评价两产业协调关系中,采用增加值或产值等单一指标作的回归分析,由于缺乏大量数据支撑而使评价结果难以信服。基于多指标的耦合协调度模型、数据包络分析、模糊评价等综合评价法,由于其综合性、充分性、系统性、客观性等特点,在评价过程中往往能收到较好的效果。

关于产业升级的研究文献中,国内学者最初的研究侧重点在于产业结构升级,甚至一度将产业结构升级与产业升级等同,随后才逐渐转向价值链升级的研究,全球价值链理论使产业升级在开放环境下有了新的内涵。在产业升级研究中,制造业升级受到的关注度最高,学者们从全球价值链、外商直接投资、服务业等多重视角探讨了制造业升级问题,也从技术、资本、合作、政策等方面分析了对制造业升级的影响作用。然而,随着制造业与服务业互动关系的深入发展,产业协调发展是否能促进制造业升级,作用效果如何,也是一个值得思考的问题。

除上述分析之外,还可看出有关制造业与服务业互动的文献相对较少,多数是从制造业与生产性服务业角度分析的,随着两产业互动的加深,这种状况在未来或许会有所改变。本书首先探索制造业与服务业协调发展的内涵、机制,通过构建制造业与服务业协调发展的指标体系,从整体、区域、省域、行业多个层面观察制造业与服务业协调发展及其演进规律,分析制造业与服务业协调发展的内在和外在的驱动因素及其作用机制,测度驱动因素的空间溢出效应和空间异质性,最后考察制造业与服务业协调发展对制造业升级的非线性影响。为促进区域间产业协调发展及产业优化升级提供决策参考。

三、研究的基本思路与技术路线

(一)研究思路

在发达国家提出"再工业化"以及世界经济服务化的国际大环境下,中国产业发展面临劳动力优势降低、国际贸易中处于被动地位、结构不合理、质量不高等困境,本书依托这些背景,直面制造业与服务业协调发展这一现实热点问题,基于统计学、新经济地理学、产业经济学、区域经济学的相关理论和方法,搭建"产业发展—产业协调—驱动因素—产业升级"的研究路径。首先,在回顾国内外相关研究基础上,对制造业与服务业协调发展的理论机制进行深入分析,探索产业协调发展的内在机制;其次,构建制造业与服务业协调发展的评价指标体系,分别测度制造业与服务业综合发展水平,在此基础上进一步测度两产业协调发展水平,并考察协调水平的时空演进特征及区域差异;再次,汇总制造业与服务业协调发展的驱动因素,探索各驱动因素对产业协调水平的作用机制及作用效果;最后,观察制造业升级现状并对其进行有效度量,检验制造业与服务业协调发展是否能促进产业升级。为促进区域间产业协调发展及产业优化升级提供决策参考。

（二）技术路线

依据研究思路及主要内容,本书遵从"问题提出—理论分析—实证分析—结论与启示"的技术路线。问题提出(是本书的出发点):在世界经济服务化与"再工业化"、转向高质量发展的供给侧结构性改革、产业升级中的区域协调发展、服务业与制造业的深度融合与互动发展等背景下,分析制造业与服务业协调发展的相关问题具有重要的理论意义及现实意义。理论分析(是本书研究的理论支撑):在梳理国内外关于制造业与服务业协调发展理论的基础上,从产业协调发展的动机、载体及路径等方面,探明两产业协调发展的理论机制。实证分析(是本书的主体内容):包含"产业发展—产业协调—驱动因素—产业升级"的实证框架以及研究过程中所对应的实证方法。结论与启示(是本书的落脚点):在实证分析基础上,得出相关结论,指明研究的不足,后续研究所面临的困境及挑战。具体的技术路线如图 0-1 所示。

四、主要内容与研究方法

（一）主要内容

导论部分首先介绍制造业与服务业协调发展的研究背景及意义,其次从制造业与服务业关系、制造业与服务业协调发展评价、制造业升级三个方面对国内外相关研究文献进行了梳理,阐明"产业发展—产业协调—驱动因素—产业升级"的研究思路,构筑技术路线图,最后指出本书研究的主要内容、研究方法及创新之处。

第一章为制造业与服务业协调发展基本理论的研究。运用统计学、新经济地理学、产业经济学、区域经济学的相关理论和方法,在借鉴国内外学者研究基础上,首先对制造业与服务业协调发展的研究范围、概念进行了界定,其次分别从分工协作、交易成本、价值链、产业集群四大理论视角分析了产业协调发展的内在动机,再次从业务、资本、技术、人才、信息五大模块探讨了产业协调发展的载体;最后汇总出"需求遵从""供给主导"及"互动发展"三大产业协调发展路径。

第二章为制造业与服务业综合发展水平测度的研究。在遵循科学实用、系统性、动态性、完备性等原则的基础上,基于中国 30 个省份 2005—2016 年的样本数据,分别选取代表产业规模、产业效益、产业贡献和产业潜力的 12 项指标,构建了反映制造业与服务业综合发展水平的指标体系,并采用改进的熵权法赋予指标权重,分别从制造业与服务业总体、省域、区域及行业部门四个层面测算两产业综合发展水平。然后采用灰色关联度模型,观察制造业发展水平与其评价指标、服务业发展水平与其评价指标、制造业与服务业发展水平各指标之间的影响程度。采用 Dagum 基尼系数分解方法测算制造业与服务业发展水平的区域差异,并指出区域间差距、区域内差距及其贡献率。

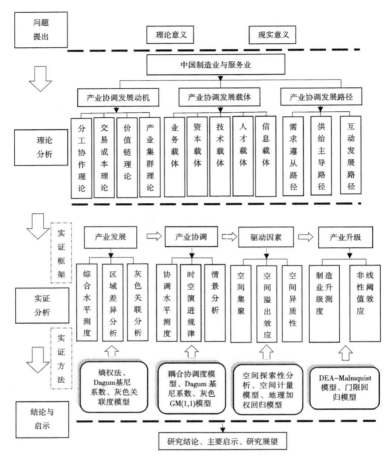

图0-1 技术路线

第三章为制造业与服务业协调发展水平测度的研究。基于产业协调发展的内涵特征,运用耦合协调度模型测度了制造业与服务业协调发展水平,并分别从总体、省域、区域及行业部门四个层面作了具体分析,采用Dagum基尼系数分解方法系统考察了两产业协调发展水平的空间格局分异及其动态演进过程,最后基于灰色GM(1,1)模型预测了制造业与服务业在未来可能的协调发展水平及演变方向。

第四章为制造业与服务业协调发展驱动因素的研究。基于产业协调发展与新经济地理学研究视角,首先从内在和外在两个层面分析了影响制造业与服务业协调发展水平的六大因素及其作用机理,采用全局与局部Moran's I指数、空间面板计量模型及地理加权回归模型定量分析了制造业与服务业协调发展水平的空间相关性、驱动因素的空间溢出效应及空间异质性。

第五章为中国制造业与服务业协调发展对制造业升级影响的研究。首先从制造业产值占国民经济比重、制造业结构升级、制造业价值链升级三个方面观察了中国制造业升级现状,然后基于 DEA－Malmquist 模型测算了制造业总体、省域及各子行业的全要素生产效率及其变动,并对该变动作了进一步分解,最后采用门限回归模型考察制造业在不同产业规模、综合发展水平及技术创新三个门限变量下,制造业与服务业协调发展对制造业升级的非线性影响。

结论与启示。通过第一章至第五章关于制造业与服务业协调发展的理论与实证分析,得出相关结论。提出政策建议:提升制造业与服务业发展水平,加快形成产业集群;深化供给侧改革下的高质量发展,促进产业向全球价值链中高端转移;顺应"互联网＋"发展趋向,不断更新产业互动模式。最后指出本书的不足、后续研究的方向及可能面临的挑战。

(二)研究方法

本书结合规范分析与实证分析两种思路来探索制造业与服务业协调发展的内在机制、协调水平、驱动因素及影响产业升级效果,应用统计学、计量经济学、新经济地理学、产业经济学、区域经济学的相关理论和方法,从静态观察到动态衍化、从定性评估到定量测度、从横向比较到纵向演进、从理论推导到实证检验等全方位的分析,兼顾空间与时间两个维度,总体、省域、区域三个层面,行业门类、大类两个类别,针对研究内容不同的主题,所运用到的主要分析方法有以下几种。

1. 文献研究法

首先,在确定本书研究对象、研究目的的同时,对制造业与服务业关系、制造业与服务业协调发展评价、制造业升级三个方面进行了文献梳理,探明了制造业与服务业协调发展的关系、特征、现状,搭建了"产业发展—产业协调—驱动因素—产业升级"的研究路径。其次,在第一章中,在回顾国内外相关研究基础上,对制造业与服务业协调发展的机制进行深入分析,汇总出两产业协调发展的动因、载体及路径。最后,在第二章中,对近年来制造业与服务业发展水平综合评价的相关研究成果进行整理,为产业协调发展指标体系的构建及一、二级指标的确定提供理论依据。

2. 统计指数分析法

首先,在第二章测算制造业与服务业综合发展水平时,采用基于熵权法的综合指数法,在第三章测算制造业与服务业协调发展水平时,采用了耦合协调度。其次,在测算制造业与服务业综合发展水平及协调发展水平区域差异时,采用Dagum基尼系数分解法,相较于泰尔指数及传统基尼系数而言,指出了总体差异的具体来源。最后,在第五章度量制造业升级水平时,采用了基于 DEA－Malmquist 指数进行制造业全要素生产效率及其变动的测算。

3. 空间探索性数据分析(ESDA)法

第四章中,在运用空间计量模型前需进行空间自相关检验,采用全局与局部 Moran's I 指数来测度制造业与服务业协调发展水平是否存在地理上的空间依赖性;之后运用地理加权回归模型(GWR)来探讨协调发展驱动因素的空间异质性特征时,应用 GIS 分析工具中的 ArcGis 对各驱动因素的空间分布特征作了可视化呈现。

4. 计量经济模型法

第四章制造业与服务业协调发展的驱动因素分析中,将省域间的空间关系引入面板模型,采用空间固定效应 SDM 模型,考察了各驱动因素的直接效应及空间溢出效应;为厘清区位要素在产业协调发展过程中所起的作用,进一步应用地理加权回归模型(GWR),探讨了各驱动因素的空间异质性特征。第五章中,应用门限回归模型,以产业规模、综合发展水平及技术创新为门限变量,分别测度了制造业与服务业协调发展对制造业升级的非线性影响。

5. 情景分析法

第三章中,在制造业与服务业协调发展水平测度的基础上,假定各省级单元制造业与服务业各项经济指标的发展变化可以持续到 2025 年,采用灰色预测模型对制造业与服务业的综合指数及二者耦合协调度可能出现的变化趋势作出预测。

五、创新之处

制造业与服务业协调发展是当前研究的热点话题,国内外学者从不同视角进行了深入探讨,通过梳理和分析已有相关文献,在遵循"产业发展—产业协调—驱动因素—产业升级"的主线基础上展开研究,主要创新点体现在以下几方面。

第一,探析了产业协调发展的动机、载体、路径,健全了制造业与服务业协调发展的理论机制。以往研究多数从制造业与生产性服务业角度探讨产业协调发展机制,从制造业与服务业角度的分析还较少涉及。本书尝试从分工协作、交易成本、价值链、产业集群理论视角探讨制造业与服务业协调发展的内在动机;提出制造业与服务业协调发展所必备的业务、资本、技术、人才、信息五大载体,并对其产业关联作用方式进行深入剖析;提出以需求供给为内在动力而形成产业协调发展路径和产业集聚的过程及作用机理。

第二,创新性探究制造业与服务业协调发展状况、共性特征、差异水平及动态演进规律,继承和拓展了产业关联、融合研究,为实现产业协调发展提出可供借鉴的发展模式。基于耦合协调度的多指标综合评价方法的应用,从空间和行业两个视角出发探讨制造业与服务业协调发展的差异性及演进规律,是对产业关联和融合研究的拓展和继承;对不同行业协调发展模式的三种分类方法,体现了产业发展过程中不同行业间渗透融合的程度,为实施差异化的产业政策、促进产业协调发展及产业优化升级提供决策参考。

第三,引入空间因素,通过测度制造业与服务业协调发展的空间集聚效应,驱动因素的空间溢出效应、空间异质性,将产业协调发展的理论分析扩展至空间层面。现有研究多数是从产业层面考察协调发展的,而较少涉及空间因素,本书采用空间探索性数据分析测度了制造业与服务业耦合协调水平的集聚程度,应用空间计量模型分析了制造业与服务业协调发展驱动因素的空间溢出效应,应用地理加权回归模型探讨了各驱动因素的空间异质性特征,弥补了产业协调发展在空间实证研究中的不足。

第四,突破传统的线性单向思维,检验制造业与服务业协调发展对制造业升级的阈值效应,建立了产业协调发展对产业升级的非线性推动机理。作为产业协调发展理论的拓展性研究,本书在利用非参数的DEA－Malmquist模型来测算制造业全要素生产效率指数及其变动基础上,尝试采用门限回归模型检验制造业与服务业协调发展对制造业升级的作用效果,揭示了产业协调发展对产业升级具有条件性和阶段性的非线性影响,进一步拓宽了产业协调发展的研究视角。

第一章

制造业与服务业协调发展的基本理论分析

第一节 研究范围及产业协调发展概念界定

一、制造业范围界定

关于制造业概念的界定,学术界尚未给出一个权威的定义,事实上在其具体应用中制造业涵盖范围的界定比其内涵界定更具有现实意义,基本沿用由国家统计局起草,国家质量监督检验检疫总局、国家标准化管理委员会批准发布的《国民经济行业分类》中制造业的行业分类,最新的分类标准(GB/T 4754-2017)于2017年10月1日实施。考虑到本书的研究时序为2005—2016年,参照2002年与2011年《国民经济行业分类》(GB/T4754-2002、2011)的修订版本[1,2],选择制造业二位数代码为13~43区间的子行业,分别为:农副食品加工业(C13),食品制造业(C14),酒、饮料和精制茶制造业(C15),烟草制品业(C16),纺织业(C17),纺织服装、服饰业(C18),皮革、毛皮、羽毛及其制品和制鞋业(C19),木材加工及木、竹、藤、棕、草制品业(C20),家具制造业(C21),造纸和纸制品业(C22),印刷和记录媒介复制业(C23),文教、工美、体育和娱乐用品制造业(C24),石油加工、炼焦和核燃料加工业(C25),化学原料和化学制品制造业(C26),医药制造业(C27),化学纤维制造业(C28),橡胶和塑料制品业(C29),非金属矿物制品业(C30),黑色金属冶炼和压延加工业(C31),有色金属冶炼和压延加工业(C32),金属制品业(C33),通用设备制造业(C34),专用设备制造业(C35),汽车制造业(C36),铁路、船舶、航空航天和其他运输设备制造业(C37),电气机械和器材制造业(C38),计算机、通信和其他电子设备制造业(C39),仪器仪表制造业(C40),其他制造业(C41),废弃资源综合利用业(C42),金属制品、机械和设备修理业(C43)。由于两次发布的行业分类版本在名称、代码和统计

---

1 中国国家标准化管理委员会.国民经济行业分类[M].GB/T 4754-2002.北京:中国标准出版社,2002.
2 中国国家标准化管理委员会.国民经济行业分类[M].GB/T 4754-2011.北京:中国标准出版社,2011.

口径上存在一定差异,在后面章节指标测算及实证分析中,部分子行业进行了调整与合并。

二、服务业范围界定

关于服务的概念,最早可以追溯到 18 世纪 50 年代,当时的重农主义者将农业生产活动以外的其他活动定义为服务,但直到 20 世纪初才作为独立产业被划分为国民产业结构的"第三产业"(Fisher,1935),也即服务业的最初起源。随着经济的发展与科技的进步,原有的产业结构划分已经无法满足需求,之后克拉克进一步丰富了第三产业的内涵(Allen,Clark,1951),并首次使用"服务性行业"的概念,将其定义为除农业与制造业外剩余的经济活动综合,具体又可分为交通、公共行政、商业和金融、建筑、专业及个人服务。此后,由于社会分工的深化发展和新兴服务产业的不断涌现,相关理论也日趋完善,但其确切概念及边际范围一直未能形成定论。

1985 年中国国家统计局在《关于建立第三产业统计的报告》中首次提出将"第三产业"作为服务业的统计名称。1987 年国家统计局应用"排它法"赋予了服务业的外延,将其定义为除农业、工业、建筑业之外的其他各产业的总称。2000 年在以经济结构战略性调整作为主线的"十五"规划中,首次提出将第三产业改为服务业,但在统计年鉴中仍然沿用第三产业的名称。近年来现代科技的快速发展改变和丰富了服务业形态,这从历年修订的《国民经济行业分类》可以体现出来。

从服务业的发展演变史可以看出,正是鉴于其多样性、动态性和复杂性的特点,学者们在其确切定义上很难达成统一的共识。为使后面的研究分析更加科学严谨,本书参考国家统计局关于服务业的概念设定,将统计年鉴中公布的第三产业作为服务业的研究范围,依照《国民经济行业分类》(GB/T 4754-2002、2011)的门类划分,主要包括:批发和零售业(F),交通运输、仓储和邮政业(G),住宿和餐饮业(H),信息传输、软件和信息技术服务业(I),金融业(J),房地产业(K),租赁和商务服务业(L),科学研究和技术服务业(L),水利、环境和公共设施管理业(N),居民服务、修理和其他服务业(O),教育(P),卫生和社会工作(Q),文化、体育和娱乐业(R),公共管理、社会保障和社会组织(S),国际组织(T)。需要说明的是,本书与国内大多数学者关于服务业的范围界定是一致的(蒲艳萍和成肖,2014;高翔等,2015;王恕立等,2015),其中国际组织(T)的数据在较多年份未作统计,考虑到其占服务业比重较低以及统计数据的连续性,在后续研究中将其剔除。

三、产业协调发展概念界定

为实现产业结构的聚合质量,使之形成由较低水平向较高水平发展,许多学者对产业协调发展问题进行了研究,但对"协调"的概念界定存在分歧。曾嵘等(2000)认为"协调"应具备协调性和持续性的特点,即各系统或因素之间存在的内在联系与制约关系,且这种关系是动态可持续发展的。柯健和李超(2005)将"协调"视为系统内各要素之间彼此配合、协调一致及良性循环,是一种由低级到高级、由无序到有序、由简单到复杂的发展过程。黄建欢等(2014)把"协调"定义为系统内各子系统间通过互动影响,实现最大限度的均衡和兼容,并实现良性循环。以上关于"协调"的概念并不矛盾,只是从不同视角进行阐述的。而从产业协调的角度来看,张平(2007)指出解决产业协调问题首先是地区与国家产业结构政策的协调,其次是地区间的产业结构协调。唐志鹏等(2010)认为产业结构协调是促进产业结构合理化,满足社会不断发展需求的过程。杨丽君和邵军(2018)将产业协调发展定义为产业结构的合理化、高度化和生态化。

依据各学者对"协调"及"产业协调"的解读,结合产业经济学中产业关联的理论,本书认为制造业与服务业协调发展是一种动态的互动过程,即两产业在发展过程中形成互相满足、适应,以及互相促进、互相支撑的良性关联状态。在服务业发展的早期阶段,其对经济增长的贡献不高,制造业对其需求也不大,直到20世纪70年代世界主要发达国家纷纷由工业经济过渡到服务经济,制造业逐渐对服务业提供的服务数量、质量提出更高要求,两产业对彼此的需求不断加大,互动联系逐渐加深。制造业与服务业的协调发展可从产业间素质、联系方式、相对地位、供需结构四个方面的协调状况来考虑(苏东水,2010)。其中,产业间素质协调指的是两产业的技术水平与劳动生产率接近,不存在明显的反差,这保证了二者稳定的产业结构与供求比例;产业间联系方式协调指的是两产业在长期的发展过程中形成的相互依赖、相互促进的良性互动关系;产业间相对地位协调指的是两产业投入与产出在一个地区或一个国家的作用可以满足当时经济发展的需求,即不存在过度短缺或过剩;产业间供需结构协调指的是两产业内部结构及总体水平能够满足彼此需要,这保证了两产业未来发展的可持续性和进一步的优化升级。

从产业发展演变的角度来看,制造业与服务业的协调发展主要表现在:第一,产业结构合理,即各次产业主导地位顺序更替,在市场作用下自然演进,并逐渐逼近标准产业结构(Chenery,1979);第二,形成产业集聚,即以一个或多个关键企业为核心,产业链上下游其他相关企业与关键企业合作形成产业集聚,可以极大拉动区域经济发展;第三,提高劳动生产率,即通过产业间外包形式的互动联系,使企业能够专注于价值链的核心环节,提升自身劳动生产率,进一步加强企业竞争力;第四,缩小收入差距,即通过产业集聚式的发展,提升区域经济发展水平,推动城市化、工业化进程,解决劳动力迁移问题,使收入差距减小;第五,可持续发展,即随着经济增长方式由资源配置型向资源再生型转变,逐渐开始依赖技术、人力资本、创新能力的提高和优化,走新型工业化道路,实现产业可持续发展。

第二节 产业协调发展的动因

一、分工协作理论

分工与协作对生产方式的变革和生产力的快速发展产生了极大的推动作用，是社会化大生产过程的必然趋势。作为马克思主义理论的重要组成部分，分工是社会经济发展到一定阶段而形成的有专业划分和进一步发展的合作形式，协作是多部门在同一生产活动中，或在不同的有联系的生产活动中，有计划的协同劳动（廉勇等，2006）。分工协作理论在当前区域产业发展格局中仍然具有指导性意义，其包含的主要思想如下所述。

（一）分工协作是生产活动的前提

分工协作不仅是商品交换的前提，亦是商品生产活动的基础，它使不同商品之间存在使用价值上的差异。在商品社会中，不同的商品使用价值包含了不同目的和性质的有用劳动，定性的有用劳动促成多个生产部门的分工。所以，马克思的分工理论中涵盖了商品本身的分工和商品外部的劳动分工。在生产具有垂直相关的商品时，不仅引起了生产者的分离，还意味着生产过程在时空上的分离，也即生产的碎片化。正如马克思所说："一旦工场手工业生产活动演变为特殊商品的生产活动，则该商品的多个生产阶段就会形成多个独立的生产行业。"因此，作为经济组织形式的一种变化，垂直一体化抑或是碎片化生产模式形成的最初力量源于分工协作。

（二）分工协作促进形成新生产力

分工协作提高了劳动方法和生产组织的专业化程度，通过知识累积效应极大促进了劳动效率的提升，进而形成无论是在质还是量上都远超原有形态的全新生产力，这是马克思分工协作理论得出的重要论断。马克思强调了具有差异化的劳动分工在数量上的比例和质量上的联系，即这种新生产力并非多个劳动者生产活动的简单叠加，而是数量上的协调和内在功能上的互补。专业化的劳动工具促成生产活动质的划分，相应的各生产部门员工规模有所调整，这种生产组织方式的调整使社会生产力得到新发展。在产业协调发展或产业集聚过程中，均需做到数量上的协调和功能上的互补。

（三）分工协作与生产力相互促进

分工协作与生产力的相互促进主要表现为：一方面，通过分工协作使个人生产能力得到提升，凝聚成集体力从而创造了一种生产力，这是生产活动前进的基础；另一方面，生产力提升过程中的原料或半成品数量越来越精确使得相应的生产部门越来越专业化和专门化,并决定了分工协作的形式和程度。由高度一体化到各种外包形式的出现,再到产业之间的融合,社会分工协作具体形式的演变实质上是否定之否定规律的发展过程。

(四)分工协作影响劳动者素质

分工协作强化了劳动者从事生产活动的个体差异,加深了劳动力价值与劳动效率之间的矛盾。一方面生产专业化使劳动者技术更熟练,提升了劳动效率;另一方面也使劳动者更加依赖资本主义生产方式,随着商品价值的下降,这种剥削程度日益加深。这表明,对于某一地区的相关产业而言,尽管专业化程度和技能的提高使其获得了由分工协作带来的竞争上的优势,但同时又会造成该地区对产业路径的过度依赖,饱受产业价值锁定的困扰,使之缺乏产业竞争优势进而影响产业转型升级。

(五)分工协作推动形成规模经济

规模经济实质是将生产资料按一定比例和数量集中后对部门内部及外部经济体形成的正效应,这种效应也可以通过降低成本、技术溢出、专业化学习、内部竞争等形式来实现。而分工协作对规模经济的作用机理可从以下三方面来阐述:首先,分工协作通过提高劳动生产率降低了生产商品的必要时间,进而降低了可变成本;其次,分工协作节约了生产资料的投入,直接降低了固定成本;最后,分工协作能够在部门内部劳动者之间形成竞争,激励、促进部门提高工作效率。

二、交易成本理论

一般而言,企业成本由生产成本与交易成本构成,将生产要素投入至商品生产过程中所消耗的成本称为生产成本,而将商品在销售流通过程中产生的成本称为交易成本。交易成本是企业成本的重要组成部分,它包括了运输、广告、信息传播及产品运营过程中的协商、谈判、签约、执行监督等费用。因此,实际上交易成本在市场经济环境下是普遍存在的,凡是存在商品交换的活动就会产生交易成本(图1-1)。

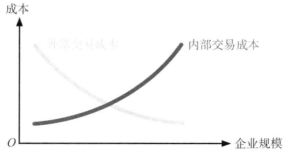

图1-1 企业交易成本与企业规模

科斯在探讨市场与企业关系时认为，企业的某项经营活动是由自身管理还是依托市场取决于交易成本与内部管理成本的关系。随着现代科技、交通、通信技术的发展，交易成本已远远低于分工协作带来的利益。一些企业为追求专业化，将原有企业内部的职能部门转移出去，或者取消原有企业内部所提供的服务及资源，转由企业外部更为专业化的企业来提供这些服务及资源，也即企业的外包活动。外包活动本质上是部门外部化导致的，辅助性的外包活动可以使企业将更多精力致力于自身具有核心竞争力的环节，这样既提高了产品与服务质量，又控制了风险。

外包是企业追求降低交易成本与部门分工的结果，较强外部性的行业包括保险、金融、运输、电信、商业等行业，分工成本的降低提高了这些行业的服务效率，进而推动了产业发展。倘若企业设有培训、售后、技术及服务引进等服务部门，则在这些部门的投入将会加大，相较于已外部化的服务部门来说，不成熟的服务部门的内置将得不偿失。在开放的市场经济环境下，自由竞争使外包企业的成本减少，从而减少了制造业企业交易费用，某种程度上推动了服务业的转型升级，同时也提升了自身的竞争力，服务业的转型升级又再次提升了制造业在产品销售、运输过程中的成本，缩短了新产品的研发时间。

近年来，技术、资金、信息等的快速传播与流动，提升了服务业的生产效率与质量，也适应了日益增多的制造业中间需求，使制造业与服务业之间的互动融合不断深化，逐渐形成一个动态反馈系统。计算机的普及和互联网经济的快速发展，使电子商务应运而生，在降低企业交易成本的同时，也给消费者带来了极大便利。当前，买卖双方已经突破传统的商品与货币的交易范畴，阿里巴巴、京东、亚马逊等购物网站，滴滴、美团单车等出行平台，饿了么、美团外卖等订餐平台，Airbnb、Booking等住宿网站不断涌现，外包活动遍布人们衣食住行的方方面面。例如在购物方面，消费者可直接通过网络下单，购买企业推出的商品或服务，并对商品或服务进行实时追踪，整个交易及后续售后服务等流程均由网络终端完成，既保障了消费者的权益，也降低了企业成本。因此，服务业的崛起不仅是社会分工的必然现象，更是制造业提升质量的有效途径，二者的协调能够促进产业发展的良性循环和可持续。

三、价值链理论

Porter(1985)认为，随着国际竞争的日益深化，制造业企业在产品加工环节的竞争优势将逐渐消失，进一步提高产品附加值、增强竞争力的途径是借助于服务业的发展。通常来说，具备较高管理效率的企业会将自身竞争力不足的生产环节移交给外包企业，而将重心放在竞争优势显著的生产活动上，这种行为有助于企业保持自身在某些领域的绝对竞争力。企业的价值链体现在生产活动中的研发设计、生产加工、销售及其他相关活动的各个阶段,如图 1-2 所示。

图 1-2 企业活动与价值链

Grubel(1989)认为服务业作为传输纽带或桥梁,通过知识、人力等连接了制造业与服务业,进而提高了产品附加值及竞争力,引发更为细化的专业分工,使企业的经济效率不再单纯依赖企业自身的生产能力,而是越来越与外包企业密切相关。企业的价值创造包含了基本活动与辅助活动,产品的加工、销售、运输、售后构成了基本活动,而将生产性服务活动也即能够增值的活动称为辅助活动。其中,产品附加值主要来源于辅助活动,随着服务业的快速发展,产品的科研投入、销售、运输等均对附加值产生重要作用。

在企业的产业链模型中,产品研发与采购位于上游,生产过程位于中游,包括产品包装、运输、销售及售后均位于下游。其中,产品附加值在产业链的不同阶段的分布并不均匀,而是呈两端朝上的一条"微笑"曲线,附加值更多体现在上下游的服务环节,而位于中游的制造环节附加值最低。如图 1-3 所示,上游主要是具有全球竞争性的产品研发环节,技术创新是影响该环节的决定性因素,往往由实力雄厚的跨国公司主导,如由苹果公司依托 iOS 操作系统研发的 iPhone、iPad、iPod 等产品,其核心竞争力就源于该环节;下游主要是以服务业为主导的产品流通环节,包括了产品销售、运输、品牌、售后等服务,在世界范围内享有盛名的大多数奢侈品品牌,其长期存在的客户源与品牌地位的树立关系密切;中游主要是加工制造环节,尽管土地、厂房、设备等投入要素很多,但由于较强的可替代性,使得该环节竞争激烈,利润极低,这也是诺基亚出售其设备制造业务给微软公司,而将主要精力放在解决方案与网络(NSN)、发展 Here 地图服务和领先科技的研发上的主要原因。由于服务业在制造业附加值中的巨大贡献,增加生产过程中的服务能够推动制造业的发展,与此同时制造业附加值的提高又会使企业扩大经营规模,也会进一步拓宽对服务业的需求,刺激其发展创新。

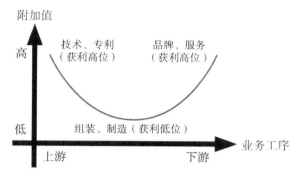

图 1-3 产业链的"微笑"曲线

四、产业集群理论

传统的企业竞争优势主要源于区位选择上的比较优势,即某些区域相对于其他区域具有更为优质的资源禀赋,随着时代的发展,企业通过外包的形式完全可以弥补在区位选择上的比较劣势,而竞争优势主要集中在对投入要素的充分利用上。当前企业对外部环境或资源的获取能力决定了其竞争优势,作为影响企业竞争优势极其重要的外部因素,产业集群通过集群内企业反复交易,加快了企业之间的竞争与合作,并使这种关系更加稳固。产业集群内部的投入产出,构成了企业间的垂直关系,这也是价值链的一种存在形式。

Porter(1990)分别从提高生产力、引导技术创新和鼓励创业三个角度分析了产业集群对竞争优势的作用。首先,产业集群使外包活动更有效率,降低了企业中间投入的成本,便利的合作、学习和交流等活动促进了集群内生产能力的提高。其次,产业集群缩短了厂商与客户之间的地理距离,使信息的传递更加高效,有利于推进企业技术创新;具有垂直关系的企业在业务上往往具有千丝万缕的联系,尤其是作为推动创新活动主要参与者的科研院所、高校及中介机构,有利于帮助企业实现协同创新;集群内部企业长期稳定的互惠关系避免了许多不必要成本的投入,也降低了运营风险。最后,由于集群内企业节省了大量的中间投入成本,降低了市场的门槛准入和创业成本,对新企业产生极大的吸引力,使其更容易在充满竞争的市场上获取发展机会。

因此,产业集群不仅有利于制造业与服务业自身发展,还会不断加速二者互动融合,促进两产业在未来的发展过程中联系愈加紧密,而制造业与服务业的协调发展也必定通过产业集群来实现。

第三节　产业协调发展的载体

随着劳动分工的不断深化和经济的快速增长，服务业已发展为以技术密集和知识密集为主的产业，并且与多个产业形成唇齿相依的多要素关联，其中与制造业的要素关联尤为密切，且逐渐表现为相互依赖、共同发展的动态联系。主要发达国家的发展经验告诉我们，凡是制造业发展水平较高的国家，其服务业水平也相对较高。制造业与服务业联系紧密，一方发展滞后或停滞不前将会波及另一方发展；没有制造业，服务业就不会有如此庞大的市场空间；没有服务业，制造业的升级就失去了强有力的支撑。制造业与服务业关联载体主要表现在业务、资本、技术、人才、信息上。

一、业务载体

在富有竞争性的国际分工中，制造业逐步表现出内部服务项目脱离外化的趋势，为减少运营成本制造企业积极向外部服务企业寻求业务分工与转移。制造业发展包含设计、研发、生产、售后、会计、咨询等环节，为减少交易成本将位于价值链上游的原材料供应和下游的销售业务融为一体，以充分发挥服务业对于制造业发展的黏合剂作用。作为产业链上下游衔接的重要纽带，帮助制造业承担了其在研发设计、货物运输、财务管理、产品推广、设备维修、信息传输、批发零售、会计核算、软件维护、法律咨询、技术支持等方面的业务。这使得企业能够将工作重心放在产品性能及核心技术提升的方向上来，而不必过多受限于烦琐的企业运营（图1-4）。

随着制造业向高质量发展，其对服务业的依附程度也更高，且越来越离不开服务业的参与。"互联网+"推动了软件行业与传统制造业的深度融合，作为服务业的重要代表之一，软件产业渗透在制造业产品的方方面面，已经很难辨别产品的主要价值是来源于制造业还是服务业，无论是轻工业还是重工业都要依靠软件的支持。近年来，纺织、服装这些传统制造业通过广告推广、包装设计等手段，将服务融入其中，成为制造业产品附加值中重要的一部分。过去，大型制造业企业往往拥有自己的物流系统，随着电子商务的迅速崛起，现代物流企业可以提供从包装、发货，到运输、装卸，再到搬运、仓储的综合性服务，大型制造业企业将物流外包，节约成本，更专注于核心业务。在市场竞争加剧、需求扩大的形势下，许多制造企业尝试革新销售模式、抢占市场份额，同时为避免盲目扩张销售机构带来的经济不规模效应，积极寻求专门从事营销推广的服务企业，分离外包销售业务。例如微软、IBM等国际知名企业均采用销售外包的模式来扩大其利润空间。

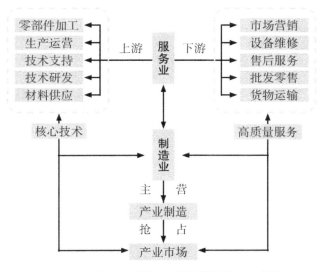

图 1-4　制造业与服务业协调发展的业务载体

二、资本载体

制造企业在供应链环境下,制造流程包括了"物料采购—物资库存—生产制造—批发销售—售后服务"的内部价值链,以及"供应商—制造商—分销商—零售商"的外部价值链。价值链的每一个环节均需要大量资金的保障,任何一个环节出现资金链条的断裂,都会影响整个制造产业的正常发展,这也使得制造业呈现出资金回笼缓慢且需求量大的特征。近些年来,由于产能过剩、人力成本高、欠款拖欠等原因,包含规模企业在内的制造企业接连出现资金链断裂的事件。例如,2016年20多家江苏造船企业资金链断裂;2018年2月深圳市金立通信设备有限公司欠欧菲科技股份有限公司6.2亿元;2018年5月动力电池明星企业深圳市沃特玛电池有限公司资金链断裂,公司被迫停产;等等,制造业大量的资金需求与现实的融资困境,使其资金链长期处于紧绷状态,不断逼迫制造业寻求外部资金。全方位、立体化的现代金融服务业从加大信贷投放力度、减轻企业融资成本、充分挖掘企业有效信贷需求、提高企业直接融资比重等方面有效增加了企业的信贷投放,正好满足了制造业的实际需求,保障了制造业的健康发展。与此同时,制造业竞争力的提升也激活了金融服务业的活力与生机,使得金融结构进一步优化、金融监管日渐成熟、金融对外有序开放、金融创新不断加快。

服务业中的金融业、租赁和商务服务业对制造业的资金支持通过乘数效应对其产生重要影响。其中,金融业为制造业提供融资渠道,通过对贷款利率的干涉使资金由盈余部门流向短缺部门,完成资金的优化配置,使其价值最大化。租赁和商务服务业作为参与制造业社会分工的中枢部门,具有运营风险共担、知识外部性及公共设施公用等作用,降低了制造企业的生产成本与风险,打破其遭遇的资金瓶颈。当前,国际贸易形势动荡不安,资本市场风云变幻,给制造业的发展带来了很多不确定因素,也给金融服务业提出了更高要求,从而加快其产品及服务模式的创新,推出更多符合制造企业需求的特色产品及金融服务模式。制造业应当与服务业,尤其是与资金流紧密联系的服务业继续开展金融合作,探索多元化、综合化的金融服务,不断推动二者良性互动与协调发展(图1-5)。

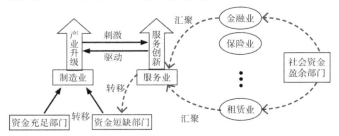

图1-5　制造业与服务业协调发展的资本载体

三、技术载体

随着科技的不断发展,制造业逐渐由劳动密集型、资源密集型产业向知识密集型、技术密集型产业转变。在未来,技术与知识的渗透能够对制造业扩大市场空间、实现结构优化、促进产业升级等产生显著影响,制造业也将逐步适应技术创新成果带来的生产关系的变革。近年来,服务业中的信息传输、软件和信息技术服务业、科学研究和技术服务业在制造业中的地位不断攀升,强化了产业链中的研发环节,使其产品品种多样化,以满足客户的差异化需求,降低了企业比较交易成本。

作为技术拥有者的服务业,向制造业所提供的技术并非孤立存在,而是一个保证该项技术能正常和持续运作从而实现技术集散的多功能综合服务系统。服务企业通过设立知识产权交易市场、科技条件市场、人才供需市场等使技术成果能够在短时间内迅速传播和应用;通过提供技术研发支持、技术咨询服务保证技术扩散的良性环境;通过市场预测、企业服务使技术能够更好地适应市场。企业利用技术服务系统实现技术交流的主要方式有两种:一种是制造企业通过庞大的社会网络体系寻求与之匹配的技术服务,从而实现技术的交易与扩散;另一种是技术开发者(如高等院校、科研院所等)将技术成果推向交易市场,使制造企业通过竞标、合作、收购等形式拥有该项技术。服务企业向制造企业提供的技术服务包含了技术咨询与技术研发支持服务,其中,技术咨询不仅涉及项目决策和管理咨询,还涉及为制造企业提供的财务管理、人力资源、流程管理、供应链等方面的技术服务;技术研发支持是指高等院校、科研院所等依托自身在人才和科技创新方面的优势,接受制造企业委托,为企业攻克技术难题的服务(图1-6)。

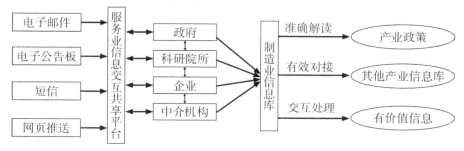

图1-6 制造业与服务业协调发展的技术载体

四、人才载体

人才是一个地区或一个国家发展的核心竞争力,是先进文化和先进生产力的重要创造者和传播者,当代企业的竞争已经由技术与管理水平的竞争演变为人才的竞争。企业专业技术人才的储备量,是其未来激烈的市场竞争中能否站稳脚跟的关键所在,也是制造业与服务业产生内在关联的核心,服务业向制造业传输优质生产要素、制造业全球价值链升级,都离不开专业人才的参与。目前国际、国内制造业企业人才竞争激烈,可通过培训和猎取人才为制造业企业实现战略目标和可持续发展提供人力储备。

为满足制造企业对专业人才的需求,以搜寻高层管理人才和关键技术岗位人才为主要目标的猎头公司逐渐增多,其专业性、针对性的服务促进了人才的合理流动和优化配置,为企业节省了时间成本。以制造业企业为主要客户的国内知名猎头公司埃摩森人力集团为例,其针对不同行业企业需求提供专业化的细分方案与人才解决方案,包含了企业下单、顾问对接、评估方案、急速寻猎、持续服务的全套猎头服务流程,已为国内外数百家知名制造业企业提供过专业化的猎头服务。

在纷繁复杂的市场竞争环境中,面对企业内部人力资源的紧缺困境,还可以通过专业知识培训增加人力储备。然而,仅仅依靠企业内部的力量往往不能满足企业更高质量的人才需求,因此在外包模式下选择专业化的人才培训机构,不仅能够有效培训人才,还能够降低企业的人力和管理成本,最大限度地简化人力资源部门的职能,提高企业的经营管理效益。以制造业企业为主要培训对象的上海制造业管理培训机构朗欧企管为例,其培训内容涉及人力行政管理、销售管理、生产系统管理、品质管理、技术管理、财务管理等多个方面,针对不同企业面对的现实困境提供专业化培训的同时,也带来了更多先进的管理理念,促进企业人才协作能力的提升。

五、信息载体

近十几年来,随着信息技术的快速发展,服务业借助互联网、电信、广播电视等通信工具,构建了由政府、企业、金融机构、科研机构等组成的信息交互平台,它具备信息传播快、覆盖面广、受众群体多、技术含量高等特点。这类信息交互平台依托强大的信息网络,以信息流方式网罗有价值的信息资源,并使其在短时间内借助信息高速公路的通信载体向包括生产性服务业、生活性服务业、企业及消费者在内的受众群体快速传播,保证了其时效性和准确性,加之高度融合了高新技术,保证了信息传输的真实性和可靠性。如此强大的信息交互共享平台,主要通过对国家政策准确解读、信息资源的有效对接及数据交互处理来推动制造业与服务业的互动关联。

产业政策是一国或一个地区为实现经济和社会目标而制定的关于产业发展方向、产业结构调整、产业可持续发展等的政策。准确解读国家关于产业发展的宏观调控政策,能够帮助企业适时进行科学决策、把握发展先机。服务业信息交互平台促成了企业与产业信息库的对接,为企业提供相关法律咨询和政策咨询业务,为制造业企业根据政策调整发展方向提供有效策略。在市场经济环境中,企业与企业之间、企业与消费者之间常常存在严重的信息不对等,服务业信息交互平台中的信息资源对接,成功克服了由此造成的信息不对等现象。服务业信息交互平台通过资源共享的方式,在产品与服务之间、生产与消费之间搭建桥梁,消除由于信息不对称可能引发的风险及成本费用。随着平台负载的信息流的加大,失真、缺失的信息也逐渐增多,而数据交互处理正是为解决这些问题而产生的,它可对庞杂信息去伪存真、去粗取精,为制造业企业提取最有价值的数据,通过专业化分析,为企业提供发展的对策建议(图1-7)。

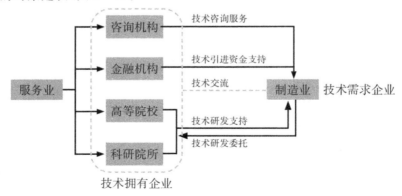

图1-7 制造业与服务业协调发展的信息载体

第四节　产业协调发展的路径

由上文的分析可以发现，制造业与服务业协调发展的主要动力源于分工协作理论、交易成本理论、价值链理论和产业集群理论，且通过业务、资本、技术、人才、信息等载体产生关联，下文将继续探讨制造业与服务业协调发展的路径，包括需求遵从、供给主导、互动发展三个方面。

一、需求遵从路径

从经济学角度可知，需求指的是一定时期消费者愿意且能够购买的商品数量，需求的存在是经济活动产生的根本动力，是市场资源得以优化配置的基础。"需求遵从论"将制造业与服务业的互动归结为是为满足市场需求而产生的，且制造业处于主导地位，其规模的不断扩张引发对服务业的强烈需求，服务业依附于制造业为满足其服务需求而获得发展（刘培林和宋湛，2007；Macpherson，2008）（图1-8）。

图1-8　制造业与服务业协调发展的需求遵从路径

经典的需求模型要求市场的需求价格大于供给价格，以形成有效供给，此时的市场需求才能得到满足，所有的经济活动的动力源泉也基于此。依据需求遵从论，当制造业发展到一定程度，将会对技术研发、专业人才、市场信息、政策解读、资本投入、销售代理等服务产生需求，从而进一步刺激现有服务业不断革新，推出更多与制造业需求相匹配的供给，因此认为服务业之所以能够取得发展，主要取决于制造业的发展，其只是作为制造业的附属产业而存在。从产业经济学视角来考虑，随着上下游产业链的向外扩张，由于资源及政策比较优势的存在，往往会在某一区域形成制造业集群，进而促进形成包含信息、技术、人才、贸易、物流、资本等一系列的服务供给。从城市经济发展理论来考虑，土地、人口、科技、产业、文化、政策是决定城市持续健康发展的基本要素，纵观世界城市发展史，以资源为主导发展起来的城市众多，通常是以工业拉动包含服务业在内的多个产业发展，继而促成产业集聚。例如，有"世界钢都"之称的匹兹堡，由于当地烟煤、石灰石和铁矿石蕴藏量丰富，为发展钢铁工业提供了良好环境，钢铁产业集聚带动了冶金、化工、高新技术、金融、计算机软件等的快速发展;中国的鞍山、大庆、大同、包头也都是以钢铁、煤炭、石油等资源发展起来的城市,这些城市的服务业占地区经济比重远低于国家平均水平,服务业仍处于附属地位,其发展高度依赖制造业对服务的需求(图1-9)。

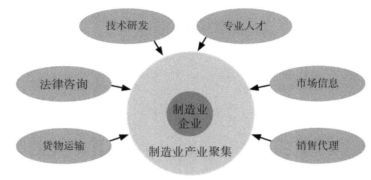

图1-9 产业集聚下的需求遵从路径

二、供给主导路径

从经济学角度可知,供给指的是一定时期生产者愿意且能够提供的商品数量,它的存在使市场交易行为得以完成。与"需求遵从论"正好相反,"供给主导论"将制造业与服务业的互动关系归结为是由市场所能供给的服务品种和数量所决定的,且服务业处于主导地位,没有强大的服务业就不能满足制造业发展的中间需求,制造业依赖于服务业生产力的提高,并由此获得发展(Eswaran 和 Kotwal,2002;Arnold 和 Mattoo,2008;孙晓华等,2014)(图1-10)。

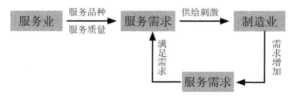

图1-10 制造业与服务业协调发展的供给主导路径

供给主导路径首先从服务业出发,发达的服务体系带来了高质量的金融、法律、物流、信息、咨询、销售等制造业发展所需要的服务,为制造业企业营造了舒适的外部成长条件,伴随着制造业企业的发展壮大并在该地区孕育出产业集群,服务业供给能力越强,造就的制造业产业集群规模就越大。从产业经济学视角来考虑,由于某一地区在人口、区位、政策等方面具有比较优势,服务业将会率先成为该地区经济发展的强力引擎,伴随产业链延伸而迅速促成服务业集群,相较于邻近地区兴旺发达的服务业能够提供更多多元化的服务产品,吸引大量制造业企业在该地区落户,借助其在人才、管理、咨询、技术、信息、物流等方面的优质服务,形成制造业集群。从城市经济发展理论来考虑,世界范围内依托沿海港口的区位优势发展起来的现代大都市数不胜数,都是供给主导路径促进城市产业发展的典范。例如,美国第一大城市及第一大港口纽约,位于美国纽约州东南部大西洋沿岸,凭借优越的区位优势,以发达的进出口贸易作为服务业发展基础,形成多个制造业产业集聚区,在制造业与服务业共同作用下发展成为世界经济中心;伦敦、香港、新加坡、上海也都是服务业供给带动制造业发展起来的城市。随着信息革命的到来,软件应用的广泛推广、计算机技术的普及、全球互联网的发展,这些变革加速了工业信息化进程,促进了以信息技术为代表的现代服务业在世界范围内优化资源配置,并在提高服务业整体水平基础上,进一步加快制造业的产业集聚与升级(图1-11)。

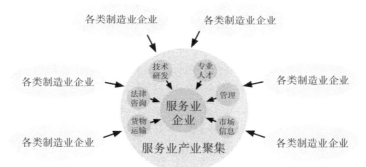

图1-11 产业聚集下的供给主导路径

三、互动发展路径

上述两种关于制造业与服务业协调发展的路径理论都只是从问题的某一方面来探讨的,对问题的分析还不够全面,缺乏全局意识。服务业是社会发展到一定阶段劳动分工细化的产物,制造业与服务业,尤其是与生产性服务业的关系往往表现为相互依赖、相互促进,而绝非单纯的分工协作关系。由此衍生出的"互动发展论"认为制造业的发展增加了其对企业管理、法律咨询、金融等服务的需求,进而刺激服务业提高创新能力和劳动生产率,开发出更多满足制造业需求的服务产品;服务业的兴旺发达又会形成反馈效应,为制造业创造良好的外部环境,促进其规模不断壮大和竞争力持续攀升,有助于其转型升级;规模扩大或转型升级后的制造业对服务产品的需求将更加多样,品质要求也更高,再次形成对服务业的反馈效应,鞭策服务业进一步升级与发展。制造业与服务业在"互动发展"路径下,逐渐形成向上的、循环往复的、可持续的良性发展（Hansen，1990；郑吉昌和夏晴，2005）（图1-12）。

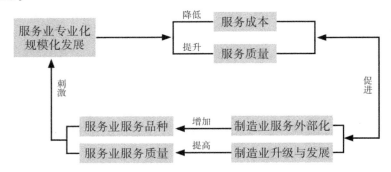

图1-12　制造业与服务业协调发展的互动发展路径

在制造业与服务业互动发展的某一阶段，可能会存在单一的"需求遵从"路径或"供给主导"路径。但从长远来看，二者融合在一起的"互动发展"路径是必然趋势，在产业链条上下游之间、新老业态之间、企业组织之间，甚至企业内部的各业务板块之间都会表现出更大程度的融合和协同。在产业链条的延展上，制造业和服务业相互融合，进而出现制造业服务化和服务业产业化的现象。制造业服务化指制造企业从单纯供给商品（与附属服务）向"商品—服务包"的转换过程（Vandermerwe，Rada，1989），其中服务包是增加值的主要来源，包含了商品生产之外的技术、服务、支持、知识等。随着行业间竞争的日益加剧，企业越来越重视消费者对商品的满意度，通过外部服务将核心产品向价值链高位延伸以提高其附加值的企业也越来越多，外部化趋势愈加凸显。服务业产业化是指服务部门在宏观政策指导下，通过投入产业发展要素，参与市场化供需过程并获取经济效益的产业化经营过程。服务部门利用其在研发、营销、技术、咨询等方面的优势，通过向制造环节延伸产业链条，形成独立产业。服务业唯有实现产业化方能焕发出朝气蓬勃的生命力，方能满足制造业日益专业化和多样化的服务需求，方能为经济持续发展提供强有力的支撑。

本章小结

本章运用统计学、新经济地理学、产业经济学、区域经济学的相关理论和方法，在借鉴国内外学者研究基础上，首先对制造业与服务业协调发展的研究范围、概念进行了界定；其次分别从分工协作、交易成本、价值链、产业集群四大理论视角分析了产业协调发展的内在动机；再次从业务、资本、技术、人才、信息五大模块探讨了产业协调发展的载体；最后汇总出"需求遵从""供给主导"及"互动发展"三大产业协调发展路径,并得出以下结论。

(1)从产业协调发展的内在动机来看,分工协作是社会化大生产的必然趋势,是现代经济生产活动的前提,有利于革新生产力和推动形成规模经济;随着社会分工的逐渐细化,制造企业通过辅助性的外包活动,既提高了产品与服务质量,又降低了交易成本、控制了风险;由"微笑"曲线的价值链可知,附加值更多体现在上下游的服务环节,而位于中游的制造环节附加值最低;产业集群使外包活动更有效率,不仅利于制造业与服务业自身发展,还会不断加速二者互动融合。

(2)从产业协调发展的载体来看,业务载体促成了制造业与服务业的有效连接,是二者的价值承载体;资本载体为制造业发展提供了融资渠道,也激励了服务业创新金融产品及服务;技术载体为制造业研发设计、技术咨询提供专业化服务,也给服务业发展提供了产业背景;人才载体体现在服务业为制造业猎取人才和培训员工,实现人力资源的优化配置;信息载体借助强大的信息共享交互平台,对国家政策准确解读、信息资源的有效对接及数据交互处理,实现了制造业与服务业关联互动。

(3)从产业协调发展路径来看,"需求遵从论"认为制造业与服务业互动过程中,制造业处于主导地位,其规模的不断扩张引发对服务业的强烈需求,服务业依附于制造业,为满足其服务需求而获得自身的发展;"供给主导论"则认为服务业处于主导地位,服务业所能供给的服务品种和数量所决定了制造业的发展规模,制造业依赖于服务业生产力的提高而获得发展;相较于前两种路径,"互动发展论"认为制造业与服务业并非单纯的"遵从"或"主导"关系,而是相互依赖、相互促进,在长期的发展过程中逐渐形成向上、循环往复、可持续的良性发展。

第二章

制造业与服务业综合发展水平的测度分析

制造业在国民经济中占据重要的地位,其发展程度往往代表了一国的生产力水平,同时也是区分发达国家与发展中国家的重要因素。据悉,2022年我国制造业规模已经连续13年居世界首位。服务业在国民经济中的比重反映了一国经济发展方式及某些显著和重要的结构性变化,具有重要的经济发展战略含义和政策导向性。改革开放开始的二十年,随着外资的不断引入,中国服务业生产力水平取得了很大提升。那么,中国制造业与服务业处于怎样的发展水平?各自发展水平的时空演变趋势如何?是否存在较为明显的区域差异?如何测度两产业的发展水平及区域差异?为了探索中国制造业与服务业发展的具体情况,本章基于中国30个省份2005—2016年的样本数据构建指标体系,采用熵权法、综合指数法测算制造业与服务业的发展水平,采用灰色关联度模型考察各指标及综合指数的关联程度,采用Dagum基尼系数测算区域差异。对这些问题的分析有助于掌握两大产业空间格局的演进规律,对区域经济与产业协调发展具有重要的理论与现实意义。

第一节 制造业与服务业发展水平的评价指标体系构建

一、评价指标体系构建的基本原则

评价制造业与服务业发展水平的前提和关键是构建科学合理、能够反映产业发展趋势与规律的指标体系,每个指标在互相关联的同时也能够反映问题的不同方面,使指标体系具备综合评价功能。因此,为使指标体系在构建过程中,"从无到有",再"从有到优",必须遵循以下一些基本原则。

(一)全面性

所构建的指标体系必须能够反映所要评价问题的不同侧面,以避免"顾此失彼",造成评价结果的不公平。尽可能将影响制造业与服务业发展水平的各个因素考虑进去,并将最能够代表各因素的相关指标引入指标体系。在考虑全面性原则基础上,本书从产业规模、产业效益、产业贡献和产业潜力四个方面,各选取一定数量的相关指标,来构建指标体系。

(二)科学性

整个指标体系从元素组成到框架结构,从每个指标所包含内容到计算方法,都要做到科学、准确、合理。制造业与服务业发展水平的评价体系从单个指标的选取、计算和分析,到基本指标体系的构建,都应该建立在对产业发展模式、内涵、规律深入分析的基础上,这样才能构建科学的指标体系,合理评价制造业与服务发展水平,为区域产业协调发展提供可信的数据支持。同时,科学性也暗含了客观性,即在构建指标体系过程中要尽可能依据现实状况,避免过多的主观臆断,比如在指标赋权时要选用客观合理的方法确定权重。

(三)层次性

建立清晰明朗的层次结构,能够为进一步的因素分析创造较好的条件。制造业与服务业发展水平评价指标体系的四个一级指标之间应在互不包含、弱相关性的前提下,亦能清晰反映评价主体的不同侧面,为一级指标下的二级指标选取提供有利条件。在二级指标的选取过程中也要做到各指标之间的互不包含和弱相关性,不清晰、不合理的层次结构会造成综合评价结果的不准确。

(四)目的性

评价指标体系的构成必须为综合评价的目的服务,使最后结论能够准确反映评价意图。制造业与服务业发展水平综合评价的目的是能够真实客观地反映中国制造业与服务业的发展状况,对制造业与服务业的本质特征和主要构成进行客观监测及描述。因此在构建指标体系时,所选取的指标必须与评价目的高度相关,避免将无关指标引入指标体系。

(五)可比性

所构建的指标体系必须对所有评价主体都是公平公正的,是可比的,指标体系中不能包含带有明显倾向性的指标。所构建的制造业与服务业综合发展水平的指标体系不仅反映着时序上的动态性,还反映着不同省域和行业大类上的差异性,因此必须使各指标具备良好的包容性和可比性,才能更便于分析。

(六)评价方法一致性

综合评价方法多种多样,不同的方法对指标体系的构建要求也存在差异,因此在实际构建指标体系之前,要先考虑综合评价方法的需要。本书在改进的熵权法确定指标权重基础上,采用综合指数法作为制造业与服务业发展水平的综合评价方法,所构建的指标体系也符合综合指数法的需要。

(七)可操作性

若指标体系中的某一指标是能够及时搜集到的准确数据,则称该指标具备可操作性。当某一个所需指标不可操作时,假如直接删除,可能会有损评价结果的科学性。正确做法应当是树立科学严谨的态度,努力寻求其他搜集途径获取数据,或将与之高度相关的可替代指标补充加入指标体系。例如,本书在构建制造业发展水平指标体系过程中,制造业总产值是必不可少的指标,但2013—2016年期间《中国工业统计年鉴》不再公布工业总产值的数据,因而选择与之关系密切的工业销售总产值来代替工业总产值,亦不失为一种有效做法。

二、评价指标体系的具体确定

在遵循评价指标体系构建基本原则的基础上,首先对近年来制造业与服务业发展水平综合评价的相关研究成果进行梳理,为一级指标的确定提供理论依据,进而确定二级指标的选取。

(一)一级指标的确定

关于制造业与服务业发展水平的综合评价研究,已有较多文献涉及,本书着重关注制造业与服务业耦合协调研究中所构建的指标体系,对制造业和服务业发展水平综合评价的研究成果进行梳理(表2-1),为确定本书一级指标提供参考。

首先,确定产业规模、产业效益两个一级指标进入指标体系。虽然在所梳理的文献中,一级指标的名称略有不同(规模、发展规模、规模指标、经营能力、效益指标、产能、经济效益、生产竞争力等),但本质上均为产业规模与产业效益的相关指标,二者是显示制造业与服务业发展水平高低最直观的晴雨表,也是反映制造业与服务业发展水平最常用的两大综合指标。

其次,确定产业贡献作为一级指标进入指标体系。为与产业规模和产业效益相区别,该一级指标指的是制造业或服务业的发展给全社会带来多少就业和多少税收收入。制造业与服务业的发展最终是为了推动经济社会的发展,反过来经济社会所表现出的状态同样可以反映制造业和服务业的发达程度,因此诸多学者均考虑将产业贡献纳入衡量产业发展水平的指标体系中。

最后,确定产业潜力作为一级指标进入指标体系。不同行业或区域所依托的自然、经济、社会资源等禀赋不一,所处的发展阶段也不尽相同,因此会表现出不同的趋势特征。产业潜力一定程度上描绘了产业规模化的空间大小和未来的发展动力,是衡量制造业与服务业发展水平不可或缺的一级指标。

需要说明的是,本书未将产业结构、产业效率、产业关联度等纳入一级指标的范畴。虽然不少学者将这类指标确定为一级指标,但其研究对象是制造业与生产性服务业,而本书研究的对象不仅包括制造业与生产性服务业,还包括生活性服务业和公共服务业,它们在结构和效率方面与生产性服务业差异较大,与制造业的产业关联也较弱。

表 2-1 相关学者关于一级指标确定的文献研究

年份	研究者	一级指标
2010 年	张沛东	规模指标、结构指标、成长指标、效率指标
2012 年	刘军跃,万侃,钟升,王敏	规模指标、结构指标、成长指标、效益指标
2013 年	刘军跃,李军锋	规模指标、结构指标、成长指标、效益指标
2013 年	杜传忠,王鑫,刘忠京	发展规模、发展结构、发展效率、发展潜力
2015 年	陈文新,韩春燕,郭凯	经济发展结构、资本积累、人力资本、金融支持力度、科学创新、经济外向性程度
2015 年	姚青	规模、投资、产能、就业、效率、成长、产值利润率
2015 年	贺正楚,吴艳,陈一鸣	规模指标、潜力指标、创新指标、关联指标
2016 年	弓宪文,王勇	投入水平、产出效率、发展规模、成长能力
2016 年	王必锋,赖志花	产业规模、生产竞争力、市场规模
2017 年	毛艳华,胡斌	规模、结构、效率、发展潜力
2017 年	李英,刘广丹,赵越,杨扬	发展规模、发展结构、发展效率、发展潜力
2017 年	余沛	规模指标、结构指标、成长指标
2017 年	崔向林,罗芳	规模指标、效率指标、结构指标、成长指标
2018 年	唐晓华,张欣珏,李阳	产业规模、社会贡献、经济效益、成长潜力
2018 年	靖鲲鹏,张秀妮,宋之杰	发展规模、发展潜力、经营能力、产业贡献

注:资料来源于对相关文献的梳理,由作者整理获得。

(二)二级指标的确定

1. 产业规模

产业规模是指一类产业的产出规模或经营规模,合适的产业规模是国家和政府在制定产业政策时,需要考虑的一个重要方面。某一产业在发展过程中往往需要一个适度规模,规模过大会导致产能过剩,造成资源浪费;规模过小,又不易形成规模效应,在一个完全竞争的环境中不易形成竞争优势。通常从职工人数、固定资产额、产量、销售额、附加价值等方面来反映产业规模,因此在参考相关文献基础上本书选择法人单位数、固定资产投资额、总产值作为二级指标来衡量产业规模。

2. 产业效益

在经济社会中,产业效益主要指以实现利润为主的经济效益,由于生产经营活动是由多方面内容和环节构成的复杂过程,所以决定产业效益的因素也是多方面的,任一经济指标只能反映某一侧面,为了对产业效益作出全面准确的评价,必须从多个角度,选取一系列相互关联、交叉的指标进行多角度考核。在借鉴相关文献基础上,本书选择就业人员平均工资、就业人员平均产值、固定资产投资效果系数作为二级指标来衡量产业效益。

3. 产业贡献

产业贡献主要指一类产业在发展过程中对增加社会就业、创造地方税收、拉动经济增长等的贡献。就业是民生之本,也是落实精准扶贫政策的有效举措,而产业发展增加了对劳动力的需求,能够有效解决更多人的就业问题。产业发展能够增加税收;作为我国政府进行宏观调控和经济管理的重要工具,税收也能够提高产业的经济效益,优惠的税收政策可以促进产业进一步发展。同时,产业发展也是经济增长的重要力量和主要动能。因此,本书选择就业人数、税收总额、产值利润率作为二级指标来衡量产业贡献。

4. 产业潜力

产业潜力反映了一类产业在未来发展过程中所具备的成长潜力,具备良好成长潜力的产业往往表现出可持续发展性较强、未来发展前景广阔、产业规模逐年扩张、经营效益持续增长等特征。近年来,随着我国供给侧结构性改革的不断深化,经济发展中的创新驱动积极效应也不断释放,"四新经济"和战略性新兴产业快速成长,成为当前我国最具成长潜力的产业。为客观反映产业潜力,本书选择产值增长率、固定资产投资占比、就业增长率作为二级指标来衡量产业潜力。

(三)评价指标体系的构建

在梳理相关文献基础上,本书构建的制造业与服务业发展水平的评价指标体系见表 2-2。其中包含产业规模、产业效益、产业贡献和产业潜力 4 个一级指标以及 12 个二级指标及其解释。

表 2-2 制造业与服务业发展水平的评价指标体系[1]

一级指标	二级指标	指标解释	单位
产业规模	法人单位数	企业数量总和	万家
	固定资产投资额	固定资产投资总和	亿元
	总产值	产值总和	亿元
产业效益	就业人员平均工资	工资总和/就业人数	千元/人
	就业人员平均产值	总产值/就业人数	万元/人
	固定资产投资效果系数	报告期产值增量/同期固定资产投资额×100%	%

---

[1] 由于《中国工业统计年鉴》2013 年之后不再公布制造业各大类行业工业总产值数据,为保持历年统计口径的一致性,选取工业销售产值来代替工业总产值,服务业则采用行业增加值代替总产值。

(续表)

一级指标	二级指标	指标解释	单位
产业贡献	就业人数	就业人员数量总和	万人
	税收总额	税收收入总和	亿元
	产值利润率	利润总额(税收收入/总产值)×100%	%
产业潜力	产值增长率	(当年产值/上年产值-1)×100%	%
	固定资产投资占比	(固定资产投资额/全国固定资产投资额)×100%	%
	就业增长率	(当年就业人数/上年就业人数-1)×100%	%

注：资料来源于作者整理。

三、数据来源及区域划分

为探究制造业与服务业在不同省份及经济区域发展水平上的动态演进，本书采用国家统计局以及国务院发展研究中心提出的区划方法，将中国划分三个层级。第一层级将中国划分为东部、中部、西部三大区域，其中东部包括北京、天津、辽宁、河北、上海、江苏、浙江、福建、山东、广东和海南；中部包括山西、吉林、黑龙江、安徽、江西、河南、湖北和湖南；西部包括内蒙古、广西、重庆、四川、贵州、云南、陕西、甘肃、青海、宁夏和新疆。第二层级将中国划分为八大综合经济区，其中东北综合经济区包含黑龙江、吉林、辽宁；北部沿海综合经济区包含北京、天津、河北、山东；东部沿海综合经济区包含上海、江苏、浙江；南部沿海综合经济区包含福建、广东、海南；黄河中游综合经济区包含陕西、山西、河南、内蒙古；长江中游综合经济区包含湖北、湖南、江西、安徽；大西南综合经济区包含云南、贵州、四川、重庆、广西；大西北综合经济区包含甘肃、青海、宁夏、新疆。第三层级将中国划分为30个省级单元（省、自治区、直辖市，不含港澳台地区，西藏自治区数据不全无法获取），因此研究对象为30个省级单元。

所研究数据时间跨度为2005—2016年，评价指标数据主要来源于《中国统计年鉴》《中国工业统计年鉴》《中国基本单位统计年鉴》《中国第三产业统计年鉴》《中国税务年鉴》《中国劳动统计年鉴》《中国制造业发展研究报告》以及各省级单元统计年鉴的整理。部分缺失数据通过插值法拟合或类比类推法预测获得，评价所使用指标均由原始数据计算得到。制造业与服务业发展水平综合评价各指标的描述性统计见表2-3。

表 2-3 制造业与服务业发展水平综合评价各指标的描述统计

行业	指标变量	观测数	平均值	中位数	最大值	最小值	标准差
制造业	法人单位数	360	7.198	3.733	48.187	0.184	9.068
	固定资产投资额	360	15217.5	8012.9	100641	223.3	18769.7
	总产值	360	2490.5	1501.5	15715.8	44.4	2751.2
	就业人员平均工资	360	26.078	24.666	66.502	11.546	9.599
	就业人员平均产值	360	100.928	98.425	232.591	22.816	44.190
	固定资产投资效果系数	360	67.52	65.93	636.49	−637.96	77.88
	就业人数	360	137.21	87.40	1020.25	6.68	147.59
	税收总额	360	682.86	434.23	3725.86	23.51	755.43
	产值利润率	360	6.18	4.95	19.93	1.26	3.65
	产值增长率	360	13.74	14.63	59.50	−37.77	10.86
	固定资产投资占比	360	3.33	2.31	16.69	0.05	3.22
	就业增长率	360	2.67	0.66	88.61	−24.16	10.31
服务业	法人单位数	360	23.351	17.725	127.992	1.848	19.837
	固定资产投资额	360	5062.4	3627.3	27783.2	213.4	4639.0
	总产值	360	4197.7	3294.3	16497.8	160.2	3354.4
	就业人员平均工资	360	31.928	29.307	89.600	13.666	12.867
	就业人员平均产值	360	18.478	16.828	50.701	6.541	7.870
	固定资产投资效果系数	360	12.58	11.19	41.29	−47.92	7.80
	就业人数	360	246.06	216.50	815.77	27.46	143.52
	税收总额	360	959.12	541.53	7635.36	16.59	1226.86
	产值利润率	360	17.07	15.29	60.30	6.02	9.75
	产值增长率	360	11.64	11.12	43.21	−15.25	5.63
	固定资产投资占比	360	3.32	2.81	8.96	0.29	2.00
	就业增长率	360	3.58	2.81	33.05	−7.98	4.22

注:资料来源于历年各类统计年鉴,结果由作者测算整理。

四、指标权重及综合指数确定

为减少主观因素对综合评价结果的影响,本书采用熵权法这样一种客观赋权方法对制造业与服务业发展水平的评价指标确定权重。熵是热力学中的一个概念,可对系统不确定性的影响因素进行度量,提取不确定性因素中的信息量,并计算其在整个系统中的贡献率,以此计算出信息熵(Clausius,1868)。某一指标的信息熵越少,表示效用值越小,则该指标权重越小,反之则越大。

(一)数据标准化处理

熵权法是通过评价指标的信息熵大小来确定权重,进而计算综合指数的,而标准化处理主要是为了排除指标量纲和数量级不同的影响,若指标体系中存在正向和逆向指标,则标准化公式分别为

$$u_{ijt}' = (u_{ijt} - \min u_{ijt})/(\max u_{ijt} - \min u_{ijt})$$
$$u_{ijt}' = (\max u_{ijt} - u_{ijt})/(\max u_{ijt} - \min u_{ijt}) \quad (2-1)$$

式中,u_{ijt}'代表标准化数据;u_{ijt}代表初始数据,表示第t年省份i的第j个指标;$\max u_{ijt}$、$\min u_{ijt}$代表不同年份、地区指标的最大值和最小值。

(二)熵权法

在信息论中,若某一指标熵值较大,则说明该指标的样本值之间差异较小,则其在整个评价指标体系中的权重也较小;反之则权重较大(章穗等,2010)。在将数据标准化之后,为消除指标对数化后对计算结果的影响,将u_{ijt}'平移足够小的A个单位,即$v_{ijt} = u_{ijt}' + A$(此处取$A = 10^{-4}$)。对平移后的数据归一化,公式为

$$p_{ijt} = v_{ijt} / \sum_{i=1}^{m} v_{ijt} \quad (2-2)$$

可得标准化矩阵$\boldsymbol{P}_{ijt} = (p_{ijt})_{m \times n}$。

确定指标u_j的熵值e_j,公式为

$$e_j = -K \sum_{i=1}^{m} \sum_{t=1}^{T} p_{ijt} \ln p_{ijt} \quad (2-3)$$

其中,$K = 1/\ln(mT)$。

最后确定指标u_j的权重,公式为

$$W_j = (1 - e_j) / \sum_{j=1}^{n} (1 - e_j) \quad (2-4)$$

其中,$W_j \in [0,1]$,$\sum_{j=1}^{n} W_j = 1$。

(三)综合指数测算

在熵权法基础上,可得到制造业与服务业发展水平的综合评价指数[1]:

$$u_{it} = \sum_{j=1}^{n} W_j u_{ijt}' \quad (2-5)$$

1　为简便起见,后文均称作制造业综合指数或服务业综合指数。

式中，$\sum_{j=1}^{n} W_j = 1$；u_{ijt}' 代表标准化指标；W_j 代表各指标权重。

对 2005—2016 年 30 个省级单元（省、自治区、直辖市）制造业与服务业发展水平综合评价指标体系的原始数据作标准化处理并用改进熵权法计算，可得到各评价指标权重。

第二节 制造业与服务业综合发展水平分析

一、制造业与服务业总体发展水平及特征

为探讨中国制造业与服务业总体发展水平的年际变化特征，将两产业基于改进熵权法测算出的综合指数计算结果绘制于图 2-1。整体来看，2005—2016 年制造业与服务业发展水平不断提高，两产业综合发展指数介于 0.1~0.35，且制造业发展水平略滞后于服务业，受近年来产业结构调整速度加快的影响，二者差异有扩大趋势。

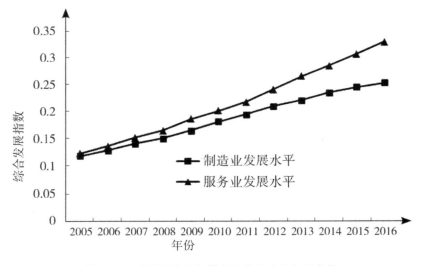

图 2-1 中国制造业与服务业发展水平年际变化

从制造业发展水平的年际时序变化上看，其综合指数从 2005 年的 0.117 稳步提升至 2016 年的 0.250，年均增长率为 7.168%。在国家产业政策的影响下，制造业基本实现了持续增长的发展过程。从服务业发展水平的年际时序变化上看，其综合指数从 2005 年的 0.121 提升至 2016 年的 0.325，年均增长率达到 9.423%。服务业综合指数始终位于制造业综合指数上方，且在 2011 年后领先幅度逐步扩

大。可以看出,二者在互动发展过程中基本实现了自身产业的平稳提升,相互作用逐渐增强,而增长速度的不平衡性也将影响未来两产业耦合协调的进一步良性发展。

二、省域制造业与服务业发展水平及特征

为研究省域制造业与服务业发展水平及特征,测算出2005—2016年中国30个省级单元(省、自治区、直辖市)制造业与服务业综合指数(见表2-4、表2-5)。

由表2-4可以看出,中国省域制造业发展水平存在明显差异,综合指数离散范围介于0.329~0.734,均值介于0.117~0.250,中位数介于0.092~0.190,各数值呈逐年加大趋势。横向来看,制造业发展水平最高的省份是江苏,发展水平最低的省份是宁夏;纵向来看,各省份制造业发展水平均在2005年处于最低值,而在2016年处于最高值,呈逐年提高状态。由表2-5可以看出,中国省域服务业综合指数离散范围介于0.316~0.619,均值介于0.121~0.325,中位数介于0.089~0.268,各数值也呈逐年加大趋势。横向来看,服务业发展水平最高的省份是广东,发展水平最低的省份是青海;纵向来看,各省份服务业发展水平均在2005年处于最低值,而在2016年处于最高值,呈逐年提高状态。

表2-4 2005—2016年制造业发展水平省域测算

省份	2005年	2006年	2007年	2008年	2009年	2010年	2011年	2012年	2013年	2014年	2015年	2016年
北京	0.097	0.101	0.106	0.101	0.116	0.122	0.131	0.135	0.142	0.149	0.160	0.167
天津	0.120	0.131	0.147	0.164	0.174	0.204	0.216	0.216	0.217	0.224	0.226	0.222
河北	0.143	0.161	0.177	0.198	0.221	0.230	0.247	0.273	0.282	0.304	0.319	0.340
山西	0.077	0.079	0.086	0.087	0.076	0.081	0.087	0.093	0.097	0.096	0.092	0.096
内蒙古	0.061	0.066	0.074	0.084	0.097	0.104	0.123	0.134	0.144	0.145	0.131	0.136
辽宁	0.147	0.159	0.176	0.201	0.217	0.241	0.239	0.269	0.275	0.271	0.226	0.167
吉林	0.075	0.084	0.098	0.113	0.132	0.146	0.150	0.169	0.174	0.182	0.185	0.192
黑龙江	0.058	0.059	0.064	0.070	0.092	0.101	0.102	0.120	0.121	0.112	0.118	0.121
上海	0.222	0.236	0.253	0.255	0.265	0.294	0.314	0.321	0.310	0.328	0.329	0.331
江苏	0.360	0.408	0.449	0.480	0.517	0.572	0.609	0.645	0.681	0.729	0.770	0.805
浙江	0.257	0.285	0.299	0.305	0.309	0.327	0.345	0.371	0.391	0.424	0.435	0.442
安徽	0.088	0.102	0.119	0.131	0.151	0.176	0.199	0.219	0.230	0.249	0.270	0.288
福建	0.101	0.110	0.124	0.127	0.136	0.155	0.180	0.201	0.202	0.229	0.246	0.252
江西	0.072	0.078	0.089	0.110	0.125	0.151	0.158	0.167	0.185	0.199	0.213	0.232

(续表)

省份	2005年	2006年	2007年	2008年	2009年	2010年	2011年	2012年	2013年	2014年	2015年	2016年
山东	0.321	0.343	0.352	0.360	0.389	0.418	0.439	0.487	0.506	0.554	0.598	0.638
河南	0.135	0.157	0.188	0.208	0.225	0.243	0.264	0.289	0.311	0.343	0.366	0.374
湖北	0.096	0.104	0.110	0.133	0.150	0.177	0.201	0.225	0.246	0.267	0.285	0.293
湖南	0.099	0.103	0.114	0.128	0.143	0.161	0.182	0.199	0.217	0.230	0.252	0.262
广东	0.282	0.302	0.326	0.333	0.354	0.393	0.418	0.451	0.535	0.573	0.622	0.645
广西	0.069	0.073	0.080	0.084	0.089	0.103	0.117	0.136	0.142	0.155	0.169	0.176
海南	0.047	0.045	0.071	0.073	0.085	0.091	0.103	0.102	0.090	0.091	0.102	0.106
重庆	0.063	0.069	0.080	0.088	0.097	0.111	0.119	0.122	0.136	0.154	0.171	0.189
四川	0.101	0.105	0.118	0.128	0.149	0.156	0.173	0.179	0.197	0.197	0.202	0.217
贵州	0.061	0.064	0.067	0.068	0.071	0.074	0.085	0.089	0.094	0.101	0.110	0.121
云南	0.113	0.109	0.112	0.117	0.121	0.124	0.131	0.137	0.139	0.145	0.149	0.140
陕西	0.070	0.075	0.079	0.088	0.104	0.110	0.123	0.131	0.137	0.142	0.151	0.151
甘肃	0.048	0.051	0.062	0.060	0.078	0.080	0.088	0.098	0.097	0.101	0.106	0.107
青海	0.047	0.051	0.055	0.053	0.053	0.058	0.059	0.062	0.065	0.069	0.066	0.071
宁夏	0.031	0.036	0.040	0.046	0.049	0.059	0.058	0.073	0.077	0.077	0.086	0.090
新疆	0.047	0.047	0.056	0.058	0.083	0.091	0.096	0.105	0.107	0.117	0.122	0.124
离散范围	0.329	0.372	0.409	0.434	0.467	0.514	0.551	0.583	0.616	0.660	0.704	0.734
均值	0.117	0.126	0.139	0.148	0.162	0.178	0.192	0.207	0.218	0.232	0.243	0.250
中位数	0.092	0.101	0.108	0.115	0.128	0.148	0.154	0.168	0.180	0.190	0.194	0.190

注：资料来源于模型计算结果，由作者整理得到，下同。

表 2-5　2005—2016 年服务业发展水平省域测算

省份	2005年	2006年	2007年	2008年	2009年	2010年	2011年	2012年	2013年	2014年	2015年	2016年
北京	0.283	0.329	0.360	0.384	0.431	0.242	0.447	0.492	0.547	0.582	0.535	0.561
天津	0.101	0.109	0.123	0.137	0.164	0.186	0.205	0.229	0.239	0.263	0.257	0.291
河北	0.141	0.152	0.164	0.181	0.213	0.239	0.246	0.265	0.289	0.305	0.296	0.325
山西	0.079	0.088	0.100	0.108	0.127	0.132	0.140	0.158	0.174	0.184	0.191	0.202
内蒙古	0.082	0.106	0.121	0.127	0.158	0.168	0.181	0.190	0.203	0.218	0.189	0.211
辽宁	0.146	0.167	0.181	0.198	0.224	0.246	0.266	0.301	0.324	0.321	0.274	0.217
吉林	0.065	0.083	0.093	0.105	0.116	0.119	0.125	0.144	0.152	0.156	0.152	0.172
黑龙江	0.081	0.092	0.100	0.109	0.128	0.138	0.149	0.165	0.180	0.184	0.175	0.185

(续表)

省份	2005年	2006年	2007年	2008年	2009年	2010年	2011年	2012年	2013年	2014年	2015年	2016年
上海	0.275	0.295	0.377	0.356	0.360	0.366	0.390	0.401	0.434	0.456	0.431	0.454
江苏	0.276	0.300	0.325	0.353	0.393	0.354	0.490	0.542	0.590	0.645	0.609	0.681
浙江	0.258	0.272	0.284	0.296	0.314	0.339	0.367	0.404	0.437	0.483	0.474	0.530
安徽	0.103	0.117	0.135	0.151	0.172	0.187	0.199	0.229	0.255	0.281	0.271	0.303
福建	0.118	0.136	0.158	0.165	0.183	0.203	0.218	0.247	0.271	0.301	0.306	0.333
江西	0.086	0.092	0.095	0.099	0.127	0.138	0.146	0.169	0.187	0.210	0.203	0.223
山东	0.233	0.248	0.267	0.311	0.344	0.385	0.416	0.456	0.496	0.529	0.528	0.586
河南	0.153	0.172	0.186	0.193	0.222	0.235	0.244	0.270	0.315	0.353	0.365	0.403
湖北	0.122	0.131	0.144	0.165	0.187	0.205	0.227	0.255	0.280	0.321	0.326	0.363
湖南	0.119	0.128	0.141	0.154	0.183	0.193	0.211	0.237	0.267	0.292	0.296	0.340
广东	0.354	0.366	0.394	0.415	0.441	0.382	0.510	0.540	0.590	0.637	0.596	0.656
广西	0.075	0.094	0.106	0.118	0.135	0.154	0.162	0.177	0.193	0.209	0.209	0.236
海南	0.041	0.049	0.053	0.059	0.074	0.088	0.095	0.104	0.118	0.122	0.111	0.123
重庆	0.092	0.100	0.113	0.129	0.141	0.134	0.179	0.198	0.219	0.241	0.234	0.258
四川	0.149	0.166	0.180	0.192	0.239	0.248	0.265	0.299	0.340	0.366	0.349	0.381
贵州	0.058	0.065	0.076	0.076	0.098	0.100	0.114	0.145	0.168	0.189	0.187	0.210
云南	0.083	0.097	0.106	0.113	0.131	0.142	0.154	0.180	0.202	0.217	0.214	0.253
陕西	0.093	0.099	0.114	0.132	0.153	0.166	0.180	0.202	0.230	0.246	0.237	0.261
甘肃	0.051	0.053	0.057	0.062	0.069	0.076	0.085	0.097	0.113	0.127	0.130	0.146
青海	0.027	0.033	0.038	0.044	0.054	0.054	0.061	0.067	0.074	0.087	0.086	0.096
宁夏	0.032	0.036	0.044	0.047	0.061	0.066	0.077	0.086	0.089	0.095	0.089	0.100
新疆	0.069	0.072	0.075	0.085	0.091	0.102	0.121	0.138	0.153	0.168	0.158	0.169
离散范围	0.316	0.321	0.356	0.355	0.389	0.408	0.425	0.450	0.487	0.527	0.571	0.619
均值	0.121	0.134	0.150	0.162	0.183	0.198	0.215	0.238	0.262	0.282	0.304	0.325
中位数	0.089	0.103	0.118	0.130	0.154	0.171	0.185	0.208	0.226	0.245	0.265	0.268

为更好呈现各省制造业与服务业发展水平的差异性特征，依据表2-4、表2-5所列出的2005—2016年省域测算结果，求出两产业各省份综合指数的平均值。将综合指数划分为低水平、中等水平和高水平三个等级，得到结果见表2-6、表2-7。由表2-6可以看出，中国各省份制造业综合指数分布以低水平区和中等水平区居多，其中分布在低水平区的省级单元有22个，包括山西、内蒙古、吉林、

黑龙江、安徽、福建、江西、北京、天津、湖北、湖南、广西、海南、重庆、四川、贵州、云南、陕西、甘肃、青海、宁夏和新疆；分布在中等水平区的省级单元有 5 个，包括河北、辽宁、上海、浙江、河南；分布在高水平区的省级单元有 3 个，包括江苏、山东、广东。由表 2-7 可以看出，与制造业综合指数的分布特征类似，中国各省份服务业综合指数也是以低水平区和中等水平区的居多，其中分布在低水平区的省级单元有 17 个，包括天津、山西、内蒙古、吉林、黑龙江、安徽、江西、广西、海南、重庆、贵州、云南、陕西、甘肃、青海、宁夏和新疆；分布在中等水平区的省级单元有 8 个，包括河北、辽宁、浙江、福建、河南、湖北、湖南、四川；分布在高水平区的省级单元有 5 个，包括北京、江苏、山东、上海、广东。

中国省域制造业与服务业的发展水平均呈现明显的左偏分布特征，也即位于低水平区的省份数明显多于位于高水平区的省份数。区域产业经济发展的这种不均衡特征，究其原因，可以概括为以下几点：首先是地理位置，东部多数省份地处平原地带且拥有天然港口，具备产业发展的良好条件，而西部省份遍布荒漠、丘陵、高原，导致交通不便，不利于资源要素流动，使产业发展受限；其次是政策制度，改革开放之初东部省份依靠区位优势，率先进行经济体制改革，获得了较多的产业政策扶持，中西部省份由于政策及制度配套不能及时跟上产业发展节奏，导致经济效果大大削弱；再次是资本要素，发达地区往往具有资本的规模效应和比较优势，因此社会资本会在市场化作用下从欠发达地区流向发达地区，从而加大省份间的产业发展差距；最后，人口数量、技术水平、产业结构等都会对区域产业发展造成重要影响，导致产业发展的不平衡。

表 2-6　2005—2016 年制造业发展水平省域分布情况

发展水平	低水平(0~0.2)	中等水平(0.2~0.4)	高水平(0.4 以上)
省级单元	山西、内蒙古、吉林、黑龙江、安徽、福建、江西、北京、天津、湖北、湖南、广西、海南、重庆、四川、贵州、云南、陕西、甘肃、青海、宁夏、新疆	河北、辽宁、上海、浙江、河南	江苏、山东、广东

注：资料来源于作者整理统计，下同。

表 2-7　2005—2016 年服务业发展水平省域分布情况

发展水平	低水平(0~0.2)	中等水平(0.2~0.4)	高水平(0.4 以上)
省级单元	天津、山西、内蒙古、吉林、黑龙江、安徽、江西、广西、海南、重庆、贵州、云南、陕西、甘肃、青海、宁夏、新疆	河北、辽宁、浙江、福建、河南、湖北、湖南、四川	北京、江苏、山东、上海、广东

三、区域制造业与服务业发展水平及特征

省域视角下的制造业与服务业发展水平的分布特征描述了各省份的差异状况,但由于空间尺度较小无法凸显差异的主要来源。为此,进一步扩大空间尺度,分区域考察制造业与服务业发展的差异,分别从三区域和八区域两种分组下观察制造业与服务业的综合发展水平。

(一)三区域下制造业综合指数测算及特征

图 2-2 显示了东中西部制造业发展水平的年际变化情况,从整体上来看,2005—2016 年东中西部的制造业综合指数均呈线性增长态势,东部最高,中部居中,西部最低,且区域差异有扩大趋势,各区域制造业发展水平的具体特征如下所述。

1. 东部地区

综合指数从 2005 年的 0.191 增长至 2016 年的 0.374,年均增长率达到 6.340%,在三大区域中处于最高水平。2005 年东部制造业综合指数位于前五位的省份分别是江苏(0.360)、山东(0.321)、广东(0.282)、浙江(0.257)和上海(0.222),同时它们也是中国制造业综合指数的前五位省份;与 2005 年相比,2016 年东部制造业综合指数位于前五位的省份并没发生变化,仅位次和数值有变化,分别是江苏(0.805)、广东(0.645)、山东(0.638)、浙江(0.442)和上海(0.331)。可以看出,东部地区制造业发展水平始终处于领先地位,但其各省份间差异较大,且与中西部的差距有拉大趋势。东部地区与中部地区的差距由 2005 年的 0.103 扩大到 2016 年的 0.142,与西部地区的差距由 2005 年的 0.126 扩大到 2016 年的 0.236。

2. 中部地区

综合指数从 2005 年的 0.087 增长至 2016 年的 0.232,年均增长率达到 9.332%,在三大区域中处于中等水平。2005 年中部制造业综合指数位于前三位的省份分别是河南(0.135)、湖南(0.099)、湖北(0.096);2016 年位于前三位的省份变为河南(0.374)、湖北(0.293)、安徽(0.288)。2005—2016 年,中部地区制造业发展表现强劲,综合指数始终与东部地区保持着较小差距。从排位来看,除山西外,其余中部省份均有所提升,其中,河南由第 8 位提升至第 5 位,湖北由第 15 位提升至第 8 位,安徽由第 16 位提升至第 9 位。

3. 西部地区

综合指数从 2005 年的 0.065 增长至 2016 年的 0.138,年均增长率达到 7.205%,在三大区域中处于最低水平。2005 年西部制造业综合指数位于前三位的省份分别是云南(0.113)、四川(0.101)、陕西(0.070);2016 年位于前三位的省

份变为四川(0.217)、重庆(0.189)、广西(0.176)。2005—2016年,西部地区制造业发展滞后,综合指数与东中部地区的差距逐渐拉大。从排位来看,云南由第10位降低到第21位,四川由第12位降低为第14位,贵州由第23位降低到第25位。

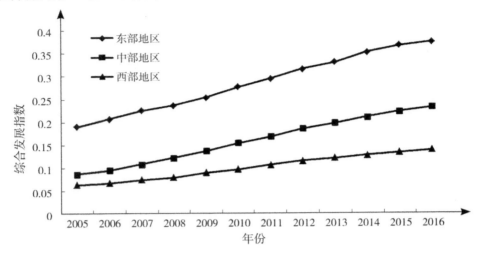

图2-2 三区域下制造业发展水平年际变化

(二)三区域下服务业综合指数测算及特征

图2-3显示了东中西部服务业发展水平的年际变化情况,从整体上来看,2005—2016年东中西部服务业综合指数表现为平行增长模式,且仍旧保持"东—中—西"递减的分布格局,各区域服务业发展水平的具体特征如下所述。

1. 东部地区

综合指数从2005年的0.194增长至2016年的0.460,年均增长率达到8.168%,在三大区域中处于最高水平。2005年东部服务业综合指数位于前五位的省份分别是广东(0.354)、北京(0.283)、江苏(0.276)、上海(0.275)和浙江(0.258),同时它们也是中国服务业综合指数的前五位省份;与2005年相比,2016年东部服务业综合指数位于前五位的省份有些许变化,分别是江苏(0.681)、广东(0.656)、山东(0.586)、北京(0.561)和浙江(0.530)。可以看出,东部地区各省份间差异较小,与中部地区差距变化较小,而与西部差距有拉大趋势。东部地区与中部地区的差距由2005年的0.078扩大到2016年的0.113,与西部地区的差距由2005年的0.125扩大到2016年的0.239。

2. 中部地区

综合指数从2005年的0.116增长至2016年的0.347,年均增长率达到10.490%,在三大区域中处于中等水平。2005年中部服务业综合指数位于前三位的省份分别是河南(0.153)、湖北(0.122)、湖南(0.119);与2005年相比,2016年位于前三位的省份没有变化,仍然为河南(0.403)、湖北(0.363)、湖南(0.340)。2005—2016年,中部地区服务业发展表现出稳定的状态,综合指数始终与东部地区保持平行发展。从排位来看,各省份有升有降,表现较好的省份是湖北和湖南,分别由第11位上升至第9位、由第13位上升至第10位。

3. 西部地区

综合指数从2005年的0.069增长至2016年的0.221,年均增长率达到11.285%,尽管年均增长率在三大区域中最高,但由于起始年份的绝对量太低,在三大区域中仍处于最低水平。2005年西部服务业综合指数位于前三位的省份分别是四川(0.149)、陕西(0.093)、重庆(0.092);2016年位于前三位的省份变为四川(0.381)、陕西(0.261)、重庆(0.258)。2005—2016年,西部地区服务业发展尽管相对滞后,但却保持了较高的增长速率。从排位来看,各省份有升有降,升幅较大的省份是广西和贵州,分别由第24位上升至第18位、由第26位上升至第20位。

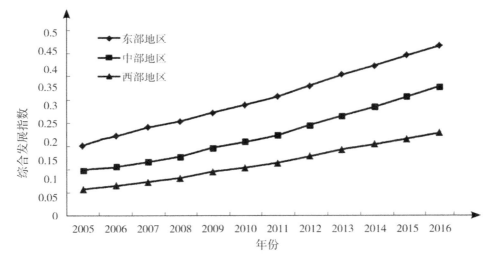

图2-3 三区域下服务业发展水平年际变化

(三)八区域下制造业综合指数测算及特征

图2-4显示了八大区域制造业发展水平的年际变化情况。可以看出,除东北综合经济区在2013年后有下降趋势外,其余各综合经济区均呈不同幅度的增长模式,且区域差异明显。依据不同区域测算结果归纳为三大类型:第一类型为高水平区域,包括北部、东部、南部沿海综合经济区;第二类型为中等水平区域,包括黄河中游、长江中游、东北综合经济区;第三类型低水平区域,包括大西南、大西北综合经济区。

第一类型区域中,三大沿海综合经济区制造业发展水平明显优于其他地区,在区域内部,东部沿海综合经济区又明显优于北部、南部沿海综合经济区。其中,东部沿海综合经济区综合指数从2005年的0.280增长至2016年的0.526,年均增长率达到5.930%;北部沿海综合经济区综合指数从2005年的0.170增长至2016年的0.342,年均增长率达到6.559%;南部沿海综合经济区综合指数从2005年的0.144增长至2016年的0.334,年均增长率达到8.037%。

第二类型区域中,表现较为突出的是长江中游综合经济区,其综合指数从2005年的0.089增长至2016年的0.269,年均增长率达到10.653%,在八大综合经济区中年均增长率最高;其次是黄河中游综合经济区,其综合指数从2005年的0.086增长至2016年的0.189,年均增长率达到7.533%,增长速率相对平稳;八大综合经济区中唯一出现负增长的是东北综合经济区,其综合指数从2005年的0.086增长至2013年的0.190,又降低至2016年的0.160,年均增长率仅5.349%,在八大区域中年均增长率最低[1]。

第三类型区域中的两大综合经济区在八大综合经济区中处于最低水平,其中,大西南综合经济区综合指数从2005年的0.081增长至2016年的0.168,年均增长率达到6.859%;大西北综合经济区综合指数从2005年的0.043增长至2016年的0.098,年均增长率达到7.871%。

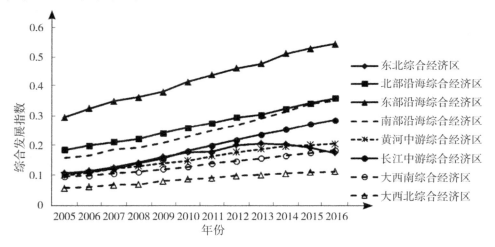

图2-4 八区域下制造业发展水平年际变化

(四)八区域下服务业综合指数测算及特征

图2-5显示了八大区域服务业发展水平的年际变化情况。可以看出,与制造业区域发展特征类似,仅东北综合经济区有下降趋势,其余各综合经济区均呈不同

---

[1] 2013年以来,东北地区面临经济结构失衡、人口增长停滞、高技术人才外流、部分城市资源逐渐枯竭等多重发展困境,导致经济增速严重下滑,本书测算结果与现实相吻合,同时也印证了所构建指标体系的合理性和准确性。

幅度的增长模式,且区域差异明显。依据不同区域测算结果归纳为三大类型：第一类型为高水平区域,包括北部、东部、南部沿海综合经济区;第二类型为中等水平区域,包括黄河中游、长江中游、东北、大西南综合经济区;第三类型低水平区域,仅大西北综合经济区。

第一类型区域中,相同年份下东部、北部、南部沿海综合经济区综合指数依次递减。其中,东部沿海综合经济区综合指数从 2005 年的 0.262 增长至 2016 年的 0.603,年均增长率达到 7.926%,在八大区域中绝对增长量最大;北部沿海综合经济区综合指数从 2005 年的 0.183 增长至 2016 年的 0.467,年均增长率达到 8.929%;南部沿海综合经济区综合指数从 2005 年的 0.162 增长至 2016 年的 0.390,年均增长率达到 8.325%。

第二类型区域中,四大区域综合指数从时间上又可分为两个阶段。第一阶段 2005—2012 年,各区域综合指数无论从绝对量还是相对增长率上来看,波动差距均保持在 5% 以内;第二阶段 2013—2016 年,各区域综合指数开始出现较大波动,其中,较快增长的长江中游综合经济区综合指数从 0.214 增长至 0.321,增长平稳的黄河中游和大西南综合经济区综合指数分别从 0.197 增长至 0.275、从 0.195 增长至 0.282,增长为负的东北综合经济区综合指数从 0.195 降低至 0.193。

第三类型区域仅包含大西北综合经济区,其综合指数从 2005 年的 0.041 增长到 2016 年的 0.134,年均增长率达到 11.503%,尽管相对增长率在八大区域中最高,但由于起始年份绝对量太低,一直处于八大综合经济区的最低水平。

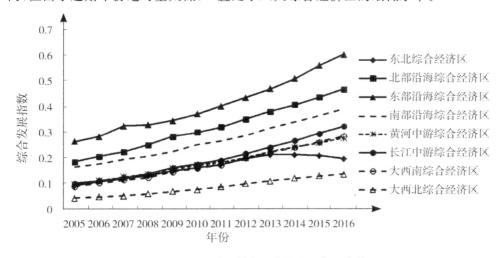

图 2-5　八区域下服务业发展水平年际变化

四、各门类服务业发展水平及特征

前面三部分对服务业总体、省域、区域发展水平的评价均是基于全部服务业门类所做的测算,为全面了解服务业整体的发展状况,有必要对服务业内部各子行业的发展水平做进一步的分析,从而观察不同门类服务业存在的差异,为政府部门掌握服务业各行业发展状况及制定差异化的产业政策提供可资参考的数据支持。

本书基于熵权法测算得到了 2005—2016 年 14 个服务业门类 30 个省份(省、自治区、直辖市)的综合指数(附表 2-1~附表 2-14),限于篇幅,这里仅对各门类服务业综合指数的均值进行讨论(表 2-8)。由表中数据可以发现,各门类服务业在考察期内的综合指数稳步上升,但由于初始发展水平及发展条件不同,各门类服务业在后期发展过程中呈现较大的分歧演变。具体分析如下:从初始发展水平来看,排名前三的门类为住宿和餐饮业(S_4)、水利、环境和公共设施管理业(S_9)、教育(S_{11}),综合指数均在 0.150 附近,而排名后三的门类为金融业(S_5)、租赁和商务服务业(S_7)、科学研究和技术服务业(S_8),综合指数均低于 0.080;从期末发展水平来看,与期初相比仅住宿和餐饮业(S_4)跌出前三,由卫生和社会工作(S_{12})替代,其他两个门类未发生变化,排名后三的门类变为科学研究和技术服务业(S_8)、居民服务、修理和其他服务业(S_{10})、公共管理、社会保障和社会组织(S_{14});从增长速度来看,增长较快的往往是初始发展水平较低的门类,其中增长最快的金融业(S_5)增速为 11.030%,而初始发展水平较高的门类则增速较低,其中增长最慢的住宿和餐饮业(S_4)增速仅为 5.944%;从绝对量的增长来看,增长最多的门类为水利、环境和公共设施管理业(S_9)、卫生和社会工作(S_{12}),增长量均达到了 0.210 以上,增长最少的门类为居民服务、修理和其他服务业(S_{10})、公共管理、社会保障和社会组织(S_{14}),增长量均不足 0.120。

表 2-8 2005—2016 年各门类服务业综合指数均值[1]

行业	2005 年	2006 年	2007 年	2008 年	2009 年	2010 年	2011 年	2012 年	2013 年	2014 年	2015 年	2016 年
S_1	0.137	0.153	0.164	0.186	0.196	0.214	0.224	0.237	0.250	0.264	0.280	0.296
S_2	0.103	0.114	0.119	0.131	0.141	0.138	0.144	0.160	0.172	0.184	0.208	0.232
S_3	0.107	0.118	0.127	0.140	0.157	0.170	0.186	0.197	0.211	0.225	0.241	0.252

---

[1] 表中所涉及的服务业门类包括:交通运输、仓储和邮政业(S_1)、信息传输、软件和信息技术服务业(S_2)、批发和零售业(S_3)、住宿和餐饮业(S_4)、金融业(S_5)、房地产业(S_6)、租赁和商务服务业(S_7)、科学研究和技术服务业(S_8)、水利、环境和公共设施管理业(S_9)、居民服务、修理和其他服务业(S_{10})、教育(S_{11})、卫生和社会工作(S_{12})、文化、体育和娱乐业(S_{13})、公共管理、社会保障和社会组织(S_{14})。

(续表)

行业	2005年	2006年	2007年	2008年	2009年	2010年	2011年	2012年	2013年	2014年	2015年	2016年
S_4	0.156	0.167	0.178	0.194	0.211	0.226	0.245	0.267	0.275	0.282	0.296	0.293
S_5	0.071	0.085	0.106	0.108	0.126	0.124	0.138	0.162	0.186	0.197	0.215	0.218
S_6	0.113	0.122	0.137	0.142	0.165	0.180	0.198	0.225	0.253	0.262	0.267	0.285
S_7	0.075	0.080	0.084	0.086	0.095	0.104	0.116	0.131	0.149	0.166	0.190	0.216
S_8	0.073	0.077	0.088	0.089	0.099	0.103	0.112	0.126	0.139	0.158	0.177	0.199
S_9	0.149	0.158	0.165	0.173	0.194	0.207	0.215	0.235	0.262	0.287	0.321	0.359
S_{10}	0.095	0.097	0.099	0.108	0.122	0.131	0.138	0.154	0.162	0.174	0.189	0.202
S_{11}	0.148	0.155	0.166	0.174	0.198	0.209	0.215	0.221	0.243	0.268	0.300	0.332
S_{12}	0.129	0.135	0.148	0.157	0.170	0.179	0.189	0.203	0.213	0.234	0.266	0.303	0.340
S_{13}	0.108	0.112	0.117	0.125	0.142	0.150	0.159	0.174	0.202	0.216	0.238	0.263
S_{14}	0.095	0.103	0.106	0.120	0.126	0.130	0.138	0.159	0.166	0.178	0.193	0.214

第三节 制造业与服务业发展水平的灰色关联度分析

前文通过构建指标体系,测度了制造业与服务业综合指数,在此基础上深入研究和确定影响两产业综合指数的主要指标以及两产业综合指数之间的影响程度,可为进一步分析二者间的协调发展水平提供理论支撑,本书借助灰色理论中的灰色关联度作具体分析。灰色关联度是灰色数学中用来定量评价事物之间影响作用大小的一种方法,使各种影响因素之间的"灰色"关系清晰化,以确定影响事物发展变化的本质因素(邓聚龙,1987)。

一、灰色关联度计算方法

在做灰色关联度分析之前,首先对表2-2指标体系中各指标及表2-4、表2-5中省域制造业与服务业发展水平所得测算结果进行标准化处理,其次要确定参考序列,这里以制造业综合指数序列为参考序列,并计算其与各指标的灰色关联度,以此为例给出灰色关联度的计算方法。

(一)确定参考序列

设参考序列为 $x_t = (x_t(1), x_t(2), \cdots, x_t(n))$,表示制造业综合指数在第 t 个

年份的数值，$n=30$，表示 30 个省份。

（二）确定比较序列

以制造业发展水平评价指标体系中的 12 个指标数值作为比较序列，设比较序列为：

$$y_{1t}=(y_{1t}(1),y_{1t}(2),\cdots,y_{1t}(n))$$

$$y_{2t}=(y_{2t}(1),y_{2t}(2),\cdots,y_{2t}(n))$$

……

$$y_{12t}=(y_{12t}(1),y_{12t}(2),\cdots,y_{12t}(n))$$

（三）求两级最小、最大差

第一层次最小差：

$$\Delta_i(\min)=\min_k|x_0(k)-x_i(k)| \qquad (2-6)$$

第二层次最小差：

$$\min_i(\Delta_i(\min))=\min_i\min_k|x_0(k)-x_i(k)| \qquad (2-7)$$

第一层次最大差：

$$\Delta_i(\max)=\max_k|x_0(k)-x_i(k)| \qquad (2-8)$$

第二层次最大差：

$$\max_i(\Delta_i(\max))=\max_i\max_k|x_0(k)-x_i(k)| \qquad (2-9)$$

（四）求灰色关联系数：

$$\xi_i(k)=\frac{\min_i\min_k|x_0(k)-x_i(k)|+\rho\max_i\max_k|x_0(k)-x_i(k)|}{|x_0(k)-x_i(k)|+\rho\max_i\max_k|x_0(k)-x_i(k)|} \qquad (2-10)$$

式中，ρ 为分辨系数，通常依据不同的数据特征在 $0\sim1$ 之间取值，本书取 $\rho=0.5$；$\xi_i(k)$ 表示参考序列与第 k 个时刻比较序列的关系系数；$\min_i\min_k|x_0(k)-x_i(k)|$、$\max_i\max_k|x_0(k)-x_i(k)|$ 分别表示两级最小差与最大差，i、j 分别为数据所在的列数与行数。

（五）求灰色关联度

$$r_i=\frac{1}{N}\sum_{i=1}^{N}\xi_i(k) \qquad (2-11)$$

r_i 反映了各指标序列的关联程度，对其进行排序可得到结论。在下文的灰色关联度分析中，$X_1\sim X_{12}$、$Y_1\sim Y_{12}$ 分别表示制造业与服务业发展水平各评价指标。

二、制造业发展水平与各评价指标

(一)制造业综合指数与评价指标灰色关联度

表 2-9 显示了制造业发展水平与 4 个一级指标下 12 个二级指标间的灰色关联度。在产业规模中,总产值(X_1)和法人单位数(X_2)位列前两位,灰色关联度均达到 0.90 以上,是影响制造业发展水平最重要的两项指标,也说明产业规模与综合指数关系最为密切。在产业贡献中,税收总额(X_8)、就业人数(X_7)位列三四位,灰色关联度均位于 0.88~0.90,可见产业贡献同样也是影响制造业发展水平的重要指标。在产业效益中,就业人员平均产值(X_5)、就业人员平均工资(X_4)、固定资产投资效果系数(X_6)3 个二级指标分别位列第七、第八、第九位,灰色关联度均在 0.74~0.78,其中就业人员平均产值(X_5)最高,在产业效益中与综合指数关系最为密切。在产业潜力中,固定资产投资占比(X_{11})位列第五位,相较于分别位列第十与第十一位的就业增长率(X_{12})和产值增长率(X_{10}),是最能代表产业潜力的指标。总体来看,制造业发展水平与产业规模和产业贡献的关系更为密切,而与产业效益和产业潜力的相关度则要弱于前面两项一级指标。

表 2-9 制造业发展水平与 4 个一级指标下 12 个二级指标间的灰色关联度

一级指标	产业规模			产业效益			产业贡献			产业潜力		
二级指标	X_1	X_2	X_3	X_4	X_5	X_6	X_7	X_8	X_9	X_{10}	X_{11}	X_{12}
关联度	0.937	0.906	0.863	0.747	0.774	0.745	0.881	0.889	0.685	0.687	0.863	0.738
排名	1	2	6	8	7	9	4	3	12	11	5	10

注:资料来源于模型测算,由作者整理得到,下同。

(二)制造业各评价指标间灰色关联度

表 2-10 显示了制造业发展水平评价指标体系中 12 个二级指标间的灰色关联度。各指标与其他指标的灰色关联度最低为 0.675,平均灰色关联度均在 0.71 以上,排名位于前三名的分别是总产值(X_1)、法人单位数(X_2)和固定资产投资占比(X_{11}),平均灰色关联度达到了 0.81 以上。其中,总产值(X_1)与法人单位数(X_2)、就业人数(X_7)、税收总额(X_8)的灰色关联度均超过了 0.90,是 12 个指标中与其他指标联系最为密切的指标,表明制造业法人单位数和就业人数的增加可以有效提升总产值和税收总额。法人单位数(X_2)与总产值(X_1)、就业人数(X_7)的灰色关联度也达到了 0.90 以上。固定资产投资占比(X_{11})与总产值(X_1)、固定资产投资额(X_3)、就业人数(X_7)、税收总额(X_8)的灰色关联度均超过了 0.80。而与其他指标灰色关联度较低的指标有产值利润率(X_9)、产值增长率(X_{10})和就业增长率(X_{12}),平均灰色关联度未超过 0.75。

表 2-10 制造业 12 个二级指标间的灰色关联度

二级指标	X_1	X_2	X_3	X_4	X_5	X_6	X_7	X_8	X_9	X_{10}	X_{11}	X_{12}
X_1	1.000	0.922	0.878	0.749	0.773	0.753	0.902	0.891	0.690	0.697	0.878	0.744
X_2	0.922	1.000	0.848	0.748	0.762	0.753	0.902	0.886	0.694	0.696	0.848	0.745
X_3	0.885	0.855	1.000	0.742	0.804	0.746	0.840	0.827	0.675	0.729	1.000	0.761
X_4	0.784	0.783	0.769	1.000	0.763	0.795	0.775	0.825	0.814	0.740	0.769	0.765
X_5	0.786	0.775	0.808	0.736	1.000	0.731	0.754	0.773	0.683	0.709	0.808	0.723
X_6	0.788	0.787	0.770	0.791	0.754	1.000	0.789	0.791	0.750	0.816	0.770	0.777
X_7	0.909	0.909	0.845	0.753	0.758	0.769	1.000	0.870	0.707	0.711	0.845	0.759
X_8	0.901	0.896	0.834	0.809	0.778	0.776	0.873	1.000	0.753	0.705	0.834	0.758
X_9	0.706	0.709	0.680	0.793	0.686	0.729	0.705	0.749	1.000	0.693	0.680	0.713
X_{10}	0.722	0.720	0.740	0.722	0.721	0.809	0.719	0.709	0.700	1.000	0.740	0.748
X_{11}	0.885	0.855	1.000	0.742	0.804	0.746	0.840	0.827	0.675	0.729	1.000	0.761
X_{12}	0.747	0.748	0.753	0.728	0.713	0.747	0.746	0.740	0.699	0.728	0.753	1.000

三、服务业发展水平与各评价指标

(一)服务业综合指数与评价指标灰色关联度

表 2-11 显示了服务业发展水平与 4 个一级指标下 12 个二级指标间的灰色关联度。在产业规模中,总产值(Y_1)和法人单位数(Y_2)位列前两位,灰色关联度均达到 0.88 以上,无论在一级指标还是对服务业总体发展水平的影响程度上都是最大的。在产业贡献中,税收总额(Y_8)位列第三位,相较于位列第六与第十位的就业人数(Y_7)、产值利润率(Y_9),是最能代表产业贡献的指标,同样与综合指数关系密切。在产业效益中,就业人员平均产值(Y_5)、就业人员平均工资(Y_4)、固定资产投资效果系数(Y_6)三个指标较为平均,分别位列第七、第八、第九位,灰色关联度均在 0.72~0.81,其中就业人员平均产值(Y_5)最高,在产业效益中与综合指数最为密切。在产业潜力中,固定资产投资占比(Y_{11})位列第四位,是该一级指标中与综合指数关系最为密切的指标,而就业增长率(Y_{12})和产值增长率(Y_{10})的灰色关联度均低于 0.70,是与综合指数关联度最低的两个指标。总体来看,服务业发展水平与产业规模和产业贡献的关系更为密切,而与产业效益和产业潜力的相关度则要弱于前面两项一级指标。

表 2-11 服务业发展水平与 4 个一级指标下的 12 个二级指标间的灰色关联度

一级指标	产业规模			产业效益			产业贡献			产业潜力		
二级指标	Y_1	Y_2	Y_3	Y_4	Y_5	Y_6	Y_7	Y_8	Y_9	Y_{10}	Y_{11}	Y_{12}
关联度	0.901	0.883	0.840	0.769	0.801	0.726	0.830	0.843	0.723	0.678	0.840	0.692
排名	1	2	5	8	7	9	6	3	10	12	4	11

(二)服务业各评价指标间灰色关联度

表 2-12 显示了服务业发展水平评价指标体系中 12 个二级指标间的灰色关联度。各指标与其他指标的灰色关联度最低为 0.686,平均灰色关联度在 0.71 以上,只有总产值(Y_1)与其他指标的平均灰色关联度达到了 0.80 以上,是 12 个二级指标中与其他指标联系最为密切的指标。其中,总产值(Y_1)与法人单位数(Y_2)、固定资产投资额(Y_3)、固定资产投资占比(Y_{11})的灰色关联度均超过了 0.85,说明增加这四项指标中任一项对其他指标都有促进作用。法人单位数(Y_2)与总产值(Y_1)、固定资产投资额(Y_3)、就业人数(Y_7)、固定资产投资占比(Y_{11})的灰色关联度也都超过了 0.85。就业人员平均工资(Y_4)与就业人员平均产值(Y_5)、税收总额(Y_8)、产值利润率(Y_9)的灰色关联度都超过了 0.80。而与其他指标灰色关联度较低的指标有固定资产投资效果系数(Y_6)、产值利润率(Y_9)、产值增长率(Y_{10})和就业增长率(Y_{12}),平均灰色关联度未超过 0.75。

表 2-12 服务业 12 个二级指标间的灰色关联度

二级指标	Y_1	Y_2	Y_3	Y_4	Y_5	Y_6	Y_7	Y_8	Y_9	Y_{10}	Y_{11}	Y_{12}
Y_1	1.000	0.899	0.845	0.764	0.814	0.743	0.846	0.840	0.723	0.702	0.845	0.704
Y_2	0.897	1.000	0.867	0.737	0.774	0.720	0.866	0.805	0.705	0.692	0.867	0.694
Y_3	0.855	0.877	1.000	0.730	0.786	0.707	0.844	0.785	0.697	0.709	1.000	0.699
Y_4	0.772	0.750	0.727	1.000	0.802	0.760	0.726	0.838	0.808	0.703	0.727	0.749
Y_5	0.827	0.792	0.789	0.808	1.000	0.753	0.745	0.805	0.723	0.706	0.789	0.718
Y_6	0.749	0.732	0.703	0.760	0.746	1.000	0.729	0.778	0.738	0.797	0.703	0.706
Y_7	0.845	0.868	0.836	0.717	0.729	0.721	1.000	0.798	0.705	0.691	0.836	0.686
Y_8	0.847	0.817	0.785	0.840	0.802	0.780	0.808	1.000	0.832	0.719	0.785	0.737
Y_9	0.751	0.739	0.715	0.824	0.737	0.758	0.736	0.844	1.000	0.738	0.715	0.770
Y_{10}	0.737	0.730	0.730	0.728	0.724	0.817	0.726	0.740	0.742	1.000	0.730	0.726
Y_{11}	0.855	0.877	1.000	0.730	0.786	0.707	0.844	0.785	0.697	0.709	1.000	0.699
Y_{12}	0.706	0.700	0.687	0.742	0.702	0.699	0.689	0.727	0.744	0.694	0.687	1.000

四、制造业与服务业灰色关联度

应用灰色关联度分析方法,计算 2005—2016 年省域制造业与服务业综合指数之间的灰色关联度,共计 4320 个样本值,取分辨系数 0.5,得到二者的平均关联度为 0.825,表明制造业与服务业综合指数之间的灰色关联度较高,也为进一步分析二者间的协调发展水平提供了理论支撑。

表 2-13 显示了制造业与服务业发展水平评价指标体系中 12 个二级指标间的灰色关联度,两产业各指标的灰色关联度均在 0.65 以上,平均关联度均在 0.73 以上,说明两产业之间存在较为密切的相关关系。从制造业各指标来分析,位于前三的是总产值(X_1)、法人单位数(X_2)、税收总额(X_8)。其中,制造业总产值(X_1)与服务业各指标平均灰色关联度最高,与服务业的总产值(Y_1)、法人单位数(Y_2)、就业人数(Y_7)关联度都在 0.89 以上。制造业法人单位数(X_2)与服务业的总产值(Y_1)、法人单位数(Y_2)、就业人数(Y_7)关联度都在 0.87 以上。制造业税收总额(X_8)与服务业的总产值(Y_1)、法人单位数(Y_2)、税收总额(Y_8)关联度都在 0.85 以上。而灰色关联度相对较弱的指标有制造业的固定资产投资效果系数(X_6)、产值增长率(X_{10})、就业增长率(X_{12}),与服务业各指标平均灰色关联度都在 0.75 以下。

从服务业各指标来分析,位于前三的是总产值(Y_1)、法人单位数(Y_2)、就业人数(Y_7)。其中,服务业总产值(Y_1)与制造业各指标平均灰色关联度最高,与制造业的总产值(X_1)、法人单位数(X_2)关联度都在 0.87 以上。服务业法人单位数(Y_2)与制造业的总产值(X_1)、法人单位数(X_2)、税收总额(X_8)关联度都在 0.85 以上;服务业就业人数(Y_7)与制造业的总产值(X_1)、法人单位数(X_2)关联度都在 0.87 以上。而灰色关联度相对较弱的指标有服务业的产值利润率(Y_9)、产值增长率(Y_{10})、就业增长率(Y_{12}),与制造业各指标平均灰色关联度都在 0.75 以下。

表 2-13 制造业与服务业发展水平 12 个二级指标间的灰色关联度

二级指标	Y_1	Y_2	Y_3	Y_4	Y_5	Y_6	Y_7	Y_8	Y_9	Y_{10}	Y_{11}	Y_{12}
X_1	0.898	0.890	0.857	0.750	0.766	0.788	0.903	0.864	0.694	0.722	0.857	0.734
X_2	0.879	0.872	0.842	0.726	0.749	0.787	0.879	0.836	0.679	0.729	0.842	0.732
X_3	0.852	0.842	0.862	0.705	0.764	0.776	0.844	0.802	0.655	0.738	0.862	0.738
X_4	0.777	0.788	0.758	0.869	0.740	0.794	0.773	0.812	0.758	0.719	0.758	0.740
X_5	0.835	0.840	0.805	0.779	0.781	0.770	0.827	0.851	0.703	0.712	0.805	0.731
X_6	0.756	0.756	0.746	0.766	0.721	0.776	0.754	0.774	0.724	0.725	0.746	0.725

(续表)

二级指标	Y_1	Y_2	Y_3	Y_4	Y_5	Y_6	Y_7	Y_8	Y_9	Y_{10}	Y_{11}	Y_{12}
X_7	0.828	0.826	0.819	0.727	0.726	0.777	0.842	0.807	0.677	0.726	0.819	0.722
X_8	0.857	0.856	0.817	0.823	0.757	0.809	0.848	0.881	0.731	0.730	0.817	0.752
X_9	0.755	0.751	0.753	0.837	0.740	0.805	0.743	0.782	0.790	0.740	0.753	0.747
X_{10}	0.734	0.732	0.747	0.722	0.718	0.767	0.732	0.724	0.706	0.748	0.747	0.736
X_{11}	0.852	0.842	0.862	0.705	0.764	0.776	0.844	0.802	0.655	0.738	0.862	0.738
X_{12}	0.730	0.736	0.724	0.751	0.696	0.773	0.730	0.734	0.733	0.731	0.724	0.758

第四节 制造业与服务业发展水平的区域差异

测度区域差异的方法可以分为绝对指标测度和相对指标测度两种,绝对指标主要采用标准差、极差、平均差等来度量各区域在绝对量上的差异,而相对指标主要采用变异系数、泰尔指数、基尼系数等来度量各区域在相对量上的差异(陈秀山,徐瑛,2004)。尽管在现有文献中这两种方法都有所应用,但考虑到我国制造业与服务业区域非均衡状态明显,采用相对指标来衡量更符合现实状况。

针对区域差异的相对指标分析方法中,变异系数法可以从整体来测度,但不能对整体差异进行分解,无法给出差异的具体来源;泰尔指数法弥补了变异系数的不足,可以同时度量整体及区域内、区域间差异,但其要求不同区域的样本满足独立同方差和正态分布,对样本的选择过于苛刻。基尼系数分解法由 Dagum(1997)提出,有效克服了前面两种方法的不足及严苛条件,能够有效分析区域差异性问题。

为了从相对指标分析方法的角度来获取制造业与服务业综合指数的总体差异及差异的具体来源,本书采用 Dagum 基尼系数分解法并分别从三区域和八区域来刻画制造业与服务业的区域发展状况及空间动态演进过程。

一、Dagum 基尼系数分解方法

Dagum 基尼系数分解法具体计算公式如式(2-12)~式(2-22)所示:

$$G = G_w + G_{nb} + G_t \quad (2\text{-}12)$$

$$G = \frac{\sum_{j=1}^{k}\sum_{h=1}^{k}\sum_{i=1}^{n_j}\sum_{r=1}^{n_h}|y_{ji} - y_{hr}|}{2n^2\mu} \quad (2\text{-}13)$$

$$\mu_h \leqslant \mu_j \leqslant \cdots \leqslant \mu_k \tag{2-14}$$

$$G_{jj} = \frac{\frac{1}{2\mu_j}\sum_{i=1}^{n_j}\sum_{r=1}^{n_j}|y_{ji}-y_{jr}|}{2n^2\mu} \tag{2-15}$$

$$G_w = \sum_{j=1}^{k} G_{jj} p_j s_j \tag{2-16}$$

$$G_{jh} = \frac{\sum_{i=1}^{n_j}\sum_{r=1}^{n_h}|y_{ji}-y_{hr}|}{n_j n_h (\mu_j + \mu_h)} \tag{2-17}$$

$$G_{nb} = \sum_{j=2}^{k}\sum_{h=1}^{j-1} G_{jh}(p_j s_h + p_h s_j) D_{jh} \tag{2-18}$$

$$G_t = \sum_{j=2}^{k}\sum_{h=1}^{j-1} G_{jh}(p_j s_h + p_h s_j) D_{jh} \tag{2-19}$$

$$D_{jh} = \frac{d_{jh} - p_{jh}}{d_{jh} + p_{jh}} \tag{2-20}$$

$$d_{jh} = \int_0^\infty dF_j(y) \int_0^y (y-x) dF_h(x) \tag{2-21}$$

$$p_{jh} = \int_0^\infty dF_h(y) \int_0^y (y-x) dF_j(x) \tag{2-22}$$

其中,式(2-12)表示总体基尼系数(G)可分解为区域间差异贡献(G_{nb})、区域内差异贡献(G_w)及超变密度贡献(G_t),式(2-13)、式(2-16)、式(2-18)、式(2-19)分别给出了总体基尼系数及各部分贡献的计算过程。各式均利用制造业与服务业综合指数的均值作了平均化处理,因此基尼系数事实上是对综合指数的相对差异及其来源作的分析。式(2-14)依据三区域(或八区域)对综合指数作了排序,式(2-15)、式(2-17)分别为三区域(或八区域)的区域间与区域内基尼系数。其中,$y_{ji}(y_{hr})$为第$j(h)$个区域任一省份的综合指数,n、k分别代表省份数与区域数;$n_j(n_h)$为第$j(h)$个区域内省份数,$p_j=n_j/n$,$s_j=n_j u_j/(nu)$。式(2-20)表示第j、h个区域间综合指数的相对影响。式(2-21)中d_{jh}为第j、h个区域间综合指数的差值,表示$y_{ji}-y_{hr}>0$的样本值和数学期望。式(2-22)为超变一阶矩,可看作第j、h个区域中$y_{ji}-y_{hr}>0$的样本值和数学期望。$F_j(F_h)$为第$j(h)$个区域的累积分布函数。

二、三区域下制造业综合指数的空间差异分解

表2-14给出了2005—2016年东中西三区域下制造业综合指数的基尼系数及其分解的时序演变,可以看出总体基尼系数位于0.326~0.362,呈先减后增变化,均值为0.342,表明制造业综合指数总体差异较大,现分别从区域内差异、区域

间差异,以及差异来源及其贡献率来进行探讨。

(一)区域内差异

从制造业综合指数空间分布的区域内差异和演变趋势来看,三区域变化特征各不相同。其中东部地区基尼系数呈"下降—上升"趋势,区域差距先缩小后扩大;中部地区呈持续上升趋势,区域差距逐年扩大;西部地区则呈"降—升—降"趋势,区域差距逐年缩小。从考察期内基尼系数均值来看,三区域呈较为明显的层次性差异,东部地区为0.289,中部地区为0.175,西部地区为0.167。可见,东部差距最大,中部次之,西部最小。

(二)区域间差异

从制造业综合指数空间分布的区域间差异和演变趋势来看,东部与西部差距最大,基尼系数范围为0.476~0.522,均值为0.491,且差距呈波动式缩小趋势。东部与中部差距次之,基尼系数范围为0.323~0.408,均值为0.354,差距呈先缩小后扩大趋势。中部与西部差距最小,基尼系数范围为0.210~0.303,均值为0.258,差距呈逐年扩大趋势。

(三)差异来源及其贡献率

从制造业综合指数区域差异的来源及其贡献率的动态演进来看,区域内差异与超变密度的贡献率呈逐年递增态势,而区域间差异则呈逐年递减态势。从年均贡献率来看,区域间差异的贡献率最高,为68.562%,是制造业发展水平区域差异的主要来源;区域内差异的贡献率异次之,为24.436%;超变密度贡献率最小,为7.002%。从贡献率的对比关系来看,区域内差异贡献率较为稳定,这意味着当区域间差异贡献率下降的时候,往往对应着超变密度贡献率的上升。

表2-14 2005—2016年东中西三区域下制造业综合指数的基尼系数及其分解

年份	区域内差异				区域间差异			贡献率/(%)		
	总体	东部	中部	西部	东—中	东—西	中—西	区域内	区域间	超变密度
2005年	0.355	0.291	0.134	0.188	0.405	0.509	0.210	23.890	70.507	5.603
2006年	0.362	0.298	0.149	0.175	0.408	0.522	0.216	23.845	70.601	5.554
2007年	0.350	0.284	0.161	0.162	0.387	0.509	0.223	23.577	71.842	4.580
2008年	0.346	0.282	0.163	0.171	0.365	0.506	0.245	23.766	70.834	5.399
2009年	0.332	0.276	0.163	0.169	0.348	0.484	0.242	24.118	70.128	5.754
2010年	0.333	0.275	0.164	0.160	0.338	0.489	0.259	23.792	70.294	5.914
2011年	0.328	0.270	0.177	0.165	0.330	0.477	0.263	24.139	69.443	6.418
2012年	0.326	0.274	0.176	0.156	0.323	0.476	0.267	24.216	68.848	6.935

(续表)

年份	区域内差异				区域间差异			贡献率/(%)		
	总体	东部	中部	西部	东—中	东—西	中—西	区域内	区域间	超变密度
2013 年	0.333	0.291	0.184	0.161	0.327	0.478	0.277	24.956	66.687	8.357
2014 年	0.341	0.297	0.204	0.159	0.335	0.486	0.289	25.038	66.006	8.957
2015 年	0.345	0.307	0.214	0.164	0.337	0.483	0.301	25.602	64.776	9.622
2016 年	0.349	0.325	0.210	0.168	0.343	0.478	0.303	26.287	62.782	10.932
平均	0.342	0.289	0.175	0.167	0.354	0.491	0.258	24.436	68.562	7.002

注：资料来源于模型测算，由作者整理得到，下同。

三、八区域下制造业综合指数的空间差异分解

表 2-15 给出了 2005—2016 年八区域下制造业综合指数的基尼系数及其分解的时序演变，现分别从区域内差异、区域间差异，以及差异来源及其贡献率来进行探讨。

（一）区域内差异

由表 2-15 可知，八区域下制造业综合指数的区域内差异波动平稳，基尼系数范围介于 0.021～0.024。从 2005—2016 年八区域基尼系数均值来看，最大的是南部沿海综合经济区，为 0.338；最小的是长江中游综合经济区，为 0.050；其余综合经济区则介于 0.09～0.26。空间细分后，八区域区域内差异小于三区域。从波动趋势来看，区域内差异呈下降态势的区域为东北、长江中游、大西南综合经济区，其余区域呈上升态势。

（二）区域间差异

八区域下制造业综合指数的区域间差异总体略高于三区域，基尼系数呈先减小后增大趋势，均值为 0.266。分区域来看，东部沿海与大西北综合经济区的区域间差异最大，但呈逐年减小趋势，基尼系数均值为 0.399；长江中游与大西南综合经济区的区域间差异最小，但呈逐年扩大趋势，基尼系数均值为 0.082；其他综合经济区的区域间差异介于 0.181～0.559（限于篇幅，具体的区域间差异未列出，详见附表 2-15）。

（三）差异来源及其贡献率

八区域制造业综合指数的区域内差异、区域间差异及超变密度贡献率均值分别为 6.510%、77.717% 及 15.773%，且始终保持着较为稳定的比例关系，区域间差异是总体区域差异的主要来源。将所研究空间细分后区域内差异急剧减小，而区域间差异则增加，同时超变密度贡献率也较三区域有所增加。

表 2-15　2005—2016 年八区域下制造业综合指数的基尼系数及其分解

年份	总体	区域内差异	区域间差异	超变密度	贡献率/(%)		
					区域内	区域间	超变密度
2005 年	0.355	0.022	0.282	0.052	6.067	79.412	14.521
2006 年	0.362	0.022	0.289	0.052	5.988	79.640	14.372
2007 年	0.350	0.021	0.280	0.048	6.103	80.076	13.821
2008 年	0.346	0.021	0.273	0.051	6.151	79.032	14.818
2009 年	0.332	0.022	0.262	0.049	6.584	78.690	14.726
2010 年	0.333	0.021	0.262	0.049	6.415	78.724	14.862
2011 年	0.328	0.021	0.259	0.048	6.455	78.983	14.562
2012 年	0.326	0.022	0.253	0.051	6.723	77.580	15.697
2013 年	0.333	0.023	0.250	0.060	6.897	75.140	17.963
2014 年	0.341	0.024	0.255	0.062	6.901	74.814	18.285
2015 年	0.345	0.024	0.259	0.063	6.930	74.920	18.150
2016 年	0.349	0.024	0.264	0.061	6.905	75.598	17.497
平均	0.342	0.022	0.266	0.054	6.510	77.717	15.773

四、三区域下服务业综合指数的空间差异分解

由表 2-16 可以看出,2005—2016 年东中西三区域下服务业综合指数总体差异较大,但呈逐年减小趋势,基尼系数介于 0.278~0.354,均值为 0.304,现分别从区域内差异、区域间差异,以及差异来源及其贡献率来讨论。

(一)区域内差异

从服务业综合指数区域内差异的区域演变态势来看,东中西变化特征各不相同,层次性差异明显。东部地区差距先缩小后扩大,基尼系数呈"下降—上升"趋势,均值为 0.231;中部地区差距逐年扩大,基尼系数呈"下降—上升"趋势,均值为 0.140;西部地区差距逐年缩小,基尼系数呈持续下降趋势,均值为 0.221。

(二)区域间差异

从服务业综合指数区域间差异的区域演变态势来看,东部与西部差距最大,差距呈缩小趋势,基尼系数介于 0.387~0.505,均值为 0.431。东部与中部差距次之,差距也呈缩小趋势,基尼系数介于 0.301~0.398,均值为 0.338。中部与西部差距最小,差距呈逐年扩大趋势,基尼系数介于 0.194~0.231,均值为 0.212。

(三) 差异来源及其贡献率

从制造业综合指数区域差异来源的贡献率可以看出,区域内差异、区域间差异、超变密度的年均贡献率分别为 24.270%、65.815%、9.915%,表明区域间差异是服务业发展水平区域差异的主要来源。从贡献率的动态演进来看,区域内差异与超变密度的贡献率呈逐年递增态势,而区域间差异则呈逐年递减态势。从贡献率的对比关系来看,与制造业类似,服务业的区域内差异变化较小,伴随着区域间差异的下降,超变密度呈上升趋势。

表 2-16 2005—2016 年三区域下服务业综合指数的基尼系数及其分解

年份	区域内差异				区域间差异			贡献率/(%)		
	总体	东部	中部	西部	东—中	东—西	中—西	区域内	区域间	超变密度
2005 年	0.354	0.266	0.152	0.241	0.398	0.505	0.231	23.742	68.217	8.041
2006 年	0.340	0.258	0.136	0.240	0.382	0.485	0.222	23.894	67.915	8.191
2007 年	0.340	0.263	0.134	0.236	0.383	0.482	0.220	24.119	67.437	8.444
2008 年	0.324	0.246	0.131	0.229	0.365	0.464	0.214	23.789	67.824	8.387
2009 年	0.306	0.233	0.124	0.233	0.336	0.436	0.214	24.211	66.201	9.588
2010 年	0.297	0.215	0.128	0.229	0.331	0.425	0.210	23.687	67.347	8.966
2011 年	0.291	0.215	0.128	0.215	0.330	0.415	0.199	23.770	66.915	9.316
2012 年	0.281	0.210	0.123	0.207	0.315	0.402	0.194	23.860	66.355	9.785
2013 年	0.279	0.211	0.136	0.211	0.308	0.394	0.200	24.473	64.837	10.689
2014 年	0.278	0.214	0.153	0.204	0.305	0.389	0.206	24.833	63.554	11.613
2015 年	0.279	0.217	0.164	0.203	0.301	0.388	0.213	25.121	62.812	12.068
2016 年	0.283	0.229	0.172	0.202	0.304	0.387	0.218	25.739	60.368	13.893
平均	0.304	0.231	0.140	0.221	0.338	0.431	0.212	24.270	65.815	9.915

五、八区域下服务业综合指数的空间差异分解

表 2-17 给出了 2005—2016 年八区域下服务业综合指数的基尼系数及其分解的时序演变,现分别从区域内差异、区域间差异,以及差异来源及其贡献率来进行探讨。

(一) 区域内差异

八区域下服务业综合指数的区域内差异变化较小,基尼系数范围为 0.017~0.021,小于三区域的区域内差异。从八区域基尼系数均值来看,最大的是南部沿

海综合经济区,为 0.337;最小的是东部沿海综合经济区,为 0.031;其余综合经济区则介于 0.073~0.199。从区域内差异的波动趋势来看,总体呈上升态势的区域为东部沿海、黄河中游、长江中游综合经济区,其余区域总体呈下降态势。

(二)区域间差异

八区域下服务业综合指数的区域间差异总体略高于三区域,基尼系数呈先减小后增大趋势,离散范围介于 0.210~0.274,均值为 0.235。分区域来看,区域间差异最大的是东部沿海与大西北综合经济区,但差异呈逐年缩小趋势,基尼系数均值为 0.671;区域间差异最小为长江中游与黄河中游综合经济区,且差异有扩大趋势,基尼系数均值为 0.125;其他经济区的区域间差异介于 0.141~0.595(限于篇幅,具体的区域间差异未列出,详见附表 2-16)。

(三)差异来源及其贡献率

八区域制造业与服务业耦合协调度的区域内差异、区域间差异及超变密度贡献率保持较为稳定的比例关系。其中,区域间差异平均贡献率为 77.375%,占比最大,是总体区域差异的主要来源;区域内差异平均贡献率为 6.191%,占比最小;超变密度平均贡献率为 16.434%,占比居中。这表明将所研究空间细分后区域内差异急剧减小,而区域间差异、超变密度贡献率则有所增加。

表 2-17　2005—2016 年八区域下服务业综合指数的基尼系数及其分解

年份	总体	区域内差异	区域间差异	超变密度	贡献率/(%)		
					区域内	区域间	超变密度
2005 年	0.354	0.021	0.274	0.059	6.038	77.414	16.548
2006 年	0.340	0.021	0.262	0.057	6.099	77.053	16.848
2007 年	0.340	0.021	0.265	0.054	6.122	77.953	15.925
2008 年	0.324	0.020	0.252	0.052	6.143	77.668	16.190
2009 年	0.306	0.019	0.234	0.053	6.192	76.431	17.376
2010 年	0.297	0.018	0.230	0.049	6.121	77.408	16.471
2011 年	0.291	0.018	0.225	0.048	6.230	77.141	16.629
2012 年	0.281	0.018	0.214	0.049	6.286	76.233	17.481
2013 年	0.279	0.018	0.210	0.050	6.509	75.389	18.101
2014 年	0.278	0.018	0.213	0.048	6.467	76.405	17.123
2015 年	0.279	0.017	0.220	0.042	6.204	78.883	14.913
2016 年	0.283	0.017	0.228	0.038	5.879	80.522	13.599
平均	0.304	0.019	0.235	0.050	6.191	77.375	16.434

本章小结

本章在遵循科学实用、系统性、动态性、完备性等原则之上，基于中国 30 个省份 2005—2016 年的样本数据，分别选取代表产业规模、产业效益、产业贡献和产业潜力的 12 个指标，构建了反映制造业与服务业发展水平的指标体系，并采用改进的熵权法赋予指标权重，分别从制造业与服务业总体、省域、区域、行业部门四个层面测算两产业综合发展水平。然后采用灰色关联度模型，观察制造业发展水平与其评价指标、服务业发展水平与其评价指标、制造业与服务业发展水平各指标之间的影响程度。采用 Dagum 基尼系数分解方法测算制造业与服务业发展水平的区域差异，并指出地区间差距、地区内差距及其贡献率，得出以下结论。

(1) 通过对 2005—2016 年中国制造业与服务业发展水平的测算，从总体来看，两产业综合指数均呈逐年提高状态，且制造业发展水平略滞后于服务业；从省域层面来看，制造业与服务业的发展水平均呈现明显的左偏分布特征，也即位于低水平区的省份数明显多于位于高水平区的省份数；从区域层面来看，三区域（八区域）下两产业发展水平均保持"东-中-西"（"沿海到内陆"）递减的分布格局，且区域差异有扩大趋势。

(2) 由灰色关联度分析可以发现，影响制造业与服务业发展水平最重要的前三项指标为总产值、法人单位数及税收总额；制造业与服务业发展水平各评价指标中灰色关联度最强的指标为总产值、法人单位数；制造业与服务业综合指数间的平均关联度为 0.825，表明两产业灰色关联度较高，也为进一步分析二者间的协调发展水平提供了理论支撑。

(3) 通过 Dagum 基尼系数分解，发现制造业与服务业的总体区域差距较大。其中，制造业差距呈"先减后增"态势，而服务业呈"波动减小"态势。就区域内差异而言，制造业表现为"东部＞中部＞西部"，而服务业则表现为"东部＞西部＞中部"；就区域间差异而言，两产业均表现为"东-西＞东-中＞中-西"；从区域差异来源的贡献率而言，两产业均表现为"区域间差异＞区域内差异＞超变密度"，因此区域间差异是总体区域差异的主要来源。当空间细分为八区域后，两产业的区域间差距趋于扩大，而区域内差距趋于缩小。

第三章

制造业与服务业协调发展水平的测度分析

制造业与服务业是全球价值链[1]的核心组成部分,同时也是实现经济增长和强国目标的两台"发动机",中国即将全面进入服务经济时代[2],如何实现两产业并驾齐驱地高质量增长和协调发展,避免"一条腿长,一条腿短"的窘境,是现阶段中国产业发展变革的重要任务。如今全球产业结构调整进入新的重要窗口期,作为处于国际产业转移核心地带的中国,更应当顺应全球产业结构调整的客观趋势,积极参与国际分工,促进产业结构加速升级。发达国家的历史实践经验表明,制造业与服务业协调发展程度越高,经济发展就越稳健,也就越具有竞争力;反之,若制造业与服务业发展不协调,就会出现类似实体经济虚拟化、产业空心化等问题,不利于经济发展的可持续。那么,制造业与服务业的协调发展水平如何测度?两产业协调发展水平的区域特征如何?是否存在显著的差异?两产业今后的协调发展趋势如何?这些都是本章需要回答的问题。

第一节 耦合协调度模型构建与等级划分

一、耦合协调度模型

耦合是物理学中的概念,早期用来表示具有紧密联系的多个电路元件之间通过彼此间进行能量传递的现象。之后,被引入其他领域用以表现两个及以上系统在发展过程中彼此相互作用、相互影响的过程,本质上反映了各对象间关联共生的依赖关系。协调则是多个系统为实现同一个目标,彼此协作、相互促进所形成的良性互动发展状态。借鉴容量耦合概念和容量耦合系数模型,针对多个系统相互作用下的耦合度模型可以表示为

---

[1] 全球价值链指位于不同国家的企业对同一件商品进行研发、设计、零部件制造、产品组装、批发和零售,形成产品全部附加值的跨国分布链条。

[2] 依国际经验,一个国家服务业产值占GDP比重和服务业就业占总就业比重双双超过50%,就标志着国民经济进入服务经济门槛。若两个比重均超过60%,则标志着全面进入服务经济时代。

$$C = n\left[(u_1 u_2, \cdots, u_n) / \prod (u_i + u_j)\right]\frac{1}{n} \quad (3-1)$$

为定量分析制造业与服务业之间的协调发展关系,基于上式构建两系统下耦合度模型为

$$C_i^t = 2\sqrt{M_i^t S_i^t}/(M_i^t + S_i^t) \quad (3-2)$$

式中,M_i^t 表示第 i 个省级单元或区域在第 t 年的制造业综合指数,S_i^t 表示第 i 个省级单元或区域在第 t 年的服务业综合指数。$C_i^t \in [0,1]$,C 值越大表明制造业与服务业协调发展状态越好,$C_i^t = 1$ 时达到最佳状态;反之,C_i^t 值越小表明制造业与服务业协调发展状态越差,$C_i^t = 0$ 时处于无关状态。

尽管耦合度从一定程度上衡量了制造业与服务业之间协调发展的状态,但仍存在缺陷,即无法真实体现二者发展水平的大小。当制造业与服务业同时处于较低的发展水平时,耦合度却表现很高数值的伪协调状态。为了弥补模型的不合理性,需要对模型进行修正来更好地反映制造业与服务业真实的相互作用和关系。耦合协调度模型是在耦合度模型基础上,引入能够反映制造业与服务业整体发展水平的综合评价指数,克服了由于制造业与服务业发展水平都偏低带来高耦合度的伪协调问题,能够更科学合理地评判二者交互耦合的协调程度。进一步构建耦合协调度模型(张勇等,2013)如下

$$D_i^t = \sqrt{C_i^t T_i^t},\ T_i^t = \alpha M_i^t + \beta S_i^t \quad (3-3)$$

式中,D_i^t 表示耦合协调度;T_i^t 是反映制造业与服务业整体发展水平的综合评价指数;α、β 为待定系数,且满足 $\alpha + \beta = 1$,通常取 $\alpha = \beta = 0.5$。就制造业与服务业二者发展关系而言,当 $M_i^t > S_i^t$,表示服务业发展水平滞后;当 $M_i^t < S_i^t$,表示制造业发展水平滞后。

二、等级划分标准

耦合协调度模型综合了制造业与服务业耦合状态 C 及二者所处的发展状态两大特征,耦合协调度 D 值越大表明二者协调发展水平越高;反之,二者协调发展水平越低。依据 D 的取值及制造业与服务业综合指数,参考舒小林等(2015)、汪振双等(2015)的相关文献,采用均匀分部函数法,将耦合协调度划分为三大类共 10 个等级(表 3-1)。

表 3-1 耦合协调度等级划分

耦合协调度	协调程度	协调等级	$M_i^t > S_i^t$	$M_i^t < S_i^t$
0.9~1.0	协调	优质协调	服务业发展水平滞后	服务业发展水平滞后
0.8~0.9		良好协调	服务业发展水平滞后	服务业发展水平滞后
0.7~0.8		中级协调	服务业发展水平滞后	服务业发展水平滞后
0.6~0.7		初级协调	服务业发展水平滞后	服务业发展水平滞后
0.5~0.6	过渡	勉强协调	服务业发展水平滞后	服务业发展水平滞后
0.4~0.5		濒临失调	服务业发展水平滞后	服务业发展水平滞后
0.3~0.4	失调	轻度失调	服务业发展水平滞后	服务业发展水平滞后
0.2~0.3		中度失调	服务业发展水平滞后	服务业发展水平滞后
0.1~0.2		严重失调	服务业发展水平滞后	制造业发展水平滞后
0~0.1		极度失调	服务业发展水平滞后	服务业发展水平滞后

注：资料来源于参考文献，由作者整理。

由表 3-1，耦合协调度 D 值范围为 0~1，越接近于 1，则表明制造业与服务业在发展过程中彼此影响、相互促进的协调状况越优质；反之，越接近于 0，则表明制造业与服务业的相互关联程度越低，彼此处于独立发展的无关状态。就具体的协调程度而言，当耦合协调度介于 0~0.4 时，制造业与服务业处于较低水平的耦合失调阶段，表明由于产业发展不平衡及产业壁垒的存在造成制造业与服务业二者互相阻碍；当耦合协调度介于 0.4~0.6 时，制造业与服务业处于由失调到协调的耦合过渡阶段，表明由于经济的发展、产业政策的推进及技术的进步使得制造业与服务业逐渐由互相阻碍向互相协调的方向转变；当耦合协调度介于 0.7~1.0 时，制造业与服务业处于较高水平的耦合协调阶段，制造业与服务业相互渗透、彼此促进，达到一种良性循环的可持续发展状态。就制造业与服务业的发展阶段而言，当 $M_i^t > S_i^t$ 时，表明第 i 个省级单元或区域在第 t 年的制造业综合指数大于服务业综合指数，此时处于服务业发展水平滞后阶段；反之，当 $M_i^t < S_i^t$ 时，表明第 i 个省级单元或区域在第 t 年的制造业综合指数小于服务业综合指数，此时处于制造业发展水平滞后阶段。

第二节 制造业与服务业协调发展水平分析

一、总体协调发展水平及特征

对制造业与服务业综合指数采用式(3-1)测算出 2005—2016 年的耦合协调度

D,具体结果见表 3-2。可以看出,制造业与服务业的综合指数呈逐年递增趋势,说明制造业与服务业发展状况持续向好;二者的综合指数比值小于 1 且呈逐年递减趋势,说明制造业发展滞后于服务业,且滞后程度逐渐扩大。从制造业与服务业协调发展类型来看,二者耦合协调度始终保持增长态势,逐渐由最初的轻度失调平稳过渡到勉强协调,总体协调水平还不太高。具体来讲又可以分为三个阶段:2005—2008 年耦合协调度介于 0.3~0.4,二者处于轻度失调状态;2009—2013 年耦合协调度介于 0.4~0.5,二者处于濒临失调状态;2014—2016 年耦合协调度介于 0.5~0.6,二者处于勉强协调状态。

表 3-2 制造业与服务业总体协调发展水平及类型

年份	指标				协调发展类型
	M	S	M/S	D	
2005 年	0.117	0.121	0.966	0.345	轻度失调
2006 年	0.126	0.134	0.941	0.361	轻度失调
2007 年	0.139	0.150	0.927	0.380	轻度失调
2008 年	0.148	0.162	0.913	0.394	轻度失调
2009 年	0.162	0.183	0.886	0.415	濒临失调
2010 年	0.178	0.198	0.899	0.434	濒临失调
2011 年	0.192	0.215	0.893	0.451	濒临失调
2012 年	0.207	0.238	0.870	0.471	濒临失调
2013 年	0.218	0.262	0.833	0.489	濒临失调
2014 年	0.232	0.282	0.822	0.506	勉强协调
2015 年	0.243	0.304	0.798	0.521	勉强协调
2016 年	0.250	0.325	0.768	0.534	勉强协调

注:资料来源历年各统计年鉴,结果由作者代入模型测算整理得到,下同。

二、省域层面协调发展水平及特征

由表 3-3,从总体时间序列来看,2005—2016 年中国各省级(除西藏、港、澳、台)单元制造业与服务业的耦合协调度基本呈增长态势,平均耦合协调度由 0.326 增加至 0.511,年均增长率 4.170%;离散范围呈扩大趋势,由 0.383 增加至 0.582;中位数与平均耦合协调度变化幅度相当,由 0.304 增加至 0.481。但从同一年份来看,不同省级单元之间的耦合协调度差异较大。其中,2005—2016 年平均耦合协调度位于前三名的省级单元分别是江苏(0.713)、广东(0.672)和山东(0.638),均达到了初级协调以上的水平；而位于后三名的省级单元分别为甘肃(0.284)、宁夏(0.249)和青海(0.238)，均处于中度失调水平。

表 3-3 制造业与服务业协调发展水平省域测算

省份	2005年	2006年	2007年	2008年	2009年	2010年	2011年	2012年	2013年	2014年	2015年	2016年
北京	0.408	0.428	0.443	0.446	0.475	0.476	0.492	0.508	0.528	0.542	0.559	0.570
天津	0.329	0.343	0.364	0.386	0.407	0.438	0.455	0.467	0.473	0.488	0.500	0.512
河北	0.369	0.388	0.405	0.428	0.459	0.478	0.490	0.512	0.528	0.545	0.562	0.582
山西	0.274	0.285	0.301	0.310	0.310	0.318	0.329	0.345	0.357	0.361	0.366	0.374
内蒙古	0.263	0.286	0.304	0.319	0.347	0.361	0.383	0.396	0.409	0.416	0.404	0.416
辽宁	0.375	0.396	0.415	0.440	0.463	0.487	0.496	0.527	0.540	0.536	0.498	0.436
吉林	0.256	0.281	0.302	0.324	0.346	0.357	0.365	0.391	0.399	0.407	0.417	0.429
黑龙江	0.256	0.266	0.277	0.290	0.324	0.339	0.348	0.371	0.380	0.374	0.382	0.387
上海	0.498	0.514	0.560	0.552	0.555	0.573	0.591	0.599	0.604	0.620	0.641	0.650
江苏	0.555	0.584	0.611	0.634	0.663	0.700	0.730	0.759	0.786	0.817	0.846	0.872
浙江	0.501	0.521	0.533	0.542	0.552	0.570	0.589	0.615	0.635	0.664	0.682	0.702
安徽	0.302	0.325	0.350	0.370	0.397	0.423	0.444	0.470	0.489	0.511	0.531	0.551
福建	0.324	0.343	0.367	0.375	0.391	0.415	0.439	0.466	0.478	0.506	0.528	0.541
江西	0.274	0.284	0.299	0.319	0.351	0.378	0.388	0.408	0.430	0.450	0.469	0.487
山东	0.513	0.530	0.544	0.570	0.596	0.624	0.645	0.677	0.698	0.725	0.754	0.783
河南	0.372	0.398	0.425	0.441	0.466	0.483	0.497	0.523	0.554	0.583	0.611	0.627
湖北	0.322	0.336	0.349	0.379	0.403	0.430	0.456	0.484	0.507	0.535	0.559	0.577
湖南	0.321	0.331	0.349	0.367	0.395	0.413	0.436	0.460	0.484	0.502	0.526	0.548
广东	0.555	0.569	0.591	0.602	0.620	0.651	0.671	0.693	0.739	0.767	0.792	0.815
广西	0.262	0.283	0.299	0.311	0.327	0.352	0.368	0.392	0.404	0.420	0.441	0.456
海南	0.210	0.219	0.248	0.261	0.285	0.305	0.319	0.326	0.326	0.329	0.346	0.355
重庆	0.270	0.283	0.303	0.321	0.338	0.361	0.378	0.391	0.412	0.435	0.458	0.476
四川	0.345	0.358	0.377	0.392	0.430	0.440	0.459	0.478	0.505	0.514	0.525	0.543
贵州	0.241	0.252	0.264	0.268	0.286	0.292	0.313	0.335	0.354	0.372	0.390	0.407
云南	0.307	0.318	0.328	0.338	0.353	0.364	0.377	0.396	0.408	0.419	0.431	0.438
陕西	0.278	0.288	0.303	0.323	0.350	0.364	0.382	0.400	0.417	0.428	0.439	0.447
甘肃	0.215	0.221	0.236	0.241	0.265	0.274	0.290	0.307	0.320	0.332	0.347	0.356
青海	0.178	0.194	0.206	0.214	0.227	0.232	0.243	0.252	0.263	0.277	0.280	0.290

(续表)

省份	2005年	2006年	2007年	2008年	2009年	2010年	2011年	2012年	2013年	2014年	2015年	2016年
宁夏	0.173	0.185	0.201	0.215	0.233	0.249	0.258	0.282	0.288	0.292	0.303	0.311
新疆	0.238	0.241	0.254	0.266	0.295	0.313	0.332	0.350	0.360	0.374	0.382	0.389
范围	0.383	0.399	0.410	0.420	0.437	0.468	0.487	0.507	0.523	0.540	0.565	0.582
均值	0.326	0.342	0.360	0.375	0.397	0.415	0.432	0.453	0.469	0.485	0.499	0.511
中位数	0.304	0.321	0.338	0.353	0.372	0.395	0.412	0.434	0.451	0.469	0.483	0.481

三、区域层面协调发展水平及特征

（一）三区域下协调发展水平

图3-1显示了东中西部制造业与服务业协调发展水平的年际变化情况,从整体上来看,2005—2016年东中西部的制造业与服务业耦合协调度呈上升态势且两产业变化具有趋同性,但同一年份下区域差异显著,东部最高,中部居中,西部最低,各区域协调发展水平的具体特征如下所述。

(1)东部地区。耦合协调度从2005年的0.422增长至2016年的0.620;协调发展类型由濒临失调过渡到初级协调,在三区域中处于最高水平;年均增长率达到3.570%,在三区域中处于最低水平。2005年东部地区耦合协调度位于前五位的省份分别是广东(0.555)、江苏(0.555)、山东(0.513)、浙江(0.501)和上海(0.498),除上海外均处于勉强协调水平;与2005年相比,2016年东部地区耦合协调度位于前五位的省份仅排名有所变化,分别是江苏(0.872)、广东(0.815)、山东(0.783)、浙江(0.702)和上海(0.650),其中上海处于初级协调水平,山东、浙江处于中级协调水平,江苏、广东达到了良好协调水平。2005—2016年东部地区各省份单元耦合协调度变异系数的离散范围为0.221～0.265;平均变异系数为0.240,是三区域中最大的。就平均耦合协调度而言,东部地区各省级单元差异较大,最高的江苏(0.713)比最低的海南(0.294)高出0.419。

(2)中部地区。耦合协调度从2005年的0.297增长至2016年的0.497;协调发展类型由中度失调过渡到濒临失调,在三区域中处于中等水平;年均增长率达到4.802%,在三区域中处于最高水平。2005年中部耦合协调度位于前三位的省份分别是河南(0.372)、湖北(0.322)、湖南(0.321),各省级单元均处于轻度失调状态;与2005年相比,2016年位于前三位排名有所变化,分别是河南(0.627)、湖北(0.577)、安徽(0.551),其中河南处于初级协调状态,湖北、安徽则处于勉强协调状态。2005—2016年中部地区各省级单元耦合协调度变异系数的离散范围为0.135～0.187,平均值为0.151,是三区域中最小的。就平均耦合协调度而言,中部地区各省级单元差异较小,最高的河南(0.498)比最低的山西(0.327)仅高出0.171。

(3)西部地区。耦合协调度从2005年的0.252增长至2016年的0.412;协调发展类型由中度失调过渡到濒临协调,在三区域中处于最低水平;年均增长率达到4.583%,在三区域中处于中等水平。2005年西部耦合协调度位于前三位的省份分别是四川(0.345)、云南(0.307)、陕西(0.278),其中四川、云南处于轻度失调状态,而陕西则处于中度失调状态;2016年位于前三位的省份变为四川(0.543)、重庆(0.476)、广西(0.456),其中四川处于勉强协调状态,重庆、广西处于濒临失调状态。2005—2016年西部地区各省级单元耦合协调度变异系数的离散范围为0.177~0.203,平均值为0.187,在三区域中处于中等水平。就平均耦合协调度而言,西部地区各省级单元差异较小,最高的四川(0.447)比最低的青海(0.238)高出0.209。

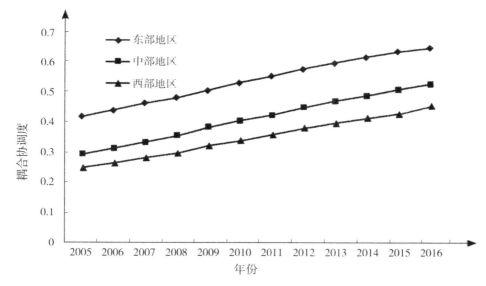

图3-1 三区域下制造业与服务业协调发展水平的年际变化

(二)八区域下协调发展水平

图3-2显示了八区域下制造业与服务业协调发展水平的年际变化情况。可以看出,除东北综合经济区在2013年后有下降趋势外,其余各综合经济区均呈不同幅度的增长模式,且区域差异明显。依据不同区域测算结果归纳为三大类型:第一类型为高水平区域,包括北部、东部、南部沿海综合经济区;第二类型为中等水平区域,包括黄河中游、长江中游、东北、大西南综合经济区;第三类型低水平区域,仅大西北综合经济区。

第一类型区域中,同一年份下东部、北部、南部沿海综合经济区耦合协调度呈递减趋势。其中,东部沿海综合经济区综合指数从2005年的0.518增长至2016年的0.741,协调发展类型由勉强协调过渡到中级协调,在八大区域中处于最高水平,年均增长率达到 3.319%;北部沿海综合经济区综合指数从 2005 年的 0.405 增长至 2016 年的 0.612,协调发展类型由濒临失调过渡到初级协调,年均增长率达到 3.826%;南部沿海综合经济区综合指数从 2005 年的 0.363 增长至 2016 年的 0.570,协调发展类型由轻度失调过渡到勉强协调,年均增长率达到 4.199%。

第二类型区域中,四大区域耦合协调度在初期的 2005—2007 年并未表现出很大的差异性,差距仅在 0.020 范围以内,2008 年后各自走势开始显现出分歧。其中,长江中游综合经济区耦合协调度由 2007 年的 0.333 增长至 2016 年的 0.541,协调发展类型由轻度失调过渡到勉强协调,年均增长率达到 5.410%,无论是绝对增长量还是相对增长率都是八区域中最高的;黄河中游综合经济区尽管在期中年份的协调发展水平高于大西南综合经济区,但在 2016 年两者趋于一致,耦合协调度分别增长至 0.466、0.464,协调发展类型均由最初的中度失调过渡到濒临协调;八区域中耦合协调度唯一出现负增长的是东北综合经济区,耦合协调度由 2005 年的 0.296 增长到 2013 年 0.439,之后又降低到 2016 年的 0.418,协调发展类型由中度失调过渡到濒临协调,年均增长率仅 2.669%,是八大区域中最低的。

第三类型区域仅包含大西北综合经济区,其综合指数从 2005 年的 0.201 增长到 2016 年的 0.337,无论从绝对量还是增长量来看,都处在八区域中最低水平,协调发展类型由中度失调过渡到轻度失调,仅提高一个协调等级,年均增长率为 4.806%。

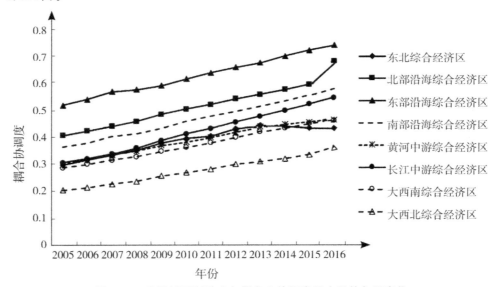

图 3-2 八区域下制造业与服务业协调发展水平的年际变化

第三节　制造业与服务业各门类协调发展水平分析

一、制造业与服务业各门类总体耦合协调度

表 3-4 显示了 2005—2016 年服务业各门类综合指数 (S_i)($i=1,2,\cdots,14$)、制造业与服务业各门类综合指数比值(M/S_i)、制造业与服务业各门类耦合协调度(D_i),可以发现制造业与各门类服务业在这三个数值上呈现出明显的差异性特征。现分别展开作具体讨论。

（一）服务业各门类综合指数

总体而言,2005—2016 年服务业各门类综合指数呈逐年上升趋势,但差异性显著,其中住宿和餐饮业(S_4)、环境和公共设施管理业(S_9)和教育(S_{11})的发展水平最高,平均综合指数分别达到了 0.232、0.227 和 0.220;而租赁和商务服务业(S_7)和科学研究和技术服务业(S_8)发展水平最低,平均综合指数分别仅为 0.124 和 0.120。就综合指数的动态变化而言,多数门类排名变化较小,进步较大的是卫生和社会工作(S_{12}),由 2005 年第五位上升至 2016 年的第二位;退步较大的是住宿和餐饮业(S_4),由 2005 年的第一位下降至 2016 年的第五位。就增长率而言,随着互联网和信息技术的发展,以金融业(S_5)、租赁和商务服务业(S_7)为代表的现代服务业增长速度最快,年均增长率分别为 11.047% 和 10.137%;而以住宿和餐饮业(S_4)、居民服务、修理和其他服务业(S_{10})为代表的传统服务业则增长速度最低,年均增长率分别仅为 5.952% 和 7.144%。

（二）制造业与服务业各门类协调发展水平分析

2005—2016 年制造业与服务业各门类耦合协调度呈逐年上升趋势,协调发展类型由轻度失调过渡到濒临失调或勉强协调。其中发展最快的住宿和餐饮业(S_4)、水利、环境和公共设施管理业(S_9)率先于 2014 年达到勉强协调水平;而发展最慢的租赁和商务服务业(S_7)、科学研究和技术服务业(S_8)截至 2016 年仍处于濒临失调水平。就增长速度而言,制造业与金融业(S_5)、租赁和商务服务业(S_7)的耦合协调度增长最快,年均增长率分别达到了 4.394% 和 4.214%;而制造业与交通运输、仓储和邮政业(S_1)、居民服务、修理和其他服务业(S_{10})的耦合协调度增长最慢,年均增长率分别仅为 3.541% 和 3.503%。

表 3-4 制造业与各门类服务业协调发展水平年际变化

门类	2005 年	2006 年	2007 年	2008 年	2009 年	2010 年	2011 年	2012 年	2013 年	2014 年	2015 年	2016 年
S_1	0.137	0.153	0.164	0.186	0.196	0.214	0.224	0.237	0.250	0.264	0.280	0.296
M/S_1	0.853	0.827	0.850	0.799	0.830	0.835	0.856	0.876	0.875	0.879	0.866	0.844
D_1	0.356	0.373	0.388	0.407	0.422	0.442	0.455	0.471	0.483	0.497	0.511	0.522
S_2	0.103	0.114	0.119	0.131	0.141	0.138	0.144	0.160	0.172	0.184	0.208	0.232
M/S_2	1.136	1.111	1.163	1.135	1.148	1.288	1.336	1.298	1.271	1.258	1.166	1.076
D_2	0.331	0.346	0.359	0.373	0.389	0.396	0.407	0.427	0.440	0.455	0.474	0.491
S_3	0.107	0.118	0.127	0.140	0.157	0.170	0.186	0.197	0.211	0.225	0.241	0.252
M/S_3	1.088	1.071	1.092	1.062	1.036	1.047	1.034	1.054	1.037	1.029	1.008	0.990
D_3	0.335	0.349	0.365	0.379	0.399	0.418	0.434	0.449	0.463	0.478	0.492	0.501
S_4	0.156	0.167	0.178	0.194	0.211	0.226	0.245	0.267	0.275	0.282	0.296	0.293
M/S_4	0.750	0.759	0.783	0.765	0.770	0.789	0.783	0.775	0.795	0.822	0.818	0.853
D_4	0.367	0.381	0.396	0.412	0.430	0.448	0.466	0.485	0.495	0.506	0.518	0.520
S_5	0.071	0.085	0.106	0.108	0.126	0.124	0.138	0.162	0.186	0.197	0.215	0.218
M/S_5	1.648	1.483	1.312	1.378	1.288	1.441	1.385	1.278	1.176	1.180	1.128	1.145
D_5	0.302	0.322	0.348	0.356	0.378	0.386	0.404	0.428	0.449	0.462	0.478	0.483
S_6	0.113	0.122	0.137	0.142	0.165	0.180	0.198	0.225	0.253	0.262	0.267	0.285
M/S_6	1.036	1.034	1.013	1.047	0.985	0.992	0.969	0.923	0.861	0.885	0.909	0.877
D_6	0.339	0.353	0.372	0.381	0.404	0.423	0.442	0.464	0.485	0.497	0.504	0.516
S_7	0.075	0.080	0.084	0.086	0.095	0.104	0.116	0.131	0.149	0.166	0.190	0.216
M/S_7	1.559	1.587	1.649	1.729	1.707	1.708	1.657	1.581	1.464	1.399	1.277	1.159
D_7	0.306	0.317	0.329	0.336	0.352	0.369	0.386	0.406	0.425	0.443	0.463	0.482
S_8	0.073	0.077	0.088	0.089	0.099	0.103	0.112	0.126	0.139	0.158	0.177	0.199
M/S_8	1.599	1.649	1.588	1.676	1.640	1.740	1.721	1.642	1.565	1.465	1.373	1.254
D_8	0.304	0.314	0.332	0.339	0.356	0.368	0.382	0.402	0.418	0.438	0.455	0.472
S_9	0.149	0.158	0.165	0.173	0.194	0.207	0.215	0.235	0.262	0.287	0.321	0.359
M/S_9	0.783	0.799	0.841	0.858	0.837	0.862	0.894	0.883	0.832	0.807	0.755	0.695
D_9	0.363	0.376	0.389	0.400	0.421	0.438	0.450	0.470	0.489	0.508	0.528	0.547
S_{10}	0.095	0.097	0.099	0.108	0.122	0.131	0.138	0.154	0.162	0.174	0.189	0.202
M/S_{10}	1.229	1.303	1.399	1.373	1.329	1.366	1.386	1.342	1.349	1.336	1.281	1.236
D_{10}	0.325	0.333	0.343	0.356	0.375	0.391	0.404	0.423	0.433	0.448	0.463	0.474

(续表)

门类	2005年	2006年	2007年	2008年	2009年	2010年	2011年	2012年	2013年	2014年	2015年	2016年
S_{11}	0.148	0.155	0.166	0.174	0.198	0.209	0.215	0.221	0.243	0.268	0.300	0.332
M/S_{11}	0.790	0.817	0.836	0.852	0.818	0.854	0.893	0.938	0.897	0.866	0.809	0.752
D_{11}	0.363	0.374	0.390	0.401	0.424	0.439	0.451	0.463	0.480	0.499	0.519	0.537
S_{12}	0.129	0.135	0.148	0.157	0.179	0.189	0.203	0.213	0.234	0.266	0.303	0.340
M/S_{12}	0.909	0.936	0.937	0.945	0.909	0.945	0.947	0.975	0.934	0.874	0.799	0.735
D_{12}	0.350	0.361	0.379	0.391	0.413	0.428	0.444	0.458	0.475	0.498	0.521	0.540
S_{13}	0.108	0.112	0.117	0.125	0.142	0.150	0.159	0.174	0.202	0.216	0.238	0.263
M/S_{13}	1.080	1.125	1.189	1.187	1.146	1.193	1.210	1.188	1.082	1.076	1.020	0.952
D_{13}	0.335	0.345	0.357	0.369	0.389	0.404	0.418	0.436	0.458	0.473	0.490	0.506
S_{14}	0.095	0.103	0.106	0.120	0.126	0.130	0.138	0.159	0.166	0.178	0.193	0.214
M/S_{14}	1.232	1.225	1.305	1.236	1.290	1.373	1.388	1.302	1.314	1.303	1.259	1.165
D_{14}	0.325	0.338	0.349	0.365	0.378	0.390	0.404	0.426	0.436	0.451	0.465	0.481

注:资料来源于模型计算结果,由作者整理得到。

(三)制造业与服务业各门类协调发展模式分析

从上述分析可以发现,尽管服务业各门类综合指数及制造业与服务业各门类的耦合协调度均呈逐年上升趋势,但服务业不同门类间存在较大差异。不同门类间发展速度的不均衡性从一定程度上也导致了协调发展类型的差异,为了进一步探索制造业与服务业各门类协调发展规律,本书从制造业与服务业各门类综合指数比值(M/S_i)角度出发,根据表3-3测算耦合协调度的数据,将2005—2016年制造业与服务业各门类的协调发展过程划分为三种类型:第一类为制造业主导型,表现为服务业发展水平滞后于制造业,包括信息传输、软件和信息技术服务业(S_2),金融业(S_5),租赁和商务服务业(S_7),科学研究和技术服务业(S_8),居民服务、修理和其他服务业(S_{10}),文化、体育和娱乐业(S_{13}),公共管理、社会保障和社会组织(S_{14});第二类为服务业主导型,表现为制造业发展水平滞后于服务业,包括交通运输、仓储和邮政业(S_1),住宿和餐饮业(S_4),水利、环境和公共设施管理业(S_9),教育(S_{11}),卫生和社会工作(S_{12});第三类为产业趋同型,表现为制造业与服务业发展水平相当,包括批发和零售业(S_3)、房地产业(S_6)。具体分析如下所述。

由图3-3,在第一类制造业主导型中,服务业发展水平相对滞后,制造业与服务业各门类综合指数的平均比值显著大于1,但比值呈逐年衰减趋势,且衰减速度从2010年起开始加快,截至2016年各门类M/S值均已减至1.30以下,同时各门类耦合协调度也有了一定提高,可见近年来随着我国产业结构调整速度的加快和服务业的快速发展,制造业与服务业互动关系越来越紧密,协调水平也逐步提高。

从具体门类来看,租赁和商务服务业(S_7)、科学研究和技术服务业(S_8)明显滞后于制造业,M/S平均值分别为1.540和1.576,但值得欣慰的是自2010年后M/S值分别降至1.159和1.236,与制造业的耦合协调度也分别达到了0.482和0.472,分别由轻度失调过渡至濒临失调;金融业(S_5)的M/S值下降幅度最大,由2005年的1.648降至2016年的1.145,表明近些年随着我国金融体系不断完善、金融监管体制日益成熟、金融对外开放进一步扩大,金融业取得快速发展,与制造业耦合协调度也由最初的0.302提高至0.483;信息传输、软件和信息技术服务业(S_2),居民服务、修理和其他服务业(S_{10}),文化、体育和娱乐业(S_{13}),公共管理、社会保障和社会组织(S_{14})四个门类的M/S值离散范围最小,M/S平均值介于1.1~1.32,表明2005—2016年这四大门类发展水平略滞后于制造业,且与制造业的增长幅度始终维持在较小区间内,耦合协调度相较于前面三大门类也是最高的,其中文化、体育和娱乐业(S_{13})由轻度失调过渡至勉强协调,协调类型是制造业主导型中唯一提升两个等级的服务业门类。

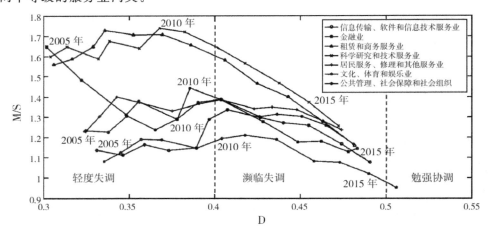

图3-3 制造业主导型协调发展水平年际变化

由图3-4,在第二类服务业主导型中,制造业发展水平相对滞后,制造业与服务业各门类综合指数的平均比值显著小于1,2012年之前该比值在较小区间内稳定波动,2012年之后多数门类呈逐年衰减趋势,截至2016年各门类M/S值均已减至0.85以下,同时各门类与制造业的耦合协调度均提高至勉强协调水平。从具体门类来看,作为传统服务业的交通运输、仓储和邮政业(S_1),住宿和餐饮业(S_4)的M/S值在2005—2016年基本稳定在0.75~0.85波动,与制造业的增长幅度始终维持在较小区间内,与制造业的协调发展水平也稳步提升,分别于2015年、2014年步入勉强协调水平;与国家政策密切相关的水利、环境和公共设施管理业(S_9),教育(S_{11}),卫生和社会工作(S_{12})M/S值在2005—2012年处于稳定波动状态,并于2012年达到最大值,之后快速衰减至2016年,表明这三大门类在2012年前发展较为缓慢,伴随着我国经济进入新常态后,基于人民群众对于生命质量和健康安全的要求越来越高,国家逐步实施了一系列关于环境、教育、卫生等方面的政策,使得这三大门类迅速发展,与制造业的耦合协调度也有了很大提升,于 2015 年均达到勉强协调水平。

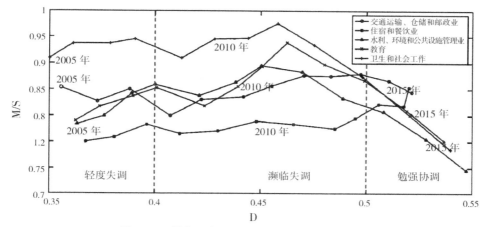

图 3-4　服务业主导型协调发展水平年际变化

由图 3-5,在第三类产业趋同型中,制造业与服务业各门类发展水平相当,制造业与服务业各门类综合指数的平均比值在 1 附近波动,比值呈逐年缓慢衰减趋势,协调类型均由轻度失调过渡至勉强协调。从具体门类来看,2005—2016 年批发和零售业(S_3)的 M/S 值离散范围仅 0.1,M/S 值介于 0.99~1.09,在所有门类中波动最为平稳,与制造业的互动关系最为密切,耦合协调度由 2005 年的 0.335 提升至 2016 年的 0.501;房地产业(S_6)M/S 值 2005—2010 年在 1 附近较为稳定地变动,之后开始迅速下降至 2016 年的 0.877,离散范围为 0.186,与制造业的耦合协调度由 2005 年的 0.339 提升至 2016 年的 0.516。

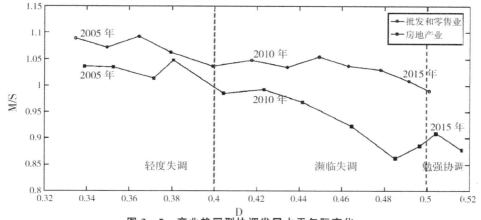

图 3-5　产业趋同型协调发展水平年际变化

二、三区域下制造业与服务业各门类耦合协调度

分析制造业与服务业各门类总体协调发展水平后可以发现服务业不同门类发展水平及与制造业的耦合协调度均存在较大差异,为了解制造业与服务业各门类耦合协调水平是否存在较为显著的区域差异,需要分区域做进一步研究。由于服务业门类较多,简便起见这里分别从三类协调发展模式中各选择一个门类作区域协调发展分析。其中,制造业主导型中选择居民服务、修理和其他服务业(S_{10}),服务业主导型中选择住宿和餐饮业(S_4),产业趋同型中选择批发和零售业(S_3),三区域下制造业与其他11个门类服务业协调发展水平的年际变化详见附表3-1。表3-5显示了2005—2016年三区域下制造业与所选服务业门类协调发展水平的年际变化情况。具体分析如下所述。

制造业与批发和零售业(S_3)。2005—2016年三区域耦合协调度均呈逐年上升趋势,且东中西呈递减格局。东部地区耦合协调度由2005年的0.405上升至2016年的0.583,在三区域中处于最高水平,年均增长率达到3.371%,率先于2011年由濒临失调过渡到勉强协调。中部地区耦合协调度由2005年的0.294上升至2016年的0.475,在三区域中处于中等水平,年均增长率达到4.456%,协调发展类型由中度失调过渡到濒临失调。西部地区耦合协调度由2005年的0.251上升至2016年的0.379,在三区域中处于最低水平,年均增长率达到3.828%,协调发展类型由中度失调过渡到轻度失调。

住宿和餐饮业(S_4)。2005—2016年三区域耦合协调度均呈逐年上升趋势,且东中西呈递减格局。东部地区耦合协调度由2005年的0.440上升至2016年的0.587,在三区域中处于最高水平,率先于2009年由濒临失调过渡到勉强协调,但年均增长率较低,仅为2.682%,甚至在2016年出现了负增长。中部地区耦合协调度由2005年的0.323上升至2016年的0.498,在三区域中处于中等水平,年均增长率达到4.022%,协调发展类型由轻度失调过渡到濒临失调。西部地区耦合协调度由2005年的0.280上升至2016年的0.410,在三区域中处于最低水平,年均增长率达到3.530%,协调发展类型由中度失调过渡到勉强协调,实现了跨等级演进。

居民服务、修理和其他服务业(S_{10})。2005—2016年三区域耦合协调度均呈逐年上升趋势,且东中西呈递减格局。东部地区耦合协调度由2005年的0.395上升至2016年的0.547,在三区域中处于最高水平,年均增长率为3.004%,率先于2013年由轻度失调过渡到勉强协调。中部地区耦合协调度由2005年的0.273上升至2016年的0.451,在三区域中处于中等水平,年均增长率达到4.689%,协调发展类型由中度失调过渡到濒临失调。西部地区耦合协调度由2005年的0.231上升至2016年的0.362,在三区域中处于最低水平,年均增长率达到4.178%,协

调发展类型由中度失调过渡到轻度失调。

表 3-5 三区域下制造业与各门类服务业协调发展水平年际变化

门类	区域	2005年	2006年	2007年	2008年	2009年	2010年	2011年	2012年	2013年	2014年	2015年	2016年
S_3	东部	0.405	0.422	0.439	0.454	0.476	0.497	0.514	0.531	0.546	0.563	0.576	0.583
	中部	0.294	0.308	0.324	0.344	0.366	0.384	0.399	0.415	0.429	0.444	0.463	0.475
	西部	0.251	0.261	0.273	0.284	0.302	0.315	0.331	0.343	0.352	0.362	0.369	0.379
S_4	东部	0.440	0.457	0.476	0.490	0.507	0.530	0.550	0.573	0.577	0.585	0.594	0.587
	中部	0.323	0.335	0.354	0.380	0.403	0.419	0.430	0.449	0.461	0.472	0.488	0.498
	西部	0.280	0.287	0.297	0.305	0.322	0.336	0.356	0.371	0.382	0.393	0.404	0.410
S_{10}	东部	0.395	0.403	0.412	0.425	0.449	0.467	0.478	0.496	0.506	0.522	0.536	0.547
	中部	0.273	0.286	0.300	0.318	0.337	0.352	0.364	0.388	0.403	0.421	0.437	0.451
	西部	0.231	0.243	0.254	0.268	0.282	0.293	0.309	0.327	0.333	0.343	0.356	0.362

三、八区域下制造业与服务业各门类耦合协调度

上述三区域下制造业与服务业的协调发展水平已经表现出较明显的差异,但各区域内部差异也较大,因此将所研究空间继续细分,探索制造业与服务业各门类八区域下的耦合协调度,同样选取制造业主导型中选择居民服务、修理和其他服务业(S_{10}),服务业主导型中选择住宿和餐饮业(S_4),产业趋同型中选择批发和零售业(S_3)来作分析,八区域下制造业与其他11个门类服务业协调发展水平的年际变化详见附表 3-2。由表 3-6 总体来看,除东北综合经济区在 2013 年后有小幅下降外,2005—2016 年其他区域耦合协调度均呈逐年上升趋势,但各区域的动态演进过程存在较大差异。

制造业与批发和零售业(S_3)。从历年耦合协调度的平均值来看,排名位于前三位的区域均为经济发达的沿海地区,分别为东部沿海综合经济区(0.600)、北部沿海综合经济区(0.491)、南部沿海综合经济区(0.429),可以看出北部沿海综合经济区协调发展水平明显优于其他区域;排名位于后两位的区域均为经济欠发达的西部地区,分别为大西南综合经济区(0.346)、大西北综合经济区(0.267)。从耦合协调度的年均增长率来看,排名位于前三位的区域均主要为近年来批发和零售业增速较快的区域,分别为长江中游综合经济区(5.099%)、南部沿海综合经济区(4.104%)、大西南综合经济区(4.066%);而排名位于后两位的区域为北部沿海综合经济区(3.294%)、东北综合经济区(2.974%)。从协调发展类型的跨等级演进状态来看,2005—2016 年北部沿海综合经济区由濒临失调过渡到中级协调,长江中

游综合经济区由中度失调过渡到勉强协调,均实现了跨三等级演进;东部沿海、南部沿海综合经济区由轻度失调过渡到勉强协调,大西南综合经济区由中度失调过渡到濒临失调,均实现了跨两等级演进;而东北、黄河中游、大西北三大综合经济区均未实现跨等级演进。

制造业与住宿和餐饮业(S_4)。从历年耦合协调度的平均值来看,排名位于前三位的区域同样均为经济发达的沿海地区,分别为东部沿海综合经济区(0.624)、北部沿海综合经济区(0.502)、南部沿海综合经济区(0.489);排名位于后两位的区域均为经济欠发达的西部地区,分别为大西南综合经济区(0.383)、大西北综合经济区(0.280)。从耦合协调度的年均增长率来看,各区域在3%附近波动,低于其他两大门类,排名位于前三位的区域均主要为近年来住宿和餐饮业增速较快的区域,分别为长江中游综合经济区(4.424%)、大西南综合经济区(3.823%)、大西北综合经济区(3.309%);而排名位于后两位的区域为东部沿海综合经济区(2.694%)、北部沿海综合经济区(2.740%)。从协调发展类型的跨等级演进状态来看,2005—2016年没有实现跨三等级演进的区域,在跨两等级演进的区域中,北部沿海综合经济区由勉强协调过渡到中级协调,长江中游综合经济区和南部沿海综合经济区由轻度失调过渡到勉强协调;而东北、东部沿海、黄河中游、大西南、大西北五大综合经济区均未实现跨等级演进。

制造业与居民服务、修理和其他服务业(S_{10})。从历年耦合协调度的平均值来看,八区域均未超过0.6,总体水平低于其他两大门类,排名位于前三位的区域仍然为经济发达的沿海地区,分别为东部沿海经济区(0.538)、北部沿海综合经济区(0.472)、南部沿海综合经济区(0.406);排名位于后两位的区域均为经济欠发达的西部地区,分别为大西南综合经济区(0.319)、大西北综合经济区(0.260)。从耦合协调度的年均增长率来看,排名位于前三位的区域均主要为近年来居民服务、修理和其他服务业增速较快的区域,分别为长江中游综合经济区(5.536%)、大西南综合经济区(4.157%)、大西北综合经济区(4.601%);而排名位于后两位的区域为北部沿海综合经济区(2.173%)、南部沿海综合经济区(3.386%)。从协调发展类型的跨等级演进状态来看,2005—2016年没有实现跨三等级演进的区域,跨两等级演进的区域有五个,其中东部沿海综合经济区由轻度失调过渡到勉强协调,东北、黄河中游、长江中游综合经济区由中度失调过渡到濒临失调,大西北综合经济区由严重失调过渡到轻度失调;而北部沿海、南部沿海、大西南三大综合经济区均未实现跨等级演进。

表 3-6　八区域下制造业与服务业各门类协调发展水平年际变化

门类	区域	2005年	2006年	2007年	2008年	2009年	2010年	2011年	2012年	2013年	2014年	2015年	2016年
S_3	东北	0.301	0.313	0.330	0.350	0.378	0.387	0.398	0.425	0.435	0.432	0.427	0.413
	北部沿海	0.399	0.413	0.426	0.444	0.467	0.489	0.502	0.521	0.534	0.550	0.568	0.581
	东部沿海	0.491	0.517	0.537	0.549	0.570	0.595	0.615	0.629	0.644	0.665	0.682	0.701
	南部沿海	0.333	0.351	0.369	0.382	0.400	0.423	0.442	0.455	0.471	0.491	0.509	0.518
	黄河中游	0.303	0.318	0.332	0.345	0.360	0.369	0.386	0.399	0.411	0.425	0.431	0.439
	长江中游	0.295	0.306	0.322	0.345	0.375	0.399	0.419	0.430	0.448	0.473	0.497	0.509
	大西南	0.271	0.285	0.296	0.308	0.323	0.338	0.356	0.369	0.382	0.394	0.408	0.420
	大西北	0.212	0.216	0.230	0.239	0.255	0.268	0.279	0.292	0.295	0.299	0.305	0.314
S_4	东北	0.317	0.331	0.349	0.373	0.399	0.410	0.418	0.447	0.452	0.451	0.442	0.424
	北部沿海	0.420	0.434	0.449	0.469	0.485	0.505	0.518	0.541	0.540	0.545	0.556	0.562
	东部沿海	0.522	0.550	0.568	0.577	0.593	0.617	0.640	0.662	0.667	0.685	0.700	0.702
	南部沿海	0.395	0.406	0.431	0.440	0.456	0.485	0.510	0.532	0.539	0.550	0.566	0.561
	黄河中游	0.328	0.339	0.356	0.373	0.390	0.399	0.414	0.433	0.443	0.453	0.457	0.458
	长江中游	0.336	0.347	0.364	0.395	0.423	0.447	0.463	0.477	0.495	0.510	0.529	0.540
	大西南	0.310	0.316	0.327	0.336	0.350	0.368	0.391	0.408	0.425	0.441	0.459	0.468
	大西北	0.229	0.236	0.244	0.247	0.266	0.277	0.291	0.303	0.308	0.312	0.324	0.327
S_{10}	东北	0.281	0.301	0.321	0.332	0.353	0.371	0.383	0.410	0.413	0.416	0.410	0.404
	北部沿海	0.374	0.391	0.395	0.418	0.452	0.476	0.495	0.510	0.519	0.528	0.544	0.564
	东部沿海	0.502	0.487	0.486	0.482	0.498	0.516	0.533	0.554	0.563	0.588	0.615	0.634
	南部沿海	0.333	0.345	0.366	0.384	0.404	0.410	0.399	0.415	0.431	0.450	0.467	0.479
	黄河中游	0.285	0.294	0.304	0.319	0.334	0.344	0.356	0.375	0.388	0.402	0.410	0.418
	长江中游	0.265	0.282	0.298	0.319	0.343	0.362	0.379	0.403	0.420	0.445	0.464	0.479
	大西南	0.252	0.257	0.270	0.284	0.298	0.306	0.321	0.344	0.354	0.366	0.384	0.394
	大西北	0.191	0.211	0.217	0.232	0.244	0.259	0.275	0.288	0.288	0.295	0.310	0.312

第四节 制造业与服务业协调发展水平的区域差异

上述几节分别从总体、省域、三区域、八区域多个层面直观反映了中国制造业与服务业、服务业各门类的协调发展水平及其绝对差异的时空动态演进过程,为了探明区域协调发展水平的差异大小和差异来源,本节仍然采用第二章第四节的Dagum基尼系数分解方法来做进一步研究。

一、三区域下制造业与服务业协调发展水平空间差异分解

表3-7显示了2005—2016年三区域下制造业与服务业耦合协调度的总体差异、区域内差异、区域间差异,以及差异来源及其贡献率,现分别作具体分析。

(一)总体差异

三区域下制造业与服务业耦合协调度总体差异较大,基尼系数介于0.148～0.175之间,均值为0.158,呈先减小后增大的"U"形态势。2005年三区域耦合协调度的总体基尼系数为0.175,此后一段时间呈不均衡性缩小趋势,到2012年基尼系数减小至0.148,表明中国在"十一五""十二五"期间所制定的产业协调发展政策取得了较好效果,但2013年后不均衡性又呈小幅扩大趋势,截至2016年基尼系数已达到0.154,三区域协调发展水平仍存在较大差异,政府应继续加大推进区域产业协调发展政策。

(二)区域内差异

制造业与服务业耦合协调度区域内差异的动态演进过程如表3-7所示,可以发现,东部区域内差异最大,西部次之,中部最小。具体来看,东部区域内差异呈"下降-上升"的变化过程,基尼系数均值为0.128;中部区域内差异呈稳步上升的变化过程,基尼系数均值为0.079;西部区域内差异呈波动下降的变化过程,基尼系数均值为0.099。东部区域内差异较大的原因可能在于其所包含的省份较多,各省份制造业与服务业发展基础差异较大,比如东部的江苏与海南;西部区域内差异仅次于东部,近年来国家很多优惠政策惠及西部各省份,差距有缩小趋势;中部省份数最少,使得区域内差异最小,但差距有不断扩大趋势。

(三)区域间差异

从表3-7所示的三区域制造业与服务业耦合协调度区域间差异的动态演进过程可以看出,东-中部、东-西部的区域间差异均表现为逐年下降趋势;而中-西部的区域间差异表现为波动上升趋势。其中,东-西部区域间差异最大,基尼系数由2005年的0.266下降至2016年的0.217,年均下降率为1.838%,均值为

0.237;东—中部区域间差异次之,基尼系数由 2005 年的 0.198 下降至 2016 年的 0.155,年均下降率为 2.159%,均值为 0.167;中—西部区域间差异最小,基尼系数由 2005 年的 0.111 上升至 2016 年的 0.127,年均增长率为 1.282%,均值为 0.115。

(四)差异来源及其贡献率

由表 3-7 可以看出,2005—2016 年三区域耦合协调度的区域内差异、区域间差异及超变密度贡献率的变化幅度较小,区域间差异占总体差异的比重最大,是区域差异最主要的来源。历年区域间差异值介于 0.094~0.121,平均贡献率为 67.589%,始终远高于区域间差异及超变密度的贡献率;区域内差异值介于 0.035~0.043,平均贡献率为 23.701%,相较于区域间差异其对总体区域差异的贡献较小;超变密度的贡献率远小于区域间差异和区域内差异,平均贡献率仅为 8.710%,说明不同区域间交叉重叠问题对总体耦合协调度区域差异的贡献较小。

表 3-7　三区域下制造业与服务业耦合协调度的 Dagum 基尼系数分解

年份	区域内差异				区域间差异			贡献率/(%)		
	总体	东部	中部	西部	东—中	东—西	中—西	区域内	区域间	超变密度
2005 年	0.175	0.141	0.069	0.108	0.198	0.266	0.111	22.963	69.062	7.975
2006 年	0.172	0.138	0.069	0.105	0.194	0.263	0.110	22.852	69.129	8.019
2007 年	0.168	0.132	0.070	0.101	0.188	0.257	0.110	22.638	70.104	7.258
2008 年	0.163	0.128	0.072	0.101	0.176	0.250	0.114	22.789	70.014	7.197
2009 年	0.155	0.122	0.070	0.101	0.164	0.236	0.113	23.171	69.029	7.800
2010 年	0.154	0.120	0.073	0.099	0.161	0.236	0.115	23.077	69.748	7.175
2011 年	0.151	0.118	0.077	0.098	0.158	0.229	0.113	23.419	69.030	7.551
2012 年	0.148	0.118	0.076	0.093	0.152	0.224	0.111	23.530	68.550	7.920
2013 年	0.149	0.124	0.081	0.095	0.152	0.222	0.116	24.257	66.241	9.502
2014 年	0.151	0.126	0.091	0.093	0.154	0.222	0.120	24.530	65.059	10.411
2015 年	0.153	0.131	0.097	0.094	0.153	0.220	0.125	25.109	63.929	10.962
2016 年	0.154	0.142	0.099	0.095	0.155	0.217	0.127	26.080	61.170	12.750
平均	0.158	0.128	0.079	0.099	0.167	0.237	0.115	23.701	67.589	8.710

注:资料来源于模型测算,结果由作者整理得到,下同。

二、八区域下制造业与服务业协调发展水平空间差异分解

表3-8显示了2005—2016年八区域下制造业与服务业耦合协调度的区域内差异、区域间差异、超变密度及各自的贡献率,由于八区域牵涉的数据量较大,具体的区域间差异此处并未列出,详见附表3-3。

(一)区域内差异

由表3-8所示可以发现,八区域下制造业与服务业耦合协调度的区域内差异波动较为稳定,基尼系数始终维持在0.009～0.010之间。从2005—2016年八区域基尼系数均值来看,最大的是南部沿海综合经济区,为0.182;最小的是长江中游综合经济区,为0.031;其余综合经济区则介于0.04～0.09之间。可以发现,空间细分后,八区域相较于三区域的区域内差异要小很多。从区域内差异的波动趋势来看,总体呈下降态势的区域为东部沿海、黄河中游综合经济区,其余区域总体呈上升态势。

(二)区域间差异

2005—2016年八区域下制造业与服务业耦合协调度的区域间差异总体略高于三区域,基尼系数由2005年的0.137减小至2013年0.114,之后又增长至2016年的0.122,均值为0.124。分区域来看,东部沿海与大西北综合经济区的区域间差异最大,且差异呈波动式缩小趋势,基尼系数均值为0.399;东北与大西南综合经济区的区域间差异最小,且差异呈逐年缩小趋势,基尼系数均值为0.082;其他综合经济区的区域间差异介于0.086～0.307之间(详见附表3-3)。

(三)差异来源及其贡献率

由表3-8可以看出,2005—2016年八区域制造业与服务业耦合协调度的区域内差异、区域间差异及超变密度贡献率保持较为稳定的比例关系。其中区域间差异平均贡献率为78.495%,占比最大,是总体区域差异的主要来源;区域内差异平均贡献率为5.888%,占比最小;超变密度平均贡献率为15.617%,占比居中。表明将所研究空间细分后区域内差异急剧减小,而区域间差异则增加,同时超变密度贡献率也较三区域有所增加。

表3-8 八区域下制造业与服务业耦合协调度的Dagum基尼系数分解

年份	总体	区域内差异	区域间差异	超变密度	贡献率/(%)		
					区域内	区域间	超变密度
2005年	0.175	0.010	0.137	0.028	5.591	78.468	15.941
2006年	0.172	0.009	0.135	0.028	5.471	78.557	15.972

(续表)

年份	总体	区域内差异	区域间差异	超变密度	贡献率/(%)		
					区域内	区域间	超变密度
2007年	0.168	0.009	0.133	0.025	5.383	79.561	15.056
2008年	0.163	0.009	0.129	0.024	5.547	79.450	15.003
2009年	0.155	0.009	0.122	0.024	5.861	78.917	15.222
2010年	0.154	0.009	0.123	0.022	5.834	79.604	14.562
2011年	0.151	0.009	0.120	0.022	5.911	79.633	14.455
2012年	0.148	0.009	0.116	0.022	6.106	78.711	15.183
2013年	0.149	0.009	0.114	0.026	6.291	76.395	17.314
2014年	0.151	0.010	0.115	0.027	6.336	76.137	17.527
2015年	0.153	0.010	0.118	0.025	6.257	77.490	16.253
2016年	0.154	0.009	0.122	0.023	6.073	79.017	14.910
平均	0.158	0.009	0.124	0.025	5.888	78.495	15.617

三、三区域下制造业与服务业各门类协调发展水平空间差异分解

上述从三区域、八区域两个层面分析了制造业与服务业总体协调发展水平的区域差异大小和差异来源，可以发现不同区域划分下的区域间差异均是总体区域差异的主要来源，且八区域下的区域内差异更小。制造业与服务业各门类协调发展水平的空间差异分解是否也具有这些特征呢，为此做进一步研究，鉴于数据量较大，这里仅对制造业与居民服务、修理和其他服务业(S_{10})，住宿和餐饮业(S_4)，批发和零售业(S_3)的协调发展水平做分析，制造业与剩余11个门类服务业协调发展水平的空间差异分解详见附表3-4（三区域）、附表3-5（八区域）。

表3-9显示了2005—2016年三区域下制造业与服务业三大门类耦合协调度的总体差异、区域内差异、区域间差异及其贡献率，现分别作具体分析。

（一）总体空间差异

由表3-9可以看出，2005—2016年三区域下制造业与服务业三大门类耦合协调度的总体差异均呈先减小后增大趋势，其中制造业与批发和零售业(S_3)耦合协调度总体基尼系数范围为0.149~0.163，均值为0.156，总体差异最大；制造业与住宿和餐饮业(S_4)耦合协调度总体基尼系数范围为0.148~0.161，均值为0.153，总体差异最小；制造业与居民服务、修理和其他服务业(S_{10})耦合协调度总体基尼系数范围为0.143~0.186，虽然均值为0.155，但离散范围最大，总体差异

缩小最多。

(二)区域内差异

考察期内三区域下制造业与服务业三大门类耦合协调度的区域内差异变化趋势也表现出一致性,均呈"下降—上升"态势,东中西各区域基尼系数也呈"东部最大,西部次之,中部最小"的格局。其中,制造业与批发和零售业(S_3)东中西三区域的基尼系数均值分别为0.137、0.075、0.088,且中部基尼系数于2015年后超过西部,区域内差异变为东中西递减格局;制造业与住宿和餐饮业(S_4)东中西三区域的基尼系数均值分别为0.129、0.086、0.100,除中部基尼系数于2015年与西部持平外,其他年份三区域差异格局并未改变;制造业与居民服务、修理和其他服务业(S_{10})东中西三区域的基尼系数均值分别为0.133、0.073、0.081,且中部基尼系数于2013年后超过西部,区域内差异变为东中西递减格局。

(三)区域间差异

考察期内三区域下制造业与服务业三大门类耦合协调度的区域间差异均呈逐年递减趋势,东—西部区域间差异最大,东—中部次之,中—西部区域间差异最小,且东—西部、东—中部区域间差异有扩大趋势,中—西部区域间差异有缩小趋势。具体来看,制造业与批发和零售业(S_3)的东—中部、东—西部、中—西部基尼系数均值分别为0.164、0.235、0.114;制造业与住宿和餐饮业(S_4)的东—中部、东—西部、中—西部基尼系数均值分别为0.154、0.222、0.123;制造业与居民服务、修理和其他服务业(S_{10})的东—中部、东—西部、中—西部基尼系数均值分别为0.166、0.236、0.111。

(四)差异来源及其贡献率

考察期内三区域下制造业与服务业三大门类耦合协调度的区域内差异、区域间差异及超变密度贡献率变化趋势基本一致,其中区域间差异贡献率最大,是区域差异最主要的来源,但呈逐年递减趋势;区域内差异贡献率次之,且波动较稳定;超变密度贡献率最小,呈逐年增大趋势,且超变密度贡献率的上升幅度与区域间差异贡献率的下降幅度相当。其中,制造业与批发和零售业(S_3)区域内差异、区域间差异、超变密度的贡献率均值分别为23.947%、67.325%、8.728%;制造业与住宿和餐饮业(S_4)区域内差异、区域间差异、超变密度的贡献率均值分别为24.885%、65.656%、9.458%;制造业与居民服务、修理和其他服务业(S_{10})区域内差异、区域间差异、超变密度的贡献率均值分别为23.143%、67.934%、8.923%。

表 3-9　三区域下制造业与服务业各门类耦合协调度的 Dagum 基尼系数分解

门类	年份	区域内差异				区域间差异			贡献率/(%)		
		总体	东部	中部	西部	东—中	东—西	中—西	区域内	区域间	超变密度
S_3	2005 年	0.163	0.137	0.072	0.088	0.186	0.247	0.101	23.034	68.919	8.047
	2006 年	0.163	0.138	0.072	0.091	0.185	0.248	0.103	23.254	68.979	7.766
	2007 年	0.159	0.136	0.073	0.083	0.179	0.244	0.102	23.025	69.579	7.397
	2008 年	0.156	0.135	0.071	0.084	0.168	0.239	0.108	23.259	69.587	7.154
	2009 年	0.152	0.131	0.066	0.090	0.158	0.233	0.111	23.575	69.287	7.139
	2010 年	0.154	0.132	0.072	0.087	0.157	0.235	0.114	23.536	69.025	7.439
	2011 年	0.151	0.133	0.069	0.091	0.155	0.228	0.110	24.183	67.533	8.284
	2012 年	0.149	0.134	0.065	0.088	0.153	0.227	0.109	24.068	67.606	8.326
	2013 年	0.153	0.139	0.073	0.088	0.156	0.231	0.115	24.300	66.125	9.575
	2014 年	0.158	0.140	0.087	0.090	0.158	0.233	0.124	24.593	64.831	10.576
	2015 年	0.159	0.143	0.094	0.089	0.155	0.233	0.134	24.830	64.273	10.898
	2016 年	0.159	0.153	0.091	0.088	0.156	0.227	0.132	25.709	62.158	12.132
	平均	0.156	0.137	0.075	0.088	0.164	0.235	0.114	23.947	67.325	8.728
S_4	2005 年	0.157	0.133	0.076	0.098	0.175	0.231	0.104	24.264	67.531	8.205
	2006 年	0.161	0.139	0.075	0.096	0.179	0.239	0.107	24.020	67.605	8.374
	2007 年	0.158	0.130	0.075	0.094	0.170	0.238	0.111	23.502	69.895	6.603
	2008 年	0.158	0.130	0.080	0.099	0.156	0.240	0.128	23.696	68.962	7.342
	2009 年	0.154	0.127	0.079	0.099	0.148	0.231	0.130	24.046	67.711	8.244
	2010 年	0.152	0.121	0.083	0.098	0.145	0.229	0.131	23.789	68.901	7.310
	2011 年	0.149	0.120	0.088	0.098	0.147	0.219	0.125	24.432	67.613	7.955
	2012 年	0.148	0.118	0.081	0.100	0.144	0.220	0.122	24.308	68.301	7.392
	2013 年	0.148	0.125	0.091	0.104	0.144	0.213	0.127	25.513	64.116	10.371
	2014 年	0.150	0.128	0.100	0.106	0.146	0.208	0.130	26.200	61.612	12.138
	2015 年	0.149	0.132	0.105	0.105	0.145	0.202	0.132	26.925	59.587	13.438
	2016 年	0.148	0.145	0.098	0.102	0.143	0.196	0.130	27.930	56.044	16.026
	平均	0.153	0.129	0.086	0.100	0.154	0.222	0.123	24.885	65.656	9.458

(续表)

门类	年份	区域内差异				区域间差异			贡献率/(%)		
		总体	东部	中部	西部	东—中	东—西	中—西	区域内	区域间	超变密度
S_{10}	2005年	0.186	0.154	0.079	0.109	0.211	0.275	0.123	23.359	67.881	8.760
	2006年	0.172	0.147	0.073	0.088	0.198	0.260	0.110	22.846	68.770	8.385
	2007年	0.165	0.137	0.071	0.093	0.182	0.249	0.114	23.021	68.794	8.185
	2008年	0.153	0.129	0.066	0.080	0.168	0.235	0.105	22.616	70.523	6.861
	2009年	0.152	0.120	0.066	0.084	0.163	0.236	0.109	22.104	71.540	6.356
	2010年	0.153	0.127	0.063	0.079	0.164	0.237	0.108	22.286	70.738	6.975
	2011年	0.148	0.129	0.065	0.070	0.164	0.230	0.098	22.581	68.680	8.740
	2012年	0.143	0.128	0.067	0.070	0.153	0.220	0.100	23.209	67.653	9.138
	2013年	0.146	0.128	0.078	0.071	0.150	0.223	0.109	23.361	66.580	10.059
	2014年	0.148	0.126	0.087	0.073	0.148	0.225	0.118	23.341	65.640	11.019
	2015年	0.146	0.134	0.086	0.073	0.144	0.219	0.118	24.333	64.307	11.360
	2016年	0.147	0.139	0.078	0.077	0.142	0.220	0.121	24.666	64.096	11.238
	平均	0.155	0.133	0.073	0.081	0.166	0.236	0.111	23.143	67.934	8.923

四、八区域下制造业与服务业各门类协调发展水平空间差异分解

表 3-10 显示了 2005—2016 年八区域下制造业与服务业三大门类耦合协调度的区域内差异、区域间差异、超变密度及各自的贡献率,具体的区域间差异此处并未列出,详见附表 3-6。就表中所列数据而言,具体分析如下所述。

(一)区域内差异

考察期内八区域下制造业与服务业三大门类耦合协调度的区域内差异变化较为稳定,基尼系数范围为 0.009~0.011,均值均为 0.010,低于三区域下区域内差异,且区域内差异最大的是南部沿海综合经济区,最小的是长江中游综合经济区。从区域内差异变化趋势来看,制造业与批发和零售业(S_3)中的东部沿海、黄河中游综合经济区区域内差异呈递增态势,北部沿海、南部沿海、大西南、大西北综合经济区区域内差异波动稳定,东北、长江中游综合经济区区域内差异呈递减态势;制造业与住宿和餐饮业(S_4)中的东部沿海、黄河中游、长江中游、大西北综合经济区区域内差异呈递增趋势,北部沿海、南部沿海综合经济区区域内差异波动稳定,东北、大西南综合经济区区域内差异呈递减趋势;制造业与居民服务、修理和其他服务业

(S_{10})中的东部沿海、大西北综合经济区区域内差异呈递增趋势,北部沿海、南部沿海、黄河中游、长江中游综合经济区区域内差异波动稳定,东北、大西南综合经济区区域内差异呈递减趋势。

（二）区域间差异

考察期内八区域下制造业与服务业三大门类耦合协调度的区域间差异变化均呈"下降—上升"趋势,基尼系数均值分别为0.122、0.116和0.119,高于三区域下区域间差异。分产业来考察各经济区区域间差异,其中制造业与批发和零售业(S_3)区域间差异最大的均为东部沿海—大西北综合经济区,基尼系数均值为0.385,最小的是长江中游—大西南综合经济区,基尼系数均值为0.080,其余区域间差异介于0.080~0.296之间;制造业与住宿和餐饮业(S_4)区域间差异最大的均为东部沿海—大西北综合经济区,基尼系数均值为0.381,最小的是大西南—大西北综合经济区,基尼系数均值为0.084,其余区域间差异介于0.088~0.285之间;制造业与居民服务、修理和其他服务业(S_{10})区域间差异最大的均为东部沿海—大西北综合经济区,基尼系数均值为0.351,最小的是东北—长江中游综合经济区,基尼系数均值为0.079,其余区域间差异介于0.085~0.291之间(详见附表3-6)。

（三）差异来源及其贡献

考察期内八区域制造业与服务业各门类耦合协调度的区域内差异、区域间差异及超变密度贡献率保持较为稳定的比例关系,且区域间差异贡献率最高,是总体区域差异的主要来源,超变密度次之,区域内差异贡献率最低。分产业观察区域内差异、区域间差异及超变密度贡献率均值,制造业与批发和零售业(S_3)分别为6.151%、77.880%、15.969%;制造业与住宿和餐饮业(S_4)分别为6.380%、76.081%、17.602%;制造业与居民服务、修理和其他服务业(S_{10})分别为6.244%、76.431%、17.325%。

表3-10 八区域下制造业与服务业各门类耦合协调度的Dagum基尼系数分解

门类	年份	总体	区域内差异	区域间差异	超变密度	贡献率/(%)		
						区域内	区域间	超变密度
S_3	2005年	0.163	0.010	0.127	0.025	5.949	78.396	15.655
	2006年	0.163	0.009	0.130	0.024	5.773	79.531	14.696
	2007年	0.159	0.009	0.126	0.024	5.806	79.160	15.033
	2008年	0.156	0.009	0.123	0.024	5.964	78.679	15.357
	2009年	0.152	0.009	0.121	0.022	6.213	79.176	14.612
	2010年	0.154	0.009	0.122	0.022	6.176	79.270	14.554
	2011年	0.151	0.009	0.119	0.023	6.267	78.552	15.181
	2012年	0.149	0.010	0.116	0.024	6.416	77.529	16.055

(续表)

门类	年份	总体	区域内差异	区域间差异	超变密度	贡献率/(%)		
						区域内	区域间	超变密度
	2013年	0.153	0.010	0.116	0.028	6.401	75.665	17.934
	2014年	0.158	0.010	0.119	0.029	6.405	75.367	18.228
	2015年	0.159	0.010	0.121	0.028	6.356	75.914	17.730
	2016年	0.159	0.010	0.123	0.026	6.082	77.320	16.598
	平均	0.156	0.010	0.122	0.025	6.151	77.880	15.969
S_4	2005年	0.157	0.010	0.121	0.027	6.086	76.931	16.984
	2006年	0.161	0.010	0.124	0.027	5.990	76.944	17.066
	2007年	0.158	0.009	0.124	0.025	5.908	78.375	15.717
	2008年	0.158	0.010	0.123	0.026	6.018	77.766	16.216
	2009年	0.154	0.010	0.118	0.026	6.323	76.764	16.914
	2010年	0.152	0.009	0.119	0.024	6.175	78.102	15.723
	2011年	0.149	0.010	0.115	0.025	6.438	77.018	16.544
	2012年	0.148	0.010	0.114	0.024	6.551	77.039	16.410
	2013年	0.148	0.010	0.109	0.030	6.763	73.224	20.013
	2014年	0.150	0.010	0.108	0.031	6.802	72.425	20.773
	2015年	0.149	0.010	0.108	0.030	6.945	72.855	20.200
	2016年	0.148	0.010	0.110	0.028	6.562	74.775	18.662
	平均	0.153	0.010	0.116	0.027	6.380	76.018	17.602
S_{10}	2005年	0.186	0.011	0.146	0.028	5.867	78.939	15.194
	2006年	0.172	0.011	0.134	0.028	6.107	77.678	16.215
	2007年	0.165	0.010	0.127	0.028	6.175	76.936	16.889
	2008年	0.153	0.009	0.118	0.026	5.990	77.116	16.894
	2009年	0.152	0.009	0.119	0.024	6.025	78.324	15.651
	2010年	0.153	0.010	0.118	0.025	6.255	77.449	16.296
	2011年	0.148	0.009	0.113	0.026	6.289	76.188	17.523
	2012年	0.143	0.009	0.108	0.026	6.463	75.071	18.466
	2013年	0.146	0.010	0.108	0.029	6.545	73.823	19.632

(续表)

门类	年份	总体	区域内差异	区域间差异	超变密度	贡献率/(%)		
						区域内	区域间	超变密度
	2014 年	0.148	0.010	0.109	0.029	6.492	73.887	19.621
	2015 年	0.146	0.010	0.109	0.028	6.542	74.523	18.935
	2016 年	0.147	0.009	0.114	0.024	6.175	77.235	16.590
	平均	0.155	0.010	0.119	0.027	6.244	76.431	17.325

第五节　制造业与服务业协调发展的前景分析

在对 2005—2016 年制造业与服务业协调发展水平测度的基础上，本节应用情景分析法[1]，假定各省级单元制造业与服务业各自各项经济指标的发展变化可以持续到 2025 年，采用灰色预测模型对制造业与服务业的综合指数及二者耦合协调度可能出现的变化趋势作出预测，为政府优化产业结构、制定产业发展策略等提供理论参考（邓聚龙，1986）。

一、灰色预测建模原理

灰色预测属于灰色系统理论的内容，其实质是通过对原始数据作累加，进而得到较强规律性的曲线，利用指数曲线拟合出预测模型，其中应用较多的是 GM(1,1)模型和 GM(1,N)模型，本节采用基于累加生成数列的 GM(1,1)模型进行预测。建模步骤如下所述。

（一）原始数据累加

将由原始数据 $x^{(0)}(1), x^{(0)}(2), \cdots, x^{(0)}(n)$ 得到的序列记为：

$$x^{(0)} = x^{(0)}(1), x^{(0)}(2), \cdots, x^{(0)}(n)$$

对该序列进行一次累加生成新的序列：

$$x^{(1)} = x^{(1)}(1), x^{(1)}(2), \cdots, x^{(1)}(n)$$

其中，$x^{(1)}(k) = \sum_{i=1}^{k} x^{(0)}(i), k = 1, 2, \cdots, n$。通过累加运算弱化了原始序列的波动性和随机性，使之转化为具有较强规律性的递增序列，为后面建构建微分方程的预

1　情景分析法指假定当前的某种现象或趋势可持续至未来，基于此对预测对象的变化做出预测的方法，又称前景描述法或脚本法。

测模型做好准备。

(二)建立 GM(1,1)模型

对累加序列构建一阶线性微分方程

$$\frac{\mathrm{d}x^{(1)}}{\mathrm{d}t} + ax^{(1)} = b \tag{3-4}$$

也即灰色预测模型 GM(1,1),其中 a 为发展系数,取值范围($-2,2$),b 为灰色作用量。灰参数 a、b 可按最小二乘法原理求得:$[a,b]^{\mathrm{T}} = (\boldsymbol{B}^{\mathrm{T}}\boldsymbol{B})^{-1}\boldsymbol{Y}$,其中:

$$\boldsymbol{Y} = \begin{bmatrix} x^{(0)}(2) \\ x^{(0)}(3) \\ \vdots \\ x^{(0)}(n) \end{bmatrix}, \boldsymbol{B} = \begin{bmatrix} -0.5(x^{(1)}(2) + x^{(1)}(1)) & 1 \\ -0.5(x^{(1)}(3) + x^{(1)}(2)) & 1 \\ \vdots & \vdots \\ -0.5(x^{(1)}(n) + x^{(1)}(n-1)) & 1 \end{bmatrix}$$

求得灰参数 a、b 后,代入式(3-4),求解可得

$$\hat{x}^{(1)}(k+1) = \left(x^{(0)}(1) - \frac{b}{a}\right)\mathrm{e}^{-ak} + \frac{b}{a}, k = 1, 2, \cdots, n \tag{3-5}$$

式(3-5)即为灰色预测公式,由于该式为累加序列的预测值,因此需要进一步将其按式(3-6)还原为原始序列的预测值

$$\hat{x}^{(0)}(k+1) = \hat{x}^{(1)}(k+1) - \hat{x}^{(1)}(k), k = 1, 2, \cdots, n \tag{3-6}$$

(三)模型检验

由式(3-6)可对原始数据和未来数据作出模拟预测,若预测值与实际值的拟合精度高则可用于外推预测,若拟合精度低则需要将残差修正后方可用于外推预测,否则不可直接预测。用于检验模型拟合精度的指标有均方差比值 C、小误差概率 p 及平均相对误差,这里采用前两种指标。

首先,分别求得原始序列的方差与标准差:

$$\overline{x} = \frac{1}{n}\sum_{k=1}^{n} x^{(0)}(k), S_1^2 = \frac{1}{n}\sum_{k=1}^{n}(x^{(0)}(k) - \overline{x})^2 \tag{3-7}$$

其次,分别求得残差的均值与方差:

$$\overline{\varepsilon} = \frac{1}{n}\varepsilon(k), \varepsilon(k) = x^{(0)}(k) - \dot{x}^{(0)}(k), k = 1, 2, \cdots, n \tag{3-8}$$

$$S_2^2 = \frac{1}{n}\sum_{k=1}^{n}(\varepsilon(k) - \overline{\varepsilon})^2 \tag{3-9}$$

最后,分别求得均方差比值与小误差概率:

$C = \dfrac{S_2}{S_1}, p = P(|\varepsilon(k) - \overline{\varepsilon}| < 0.6745 S_1)$,若符合 $|\varepsilon(k) - \overline{\varepsilon}| < 0.6745 S_1$ 条件的 $\varepsilon(k)$ 的数量有 r 个,那么 $p = \dfrac{r}{n}$。

在模型检验时,针对指标 C 与 p:当满足 $C < 0.35$、$p > 0.95$ 时,模型预测精度

为一级(好);当满足 $0.35<C<0.5$、$0.80<p<0.95$ 时,模型预测精度为二级(合格);否则需要应用残差序列建模法作修正处理。

二、制造业与服务业协调发展水平总体预测

(一)制造业综合指数的灰色预测

将 2005—2016 年制造业综合指数的实际值作为原始序列,依据 GM(1,1)模型计算可得参数值:

$a=-0.067, b=0.121$

拟合得到的时间响应函数为:

$$x(t+1)=1.932e^{0.067t}-1.815 \quad (3\text{-}10)$$

由式(3-10)可得到 2005—2016 年制造业综合指数的预测值(表 3-11),与实际值对比可以发现,绝对残差最大为 0.011,最小不足 0.001,平均绝对残差不足 0.005;相对误差最大为 5.651%,最小为 0.498%,平均相对误差仅 2.671%。由模型的评价指标 $C=0.127<0.35$、$p=1.000>0.95$,可知模型的精度等级为一级(好),采用灰色预测模型具有较好的评价效果。

(二)服务业综合指数的灰色预测

将 2005—2016 年服务业综合指数的实际值作为原始序列,依据 GM(1,1)模型计算可得参数值:

$a=-0.087, b=0.123$

拟合得到的时间响应函数为:

$$x(t+1)=1.536e^{0.087t}-1.415 \quad (3\text{-}11)$$

由式(3-11)可得到 2005—2016 年服务业综合指数的预测值(表 3-11),与实际值对比可以发现,绝对残差最大为 0.007,最小不足 0.001,平均绝对残差不足 0.002;相对误差最大为 3.729%,最小为 0.128%,平均相对误差仅 1.500%。由模型的评价指标 $C=0.058<0.35$、$p=1.000>0.95$,可知模型的精度等级为一级(好),采用灰色预测模型具有较好的评价效果。

表 3-11 制造业与服务业综合指数的拟合情况

年份	制造业综合指数				服务业综合指数			
	实际值	预测值	残差	%	实际值	预测值	残差	%
2005 年	0.117	0.117	0	0	0.121	0.121	0	0
2006 年	0.126	0.134	-0.007	-5.651	0.134	0.139	-0.005	-3.729
2007 年	0.139	0.143	-0.004	-2.750	0.150	0.152	-0.002	-1.413

(续表)

年份	制造业综合指数				服务业综合指数			
	实际值	预测值	残差	%	实际值	预测值	残差	%
2008年	0.148	0.153	−0.004	−2.887	0.163	0.166	−0.003	−2.031
2009年	0.162	0.163	−0.001	−0.565	0.183	0.181	0.003	1.343
2010年	0.178	0.175	0.004	2.195	0.199	0.197	0.001	0.643
2011年	0.192	0.187	0.005	2.767	0.215	0.215	0.000	−0.128
2012年	0.207	0.200	0.008	3.747	0.238	0.235	0.004	1.555
2013年	0.218	0.213	0.005	2.294	0.262	0.256	0.006	2.342
2014年	0.232	0.228	0.003	1.708	0.282	0.279	0.003	1.070
2015年	0.243	0.244	−0.001	−0.498	0.304	0.304	−0.001	−0.183
2016年	0.250	0.261	−0.011	−4.323	0.325	0.332	−0.007	−2.076

注：资料来源于模型测算，结果由作者整理得到，下同。

（三）制造业与服务业耦合协调度的灰色预测

利用原始序列拟合的时间响应函数式(3-1)、式(3-2)可以分别预测得到2017—2025年制造业与服务业综合指数(表3-12)，在此基础上采用式(3-3)可得到2017—2025年制造业与服务业耦合协调度。可以看出，未来9年内制造业综合指数由0.279上升至0.476，年均增长率6.914%；服务业综合指数由0.362上升至0.725，年均增长率9.701%。服务业发展水平明显好于制造业，符合我国产业发展政策以及未来产业结构调整的方向。两产业耦合协调度也由0.564增加至0.766，年均增长率3.917%，整体协调发展等级也由最初的勉强协调状态提升至中级协调状态。

表3-12 制造业与服务业协调发展水平的趋势预测

年份	制造业发展综合指数	服务业发展综合指数	耦合协调度	协调等级
2017年	0.279	0.362	0.564	勉强协调
2018年	0.298	0.395	0.586	勉强协调
2019年	0.319	0.431	0.609	初级协调
2020年	0.341	0.470	0.632	初级协调
2021年	0.364	0.513	0.657	初级协调
2022年	0.389	0.559	0.683	初级协调

(续表)

年份	制造业发展综合指数	服务业发展综合指数	耦合协调度	协调等级
2023 年	0.416	0.610	0.710	中级协调
2024 年	0.445	0.665	0.738	中级协调
2025 年	0.476	0.725	0.766	中级协调

三、制造业与服务业协调发展水平区域预测

采用灰色 GM(1,1)模型预测得到的 2017—2025 年制造业与服务业总体的耦合协调度表现出较为稳定的增长趋势,那么不同区域下的耦合协调度又会呈现怎样的变化呢？这里同样采用灰色 GM(1,1)模型,并划分三区域和八区域测算制造业与服务业耦合协调度的预测值(表 3-13),且各区域模型评价指标均满足 $C<0.35$、$p>0.95$,模型预测效果较好。

(一)三区域下耦合协调度的灰色预测

由表 3-13 可知,2017—2025 年三区域下域制造业与服务业耦合协调度呈逐年递增趋势,而东中西呈阶梯状递减趋势,各区域协调发展类型均实现了跨两等级演进。其中,东部地区由 0.655 增加至 0.863,年均增长率为 3.508%,协调发展类型由初级协调过渡到良好协调；中部地区由 0.531 增加至 0.765,年均增长率为 4.653%,协调发展类型由勉强协调过渡到中级协调；西部地区由 0.441 增加至 0.627,年均增长率为 4.505%,协调发展类型由濒临失调过渡到初级协调。可见,在未来 10 年内东中西三大区域制造业与服务业的协调发展水平均有较大提升,东部地区要发挥自身在产业集聚、产业互动融合等方面的优厚条件,促进产业优化、升级与转型,进一步提高产业协调水平。中西部地区则要依靠自身在劳动力及自然资源方面的优势,承接东部的产业迁移,高效整合产业链,形成多个产业集聚区并带动周边地区产业的发展。

(二)八区域下耦合协调度的灰色预测

由表 3-13 可知,2017—2025 年八区域下制造业与服务业耦合协调度呈逐年递增趋势,但不同区域的增长状况差异较大。就耦合协调度均值而言,最低的是东部沿海综合经济区,耦合协调度由 0.767 增加至 0.988,年均增长率为 3.205%,协调发展类型由中级协调过渡到优质协调,是八区域中唯一过渡到优质协调的区域；最高的是大西北综合经济区,耦合协调度由 0.364 增加至 0.528,年均增长率为 4.756%,协调发展类型由轻度失调过渡到勉强协调。就耦合协调度增长速度而言,增长最快的是长江中游综合经济区,耦合协调度由 0.581 增加至 0.882,年均增

长率为5.356%,协调发展类型由勉强协调过渡到良好协调,实现了跨三等级演进;增长最慢的是东北综合经济区,耦合协调度由0.469增加至0.597,年均增长率仅为3.046%,协调发展类型由濒临失调过渡到良好协调,是八区域中唯一未实现跨等级演进的区域。其他区域中,北部沿海、南部沿海综合经济区耦合协调度分别由0.642、0.602增加至0.861、0.835,年均增长率分别为3.739%、4.173%,协调发展类型均由初级协调过渡到良好协调;黄河中游综合经济区耦合协调度由0.497过渡到0.677,年均增长率为3.947%,协调发展类型均由濒临失调过渡到初级协调;大西南综合经济区耦合协调度由0.491过渡到0.700,年均增长率为4.524%,协调发展类型均由濒临失调过渡到中级协调。

表3-13 分区域制造业与服务业协调发展水平的趋势预测

区域划分		2017年	2018年	2019年	2020年	2021年	2022年	2023年	2024年	2025年
三区域	东部	0.655	0.678	0.702	0.726	0.752	0.778	0.805	0.834	0.863
	中部	0.531	0.556	0.582	0.609	0.637	0.667	0.698	0.731	0.765
	西部	0.441	0.461	0.482	0.503	0.526	0.550	0.574	0.600	0.627
八区域	东北	0.469	0.484	0.498	0.513	0.529	0.545	0.562	0.579	0.597
	北部沿海	0.642	0.666	0.691	0.717	0.744	0.772	0.800	0.830	0.861
	东部沿海	0.767	0.792	0.817	0.844	0.871	0.899	0.927	0.957	0.988
	南部沿海	0.602	0.627	0.653	0.681	0.709	0.739	0.769	0.802	0.835
	黄河中游	0.497	0.516	0.537	0.558	0.580	0.603	0.626	0.651	0.677
	长江中游	0.581	0.612	0.645	0.680	0.716	0.754	0.795	0.837	0.882
	大西南	0.491	0.514	0.537	0.561	0.587	0.613	0.641	0.670	0.700
	大西北	0.364	0.381	0.399	0.418	0.438	0.459	0.481	0.504	0.528

四、制造业与服务业各门类协调发展水平预测

在对制造业与服务业总体及区域的耦合协调度作出预测之后,接下来观察制造业与服务业14个门类的耦合协调度在未来是否具有相似的变化趋势。采用灰色GM(1,1)模型测算得到制造业与服务业各门类耦合协调度的预测值(表3-14),各门类模型评价指标均满足$C<0.35$、$p>0.95$,表明模型预测效果较好。

如表3-14所示,由原始序列测算得到的2017—2025年制造业与服务业14个门类耦合协调度表现出互异的增长趋势。从最终的协调发展状态来看,在2025年迈过初级协调水平的门类有4个(S_2、S_8、S_{10}、S_{14}),迈过中级协调水平的门类有10个(S_1、S_3、S_4、S_5、S_6、S_7、S_9、S_{11}、S_{12}、S_{13})。从协调发展的动态演进来看,未实现

跨等级演进的门类有两个(S_2、S_{14})，其余门类均实现了跨两等级演进，目前没有跨三等级以上演进的门类。从耦合协调度的增长速度来看，增长最快的门类是租赁和商务服务业(S_7)，耦合协调度由 0.504 增加至 0.714，协调发展类型由勉强协调过渡到中级协调，年均增长率为 4.451%；增长最慢的门类是住宿和餐饮业(S_4)，耦合协调度由 0.554 增加至 0.714，协调发展类型由勉强协调过渡到中级协调，年均增长率为 3.236%。

由预测结果可以发现，2017 年服务业占 GDP 比重超过第二产业，成为国民经济第一大产业后，伴随着"互联网＋"时代的到来，服务业活力和实力将不断增强，服务业各门类与制造业的协调发展水平进一步加大。尤其是近几年互联网经济、数字经济、共享经济的兴起，促进了交通运输、仓储和邮政业(S_1)，信息传输、软件和信息技术服务业(S_2)，金融业(S_5)，租赁和商务服务业(S_7)等现代服务业的发展。随着人民对美好生活需求的日益增长，教育(S_{11})，卫生和社会工作(S_{12})，文化、体育和娱乐业(S_{13})，公共管理、社会保障和社会组织(S_{14})等幸福产业发展势头也不容小觑。

表 3-14　制造业与服务业各门类协调发展水平的趋势预测

门类	2017 年	2018 年	2019 年	2020 年	2021 年	2022 年	2023 年	2024 年	2025 年
S_1	0.548	0.566	0.585	0.605	0.625	0.646	0.668	0.690	0.713
S_2	0.506	0.524	0.542	0.561	0.580	0.601	0.622	0.643	0.666
S_3	0.530	0.550	0.570	0.591	0.613	0.635	0.658	0.683	0.708
S_4	0.554	0.572	0.590	0.609	0.629	0.649	0.670	0.692	0.714
S_5	0.516	0.538	0.560	0.583	0.607	0.632	0.658	0.685	0.714
S_6	0.552	0.573	0.596	0.620	0.644	0.670	0.696	0.724	0.753
S_7	0.504	0.526	0.550	0.574	0.600	0.626	0.654	0.683	0.714
S_8	0.492	0.513	0.534	0.557	0.580	0.604	0.629	0.656	0.683
S_9	0.569	0.591	0.614	0.638	0.663	0.688	0.715	0.743	0.772
S_{10}	0.498	0.517	0.536	0.555	0.576	0.597	0.619	0.642	0.635
S_{11}	0.556	0.576	0.597	0.618	0.641	0.664	0.688	0.713	0.738
S_{12}	0.561	0.584	0.608	0.632	0.658	0.684	0.712	0.741	0.770
S_{13}	0.530	0.551	0.573	0.596	0.620	0.645	0.670	0.697	0.725
S_{14}	0.501	0.519	0.538	0.557	0.577	0.598	0.620	0.642	0.665

本章小结

本章基于产业协调发展的内涵特征,运用耦合协调度模型测度了制造业与服务业协调发展水平,并分别从总体、省域、区域及行业部门四个层面作了具体分析,采用 Dagum 基尼系数分解方法系统考察了两产业协调发展水平的空间格局分异及其动态演进过程,最后基于灰色 GM(1,1)模型预测了制造业与服务业在未来可能的协调发展水平及演变方向并得出以下几点结论。

(1) 制造业与服务业的耦合协调度总体呈逐年递增态势,省域和区域层面下的变动趋势与之类似,但各地区存在较大差异,协调发展水平较高的地区多集中在经济发达、产业集聚程度高的东部沿海地带,而协调发展水平较低的地区多集中在经济欠发达、产业集聚程度低的西南部地区,东北部地区由于近年来经济增速持续走低,协调发展水平有下降趋势,亟须调整传统产业占比过重的产业结构。

(2) 就产业层面而言,制造业与服务业 14 个门类的耦合协调水平也存在较大差异,从两产业综合指数对比(M/S_i)的角度出发,可以将制造业与服务业各门类的协调发展过程划分为制造业主导型、服务业主导型和产业趋同型三大类。其中服务业主导型、产业趋同型在考察期内均迈进了勉强协调水平,而制造业主导型多数止步于濒临失调水平。从区域层面考察制造业与服务业 14 个门类的耦合协调度可以发现,三区域下呈"东-中-西"递减格局,八区域下最高的是东部沿海经济区,最低的是大西北经济区。

(3) 由 Dagum 基尼系数可以发现,制造业与服务业及其各门类演进趋势较为一致,总体差异均呈先减小后增大的"U"形态势。从区域内差异来看,三区域下东部区域内差异最大,西部次之,中部最小;八区域下区域内差异小于三区域,其中南部沿海经济区最大,长江中游经济区最小。从区域间差异来看,三区域下东-西部区域间差异最大,东-中部次之,中-西部最小;八区域下区域间差异略高于三区域,其中东部沿海-大西北综合经济区最大,东北-大西南综合经济区最小。从差异来源及其贡献来看,区域间差异是造成空间差异的主要来源。

(4) 结合情景分析的方法,以制造业与服务业耦合协调度为原始序列,采用灰色 GM(1,1) 模型得到的两类检验指标均满足"均方差比值 $C<0.35$、小误差概率 $p>0.95$",说明模型预测效果较好。结果表明,制造业与服务业整体由最初的勉强协调水平提升至中级协调水平,三区域下表现最好的东部地区提升至良好协调水平,八区域下表现最好的东部沿海经济区提升至优质协调水平,制造业与服务业多数门类提升至中级协调水平,少数门类提升至初级协调水平。

第四章

制造业与服务业协调发展的驱动因素分析

制造业是经济发展的基石,是中国经济转型提档的关键层面,而不断壮大的服务业正成为经济增长的主要动力,制造业与服务业的相互支撑和协调发展,才能避免出现产业空心化问题,并推动产业迈向中高端水平(胡立君等,2013)。伴随着供给侧改革下的产业结构调整,中国经济逐步趋于纵深发展,产业互动与协调发展正成为各产业提升自身竞争力的绝佳路径。因此,有必要在第三章考察中国制造业与服务业协调发展水平的基础上,进一步探讨实现产业互动协调发展的驱动力。近年来,诸多学者测度了制造业与服务业的协调发展水平,如刘军跃等(2012)、李秉强(2015)的研究结果均认为中国的产业协调水平有待提升,然而关于制造业与服务业协调发展动力的研究相对较少。那么,在当前经济环境下,驱动制造业与服务业协调发展的主要因素有哪些?其影响机制如何?各种因素对协调发展水平的作用效果如何测度?各驱动因素是否存在空间溢出效应和空间异质性?这些问题的解决有利于为产业优化与升级提供一些经验证据,探究缩小区域产业发展差距的可能路径,方便政府在中长期决策时实行差异化区域政策措施。本章采用空间相关分析、空间面板计量模型、地理加权回归模型等方法来揭示制造业与服务业协调发展的驱动因素、驱动机制及作用大小。

第一节 制造业与服务业协调发展水平的驱动因素

产业之所以会协调发展,是各种动力综合作用的结果,既会受到物质资本、人力资本、技术进步等内在因素的推动,也会受到基础设施建设、国际贸易、产业政策等外在因素的冲击。本节分别对驱动制造业与服务业协调发展的六种因素及其作用机制展开探讨。

一、驱动因素及相关假设

(一)内在因素

物质资本是企业在生产过程中长期存在的物质资料形式,包括以实物形态存在的机器、厂房、交通运输设施等,是实现经济增长的必备基础条件。物质资本是投资过程的最终结果,很大程度上体现着当前企业的生产能力;与人力资本、社会资本等互补性要素结合,代表企业未来潜在的生产能力;同时在生产过程中由于损耗,也可能存在折旧问题。在传统的产业经济中,物质资本往往处于主导地位,现如今随着市场经济规模扩大、专业化程度深化,物质资本越来越容易被复制,边际报酬趋于递减,主导地位也逐渐被人力资本和技术创新所取代。然而,其他资本要素必须借助物质资本才能实现积累,必须与物质资本相互配合才能发挥作用,其仍具有不可替代性。刘丽萍(2014)、陶长琪和周璇(2016)、王晗(2016)等的研究成果均表明物质资本配置的增加与集聚能够对产业结构优化与升级产生积极影响,从而促进经济的增长。

假设1:物质资本的增加对产业协调发展具有正向影响。

人力资本即体现在劳动者身上的资本,包括劳动者技能、知识水平和健康状况等,特点是与人身自由联系在一起,不随产品出卖而转移。舒尔茨认为人力资本包括"质"和"量"两层含义,其中前者是促进经济增长的主要动力(Schultz,1961)。高素质人才占比较高的人力资本结构能够优化企业资源配置、增强技术创新能力和吸纳能力,有利于劳动生产率的提高(黄艳萍等,2013)。相比于欧美等发达国家,中国劳动力资源丰富,但平均素质偏低,且分布不均衡。近两年来,为实现经济高质量发展,各地纷纷出台一系列优惠政策"广栽梧桐,争引凤凰",展开人才争夺战。李志伟(2016)、刘智勇等(2018)的研究成果表明人力资本结构与产业结构相关性较强,高质量的人力资本结构对产业结构升级与经济增长有促进作用。

假设2:人力资本结构的优化对产业协调发展具有正向影响。

技术进步是企业生产技术不断提升、完善,新技术不断替代旧技术的过程,通过技术的创新、扩散、转移、引进等途径实现。企业通过激发企业家精神和技术进步来影响资本积累,再由"替代效应"影响产业结构转型(易信和刘凤良,2015)。技术进步能够不断开拓新的生产技术,催生新设备、新工艺来改造旧产业,促进传统产业向现代化产业过渡。为促进制造业与服务业协调发展,就要创新制造业中所蕴含的知识和技术,以及服务业中的先进管理理念、方法和模式,推动资本价值的提升。企业有了技术创新能力,也就相当于拥有了核心技术和核心竞争力,不仅能够提升生产率,还能吸引优秀的产业资源和要素,进一步促进和带动相关产业的发展。原毅军和谢荣辉(2015)、梁威和刘满凤(2017)等的研究成果表明技术进步与创新能够加强传统产业的改造升级,提升产业集聚水平,并拉动经济增长。

假设3:技术进步与创新对产业协调发展具有正向影响。

(二)外在因素

基础设施建设为企业、单位及居民的生产生活提供了共同的物质基础,是物质生产活动和劳动力再生产活动的重要条件。良好的基础设施条件,有利于要素集聚和流动,提升要素生产率,促进企业形成规模经济,且更容易吸引外部投资,降低企业的交易成本(杨孟禹和张可云,2015;谢剑,2018)。基础设施建设投资主要通过两种途径来影响经济增长:一是改善现有的基础设施,优化经济增长的外部环境条件;二是可以作为生产投入要素直接作用于经济增长(孙早等,2015)。李慧玲和徐妍(2016)、袁航和朱承亮(2018)等的研究成果表明,基础设施投资能够改善产业运行环境,对产业结构升级具有正的外部效应。

假设4:基础设施投资对产业协调发展具有正向影响。

国际贸易指跨越国境的货物与服务交易,有利于调节国内生产要素利用率和改善国际供求关系。一方面,一国通过对外贸易可以大量吸引外商直接投资,积累资金用以发展优势产业;通过出口可以增加外汇储备,将其应用至社会再生产,转化为生产力;通过引进先进设备、技术及管理理念,推动产业结构的升级。另一方面,在对外贸易不断深化的同时,国内产业也难以规避一些负面冲击和贸易摩擦,比如2017年年末至今的新一轮中美贸易摩擦冲击和影响了中国产业链定位,压制了产业链的高端迁移。张治栋和吴迪(2018)认为对外开放程度对产业集聚的影响,在不同区域表现出异质性特征,其中,对资本与技术密集型区域呈显著促进作用,而对劳动与资源密集型区域则表现出抑制作用。

假设5:国际贸易程度对产业协调发展的作用具有不确定性。

产业政策是政府为实现中长期目标而制定的有关产业发展的各种政策总和,是国家干预经济运行的较高形式。市场机制像一只"看不见的手",通过自由竞争实现对资源的有效配置,进而实现经济收益的最大化,然而单纯依靠市场机制不一定总是有效的。通过有针对性的产业政策实施能够调节资源要素在不同产业间的优化配置,修正、弥补市场缺陷,根据时代发展和社会稳定的需要,扶持或抑制部分产业的发展,促进产业结构升级(苏明吾,2008)。当然,产业政策也有如下局限性:首先,政府宏观调控作用的有限性使得它不可能完全取代市场的作用;其次,产业政策有可能与地方利益产生冲突;最后,产业政策可能由于改革不彻底而导致政策作用失效。孙芳等(2018)认为政策与制度因素对产业协调发展具有正面的影响作用;赵楠和高娜(2014)分析了产业政策对产业结构升级与调整的负面效应。

假设6:产业政策实施对产业协调发展的作用具有不确定性。

如前所述,各驱动因素对制造业与服务业协调发展存在不同的影响机制,可将这种影响关系用图4-1来简单说明。

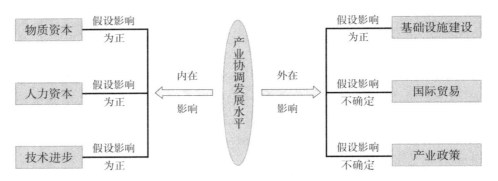

图 4-1 制造业与服务业协调发展的驱动因素及假设的影响

二、变量选择及说明

为了验证有关中国制造业与服务业协调发展驱动因素的作用机制,本书在上述内在与外在驱动因素分析基础上,进一步筛选能够衡量各驱动因素的指标变量,并采用2005—2016年省级面板数据进行实证分析。被解释变量为制造业与服务业的耦合协调度(D_{it}),用以衡量两产业协调发展水平,此数据已在第三章的测算中得到,对其他解释变量的选取进行以下说明。

(1)物质资本(Phy_{it})。某一地区的物质资本可使用物质资本存量来衡量,其反映了物质资本要素在该地区的集中程度,而关于物质资本存量的测算通常采用永续盘存法,计算公式为:$K_{i,t}=I_{i,t}+(1-\delta_{i,t})K_{i,t-1}$,式中,$I_{i,t}$为第$i$个省份第$t$年的投资,$K_{i,t}$与$K_{i,t-1}$分别为第$i$个省份第$t$年与第$t-1$年的资本存量,$\delta_{i,t}$为第$i$个省份$t$年的固定资产投资折旧系数。本书参考张军等(2004)关于物质资本的测算方法得到2005—2016年各省份的资本存量,并采用平减指数换算为以2005年为基期的不变价资本存量。

(2)人力资本(Hum_{it})。广义的人力资本包括把儿童抚养至工作年龄的消费支出、教育投资、健康投资、研究与发展投资,而狭义的人力资本仅包含教育和健康投资。按照受教育程度来划分,人力资本可分为文盲半文盲(1.5年)、小学(6年)、初中(3年)、高中(3年)、大专及以上(3.5年)五大类,并将教育年数在0～6年之间的教育回报率设为0.18,6～12年之间的教育回报率为0.134,12年以上为0.151。参考彭国华(2005)计算方法,人力资本存量$H_{it}=\exp(\ln h_{it})\times L_{it}$,其中,$h$为地区人均人力资本,$L$为地区总就业人数。

(3)技术进步(Tec_{it})。某一地区技术专利的数量在一定程度上可以表征该地区的技术创新能力。技术专利受理量或授权量越多,对该地区产业协调发展也更为有利。由于专利受理与授权之间存在时间滞后(王国印和王动,2011),而专利受理量更能直接反映企业在外界干预下的技术创新能力,因此选择专利受理量来衡量技术进步。

(4)基础设施建设(Inf_{it})。某一地区通过建设和改善基础设施能够为该地区营造良好的经济环境,以此来吸引外部投资,各种生产要素也更容易在此聚集从而形成产业集群。为使得各地区基础设施建设的存量具有可比性,本书参考 Démurger (2001)及国内学者的普遍做法,采用公路密度来衡量基础设施建设水平。

(5)国际贸易(Tra_{it})。某一地区国际贸易反映了其对外开放程度,关于地区对外开放程度的评价,学者们存在一定的分歧,通常应用外商直接投资 FDI 占 GDP 比重(孙晓华和郭玉娇,2013)或进出口贸易总额占地区 GDP 比重(桑瑞聪等,2013)来衡量,两种方法各有可取之处。基于此,本书采用二者算术平均值来衡量,即 Tra_{it}=(进出口总额/GDP+FDI 总额/GDP)/2。

(6)产业政策(Pol_{it})。对于某一地区或某一国家而言,产业政策是在产业遭遇发展瓶颈时实现快速突破的重要砝码,在赶超其他地区或国家产业发展水平中发挥了重要作用。作为政府财政支出的一部分,优厚的产业政策能使企业获取研发等政府补助,体现了政府对企业创新活动的支持力度。鉴于数据的可得性,本书以地方财政支出占地区 GDP 比重来衡量。

综上所示,将制造业与服务业协调发展水平及其六个驱动因素筛选得到的指标变量汇总至表4-1中。

表4-1 制造业与服务业协调发展水平各驱动因素及其变量解释

	变量	变量解释	单位
被解释变量	耦合协调水平(D_{it})	耦合协调度	
解释变量	物质资本(Phy_{it})	物质资本存量	万亿元
	人力资本(Hum_{it})	人力资本存量	亿人×年
	技术进步(Tec_{it})	专利受理量	万项
	基础设施建设(Inf_{it})	公路密度	千米/平方千米
	国际贸易(Tra_{it})	(进出口总额/GDP+FDI 总额/GDP)/2	%
	产业政策(Pol_{it})	地方财政支出占地区 GDP 比重	%

注:资料来源于作者整理。

三、数据来源

本书选取 2005—2016 年中国 30 个省级单元(不含西藏、港、澳、台)的面板数据作为样本,各解释变量的数据来源于 2006—2017 年《中国统计年鉴》《中国劳动统计年鉴》《中国科技统计年鉴》及各省市统计年鉴,部分缺失数据采用插值法或灰色预测模型获取。各变量描述性统计如表4-2所示。

表4-2 各变量描述性统计

变量	样本数	平均值	标准差	最小值	最大值
耦合协调水平 D	360	0.422	0.135	0.173	0.872
物质资本 Phy	360	5.152	4.248	0.367	25.309
人力资本 Hum	360	1.413	0.999	0.035	4.201
技术进步 Tec	360	4.903	8.222	0.022	51.243
基础设施建设 Inf	360	0.813	0.482	0.042	2.451
国际贸易 Tra	360	0.176	0.204	0.019	0.912
产业政策 Pol	360	0.217	0.097	0.080	0.660

注：资料来源于历年各类统计年鉴，部分数据由作者测算整理得到。

第二节 产业协调发展水平的空间相关分析

20世纪80年代以来，经济学界在理论互动中逐渐开始对区域与空间产生浓重兴趣，以克鲁格曼为代表的主流经济学家以全新视角审视了空间经济因素，构建了"新经济地理学"(Krugman,1993)。近些年来基于空间面板计量经济学关系的模型设定与估计的相关文献层出不穷。空间面板指包含地理单位的时间序列数据，相较于横截面数据的单方程而言，面板数据能提供更多信息，在包含更多变异性和自由度的同时，减少了共线性问题，使估计更有效用(Hsiao,2007)。在应用空间计量方法之前，首先应当考察数据的空间依赖性，也即做空间自相关检验，只有存在空间自相关性的数据才能够使用空间计量模型。本节采用全局与局部 Moran's I 指数来测度制造业与服务业协调发展水平是否存地理上的空间依赖性。

一、空间权重矩阵

空间权重矩阵 W 是由一个 $NT \times NT$ 面板数据所组成，其中 N 为地理单位数，T 为时间长度，反映了各地区间某种相互关系的网格矩阵。按照空间权重的不同设定模式，可以划分为邻接权重、地理权重、经济权重及网络权重等。假设所研究空间数据来自 N 个地区，记地区 i 与地区 j 间的距离为 w_{ij}，可得到空间权重矩阵：

$$\boldsymbol{W} = \begin{bmatrix} w_{11} & w_{12} & \cdots & w_{1n} \\ w_{21} & w_{22} & \cdots & w_{2n} \\ \vdots & \vdots & \cdots & \vdots \\ w_{n2} & w_{n1} & \cdots & w_{nn} \end{bmatrix} \tag{4-1}$$

其中,矩阵 $\boldsymbol{W}$ 主对角所对应的元素 $w_{11}=w_{22}=\cdots=w_{nn}=0$(某地区与自身距离为零)。在对数据进行空间自相关检验或应用空间面板计量模型进行估计时,有必要选用适合的空间权重矩阵,纵观以往文献,被广泛使用的空间权重矩阵主要有:K-nearest 邻接矩阵、二进制邻接矩阵、地理距离矩阵、负幂律及负指数型矩阵。

在所有的空间权重矩阵中,二进制邻接空间权重矩阵是应用最早和最多的,该矩阵主对角元素全为 0,剩余位置元素取值定义为:

$$w_{ij} = \begin{cases} 1 & \text{当省份 } i \text{ 与省份 } j \text{ 相邻} \\ 0 & \text{其他} \end{cases} \tag{4-2}$$

式中, $i,j=1,2,\cdots,n$,代表不同省份,本书取 $n=30$。较为特殊的省份为海南省,由于它在地理上未与其他任何省份相邻,为避免出现"孤岛效应",且考虑到广东与海南联系较为密切,因此在设定权重矩阵时认为二者相邻。为了使模型结果易于解释,往往将空间权重矩阵作标准化处理使其每行元素求和后为 1,即 $w'_{ij}=w_{ij}/\sum w_{ij}$ 。

二、全局空间相关分析

(一)全局 Moran's I 指数及其检验

空间自相关性反映了空间面板数据所属的地理分布区内,中心区域与邻近区域在观测数据上潜在的互动与依赖关系。关于空间自相关性的测度方法,目前已有多种指数可供使用,最主要的两类指数是 Moran's I 指数和 Geary's C 指数。在实际应用中,倘若数据偏离正态分布,Moran's I 指数不易受此影响,因此本书采用全局 Moran's I 指数与局域 Moran's I 指数分别测度制造业与服务业协调发展水平的全局与局部空间相关性。全局 Moran's I 指数反映了协调发展水平空间分布全局性的集聚程度,其计算公式如下:

$$\text{Moran's } I = \frac{\sum_{i=1}^{n}\sum_{j=1}^{n}w_{ij}(D_i-\overline{D})(D_j-\overline{D})}{S^2 \sum_{i=1}^{n}\sum_{j=1}^{n}w_{ij}} \tag{4-3}$$

式中, D_i 与 D_j 分别为第 i 个省份与第 j 个省份制造业与服务业的耦合协调度; w_{ij} 为标准化后的空间权重矩阵中位于第 i 行第 j 列元素,表明第 i 个省份与第 j 个省份的空间距离; $\overline{D}=\frac{1}{n}\sum_{i=1}^{n}D_i$, $S^2=\frac{1}{n}\sum_{i=1}^{n}(D_i-\overline{D})^2$ 分别为制造业与服务业耦合协

调度 D 的均值与方差。

Moran's I 指数取值范围为 $[-1,1]$，取值越接近于 -1，表明各省份之间制造业与服务业耦合协调度的空间负相关程度越强，区域协调发展水平呈空间扩散状态；取值越接近于 1，表明各省份之间制造业与服务业耦合协调度的空间正相关程度越强，区域协调发展水平呈空间集聚状态；取值越接近于 0，表明区域协调发展水平在空间上独立分布，不存在相互依赖关系。为从量上考察耦合协调度在空间上的统计显著性，通常采用 Moran's I 指数标准化后得到的 Z 统计量来判断，计算公式为：

$$z = \frac{\text{Moran's } I - E(I)}{\sqrt{\text{Var}(I)}} \tag{4-4}$$

式中，$E(I) = \frac{1}{n-1}$；$\text{Var}(I) = \frac{n^2 w_1 + n w_2 + 3 w_0^2}{w_0^2 (n^2 - 1)}$；$w_0 = \sum_{i=1}^{n} \sum_{j=1}^{n} w_{ij}$；$w_1 = \frac{1}{2} \sum_{i=1}^{n} \sum_{j=1}^{n} (w_{ij} + w_{ji})^2$；$w_2 = \sum_{i=1}^{n} \sum_{j=1}^{n} (w_{i\cdot} + w_{\cdot j})^2$。$w_{i\cdot}$ 为标准化后的空间权重矩阵第 i 行元素之和，$w_{\cdot j}$ 第 j 列元素之和。

（二）综合指数、耦合协调度的全局空间相关性分析

中国地域辽阔，各地区自然资源禀赋千差万别，经济社会发展程度也不尽相同，加之受地理、历史、文化等因素的影响，各省份在制造业与服务业发展水平及发展模式上具有明显的区域性特征，存在空间异质性。随着产业专业化程度的加深，会在多个地区形成产业集聚群，加强了区域间产业的交流与合作。制造业与服务业协调发展水平的空间相关性体现了人类在从事经济活动过程中逐渐形成的区域性特征，相邻区域间的产业互动联系日趋紧密。

表 4-3 给出了 2005—2016 年制造业与服务业综合指数及耦合协调度的 Moran's I 指数，由 p 值可知历年各数据均通过了 5% 的显著性检验。其中，制造业综合指数的空间相关程度最高，离散范围为 0.309~0.353，平均为 0.333，均通过了 1% 的显著性检验；服务业综合指数的空间相关程度最低，离散范围为 0.156~0.255，基本呈逐年上升态势，平均为 0.188，均通过了 5% 的显著性检验，且 2015 年后通过了 1% 的显著性检验；制造业与服务业耦合协调度的空间相关性也基本呈逐年增强态势，离散范围为 0.280~0.364，平均为 0.321，均通过了 1% 的显著性检验。总体而言，制造业综合指数的空间相关性大于两产业耦合协调度大于服务业综合指数，三者 Moran's I 指数的 Z 统计量在 5% 水平下显著大于零，说明中国各省份制造业与服务业发展水平及两产业协调发展水平在考察期内存在显著的空间依赖性和异质性，其空间分布并非随机状态，而是具有空间集聚特征。

2005—2016 年制造业与服务业综合指数及耦合协调度 Moran's I 指数的演变过程大致相同，都在 2009 年和 2013 年表现出下降趋势，其余年份基本保持平稳增

长的态势,这种变化与中国经济发展模式、经济政策、国内外经济环境等因素息息相关。2001年中国正式加入WTO以后,经济保持了年均8%以上的高速增长,国际经济环境持续向好,与此同时也带来了制造业与服务业规模经济效应不断增强,产业集聚潜能不断释放,造成2005—2008年两产业综合指数及耦合协调度的空间集聚呈上升趋势。2008年由美国次贷危机引发的经济危机席卷全球,受美国经济的拖累,包括中国在内的世界各国经济开始下滑,尽管中国政府此后相继提出"四万亿计划"和"十大产业振兴规划"等一系列经济刺激政策,但短期内收效缓慢,且由于存在滞后效应,使得2009年两产业综合指数及耦合协调度的空间集聚呈小幅下降态势。2009年,世界各国为从全球经济危机中解脱出来,采取了多种宏观经济政策来刺激本国经济复苏。中国经济也开始进入扩张期,刺激经济增长与抑制经济过热的宏观政策逐渐生效,经济又重新焕发出生机,造成2009—2012年两产业综合指数及耦合协调度的空间集聚呈上升趋势。从2012年至今,我国经济发展开始进入新常态,经济增速明显放缓,从高速增长转为高质量增长,促进经济结构优化升级,从要素、投资驱动转为创新驱动,造成两产业综合指数及耦合协调度的空间集聚除在2013年有小幅下降外,2013—2016年总体呈上升趋势。

表4-3 2005—2016年制造业与服务业综合指数及耦合协调度Moran's I 指数

年份	制造业综合指数		服务业综合指数		耦合协调度	
	Moran's I	p 值	Moran's I	p 值	Moran's I	p 值
2005年	0.309	0.001	0.156	0.041	0.280	0.002
2006年	0.326	0.000	0.158	0.040	0.297	0.001
2007年	0.343	0.000	0.175	0.028	0.318	0.001
2008年	0.342	0.000	0.171	0.031	0.323	0.001
2009年	0.331	0.000	0.160	0.038	0.308	0.001
2010年	0.346	0.000	0.190	0.021	0.331	0.000
2011年	0.353	0.000	0.188	0.022	0.326	0.001
2012年	0.353	0.000	0.192	0.020	0.330	0.001
2013年	0.303	0.001	0.182	0.025	0.304	0.001
2014年	0.321	0.000	0.195	0.019	0.322	0.001
2015年	0.330	0.000	0.239	0.007	0.354	0.000
2016年	0.336	0.000	0.255	0.004	0.364	0.000

注:数据来源于模型测算,结果由作者整理获得。

三、局部空间相关分析

（一）局部 Moran's I 指数及散点图

全局空间相关分析尽管能够从整体上考察面板数据的空间依赖性,但也存在弊端,即当所研究空间内的部分区域存在集聚效应,而另外一些区域表现为扩散效应时,二者作用效果会彼此抵消,计算得到的 Moran's I 指数可能会表现为弱空间相关性或不存在空间相关性,致使所研究空间的区域间相关关系或异质性不能被识别。鉴于此,有必要借助局部 Moran's I 指数(Anselin,1995)及其散点图,来进一步探讨空间内各区域相关关系的大小及各区域对整体空间相关性的贡献程度,方便更直观清楚刻画局部区域的空间相关性和异质性。其计算公式如下：

$$I_i = \frac{(D_i - \overline{D})}{S^2} \sum_{j=1}^{n} w_{ij}(D_j - \overline{D}) \quad (4-5)$$

Moran's I 指数散点图将平面划分为了四个象限,其中右上角的第一象限表示所考察数据为高高水平的集聚状况(HH);第二象限表示所考察数据为低高水平的集聚状况(LH);第三象限表示所考察数据为低低水平的集聚状况(LL);第四象限表示所考察数据为高低水平的集聚状况(HL)。第一、三象限表示所考察数据具有正的空间相关关系,第二、四象限则表示所考察数据具有负的空间相关关系。由局部 Moran's I 指数计算结果,当 $I_i>0$ 时表示相邻省份协调发展水平相似,呈"高高集聚"或"低低集聚";当 $I_i<0$ 时表示相邻省份协调发展水平相异,呈"高低集聚"或"低高集聚"。

（二）耦合协调度的局部空间相关性分析

图 4-2 显示了中国 30 个省级单元制造业与服务业耦合协调度的空间 Moran's I 指数散点图,反映了各省级单元与其邻近省份在空间上的相关程度。其中,横坐标表示本省份制造业与服务业耦合协调度的集聚指数,纵坐标表示其邻近省份制造业与服务业耦合协调度的集聚指数。由图中制造业与服务业协调发展水平的空间集聚演化过程可以看出,2005 年、2009 年、2013 年、2016 年两产业耦合协调度的局部 Moran's I 指数均值分别为 0.311、0.345、0.316、0.373,空间集聚程度随时间推移有所加强,且大部分省级单元位于第一、三象限,区域分布状态基本稳定,表明多数省份制造业与服务业的经济活动在空间上表现出显著的正相关性,各省份间产业互动发展具有空间依赖性。制造业与服务业协调发展水平较好的省份与较差的省份在空间上的分布均表现出集聚特征,马太效应[1]在两产业区域协调

---

[1] 马太效应,源于美国科学史研究者 Robert K. Merton 提出的用以概括一种社会心理现象的术语,后为经济学界所借用,指好的越好,坏的越坏,多的越多,少的越少的两极分化现象。

发展过程中得到充分展现。各省份具体分析如下所述。

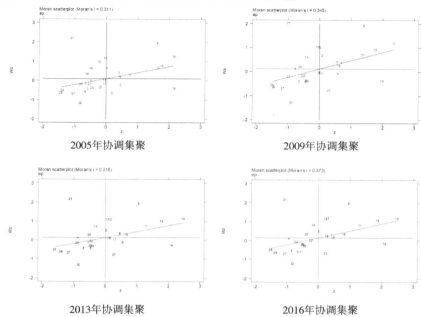

图 4-2 制造业与服务业协调发展水平的 Moran's I 指数散点图

(1)北京、天津、上海、江苏、浙江、山东、河南这 7 个省级单元始终位于高高水平集聚的第一象限(HH),这些省份及其邻近省份制造业与服务业生产率水平处于领先地位,不仅自身两产业协调发展水平较高,同时产生的正向辐射作用也促进和带动周边邻近省份产业协调发展水平的提高。

(2)内蒙古、吉林、黑龙江、湖南、重庆、贵州、云南、陕西、甘肃、青海、宁夏、新疆这 12 个省级单元始终位于低低水平集聚的第三象限,这些省份及其邻近省份制造业与服务业生产率水平相对落后,邻近省份相对滞后的产业协调发展水平也对本省份也产生了负面影响,抑制了本省份产业的发展。还可发现,这些省份都位于中西部欠发达地区,制造业与服务业发展水平较低,缺乏带动周边省份产业发展的能力,进而形成"低—低"的恶性循环状态。

(3)江西、广西、海南这 3 个省级单元始终位于低高水平集聚的第二象限,这些省份自身制造业与服务业生产率水平较低,但其邻近省份生产率水平较高,邻近省份产生的正向辐射作用将在未来促进其产业协调发展水平向更高一层次演进。

(4)广东、四川这两个省级单元始终位于高低水平集聚的第四象限,这两个省份自身制造业与服务业生产率水平较高,但其邻近省份生产率水平较低,这两个省份的正向辐射作用也将在未来带动周边临近省份产业协调发展水平进一步提升。

(5)其余省份在产业协调发展的集聚演进过程中,并没有一直处于某一集聚水平。其中,安徽、福建由低高水平集聚演变至高高水平集聚;湖北由高低水平集聚演变至高高水平集聚;湖南由低低水平集聚演变至高高水平集聚。

总体而言,2005—2016 年中国各省份在制造业与服务业协调发展水平的集聚演进过程中,空间相关性逐渐增强,高高水平集聚区的省份数逐渐增多。这为下一节采用空间面板计量模型测度产业协调发展驱动因素的空间溢出效应奠定了良好的基础。

第三节　产业协调发展驱动因素的空间溢出效应分析

一、空间面板计量模型的选择

在使用 Moran's I 指数检验了制造业与服务业协调发展水平具有显著的空间相关性之后,将省份间的空间关系引入面板模型。Anselin 等(2008)认为此时空间面板可以包含空间滞后变量,抑或是其误差项服从空间自回归过程,分别称为空间滞后模型(SLR)和空间误差模型(SEM)。这两个模型分别从内生的交互效应和具有自相关的扰动项两方面刻画了地区间的空间作用关系,LeSage 和 Pace(2009)在此基础上引入了更一般化的 SDM 模型,它同时包含了内生变量和外生变量的空间滞后项,在空间计量经济学领域得到了广泛的应用。

(1)空间滞后模型(SLR)

空间滞后模型的空间传导机制反映了邻近地区被解释变量及所有解释变量对空间系统内其他地区的影响,观察各变量对邻近地区是否存在空间外溢效应,由于加入了被解释变量的空间滞后项,该模型又被称为空间自回归模型(SAR)。模型表达式为:

$$y_{it} = \delta \sum_{j=1}^{N} w_{ij} y_{jt} + \beta x_{it} + \mu_i + \nu_t + \varepsilon_{it}, \varepsilon_{it} \sim i.i.d(0,\sigma^2) \quad (4-6)$$

式中,i 与 t 分别为截面与时间维度,$i=1,2,\cdots,N$,$t=1,2,\cdots,T$;w_{ij} 为空间权重矩阵中第 i 行第 j 列元素;y_{it} 与 x_{it} 分别为第 i 个地区在第 t 时刻的因变量与若干个自变量的取值;$y_{it} = \delta \sum_{j=1}^{N} w_{ij} y_{jt}$ 为相邻地区因变量间互动关系,δ 为空间自回归系数,$\delta > 0$ 因变量存在空间溢出效应,$\delta < 0$ 则存在虹吸效应[1];μ_i、ν_t、ε_{it} 分别为空间效应、时间效应及随机扰动项。

---

[1] 虹吸效应源于物理学中的一个概念,指液态分子间由于存在引力与势能差,液体会自动从压力大的一边流向压力小的一边。之后常常被经济学界引用,指发达地区经济体倚靠自身强大的经济实力和发展速度,将周边地区的人才、物资、资金等资源吸引过来,造成周边经济体弱化的现象。

(2)空间误差模型(SEM)

与空间滞后模型不同,空间误差模型的空间传导机制是通过误差项来实现的,即假定某地区误差项受相邻地区误差项的影响,地区间空间溢出是由随机误差冲击的作用造成的。模型表达式为:

$$y_{it} = \beta x_{it} + \mu_i + \nu_t + \varphi_{it}, \varphi_{it} = \lambda \sum_{j=1}^{N} w_{ij} \varphi_{jt} + \varepsilon_{it}, \varepsilon_{it} \sim i,i,d(0,\sigma^2) \quad (4-7)$$

式中,φ_{it} 为空间自相关误差项;λ 为空间自相关系数,反映了邻近地区因变量随机误差冲击对本地区因变量的影响程度及方向。$\lambda > 0$ 表示随机误差冲击为正,邻近地区的随机误差冲击对本地区产生了正向影响;反之 $\lambda < 0$ 则产生了负向影响。

为证明包含空间交互效应的 SLR 模型和 SEM 模型较其他面板模型更适合来反映数据的本质特征,需要采用基于非空间模型的拉格朗日乘数检验(LM 检验)及其稳健检验形式(Elhorst,2010)。在应用过程中,模型是否存在时间效应、空间效应或时空效应,是固定效应还是随机效应,都会影响到 LM 的检验结果。

(3)空间杜宾模型(SDM)

若 LM 检验拒绝采用非空间面板模型而支持采用 SLR 模型或 SEM 模型,则使用时需特别小心,LeSage 和 Pace(2009)建议采用空间杜宾模型,它同时包含了 SLR 模型和 SEM 模型的假设条件。模型表达式为:

$$y_{it} = \delta \sum_{j=1}^{N} w_{ij} y_{jt} + \beta x_{it} + \theta \sum_{j=1}^{N} w_{ij} x_{jt} + \mu_i + \nu_t + \varepsilon_{it}, \varepsilon_{it} \sim i,i,d(0,\sigma^2)$$

(4-8)

式中,δ 为空间滞后自回归系数,反映了邻近地区因变量对本地区因变量的影响程度;β 为自变量回归系数,反映了本地区自变量对本地区因变量的影响程度;θ 为空间滞后自变量回归系数,反映了邻近地区自变量对本地区因变量的影响程度。

SDM 模型可以通过原假设 $H_0^1: \theta = 0$ 与 $H_0^2: \theta + \delta\beta = 0$ 来检验是否可以简化为 SLR 模型与 SEM 模型,两种检验均服从自由度为 K 的卡方分布。若满足假设 H_0^1 而不满足 H_0^2,则可简化为 SLR 模型;若满足 H_0^2 而不满足 H_0^1,则可简化为 SEM 模型;若均未能通过假设条件,则采用 SDM 模型来估计更合适。需要说明的是,若能够估计 SLR 模型和 SEM 模型,则可采用对数似然比检验;若不能被估计则只能采用 Wald 检验。

二、固定效应与随机效应

在确定了空间面板模型的具体形式后,还需判断模型中的空间和时间效应是固定效应形式还是随机效应形式,通常采用 Hausman 检验。其假设条件为 $H_0: h = 0$。h 服从卡方分布,自由度等于位置参数的个数,其表达式为:

$$h = |\gamma_{Fe} - \gamma_{Re}|' |\text{var}|\gamma_{Fe} - \gamma_{Re}||^{-1} |\gamma_{Fe} - \gamma_{Re}| \quad (4-9)$$

式中，γ_{Fe}、γ_{Re} 分别表示空间固定效应模型与空间随机效应模型中的参数估计值，由于 Hausman 检验属单侧检验，具体应用时 p 值小于 0.05 可拒绝随机效应的原假设，选择固定效应模型。

当 Hausman 检验表明应当选择固定效应模型时，为研究时间与空间固定效应联合非显著性的原假设，应进行似然比检验（LR 检验）。若时间固定效应的似然比未通过检验，则选择空间固定效应；反之亦然。若时间与空间固定效应均通过了联合非显著性的原假设，则可将模型扩展为具有时间和空间双向固定效应的模型（Baltagi，2005）。

三、溢出效应及其分解

当所研究数据存在空间自相关时，各地区间因变量及自变量的变化均会通过空间传导机制对邻近地区因变量产生影响。LeSage 和 Pace（2009）认为采用空间回归模型的点估计检验来说明存在空间溢出效应的结论有误，使用偏微分方程推导得到由自变量变化所引起的空间边际影响，能够有效避免通过变量系数显著性来刻画空间溢出效应所造成的偏误。Elhorst（2010）将这种思想推广至空间杜宾模型中，把含有因变量的式子移到左侧，并在等式两边都左乘$(I-\delta W)^{-1}$，SDM 模型改写为：

$$Y = (I-\delta W)^{-1}(\beta X + WX\theta) + (I-\delta W)^{-1}\varepsilon \quad (4\text{-}10)$$

式中，X 为 $N \times K$（N 个地区 K 个自变量）矩阵；I 为 N 阶单位矩阵。对 Y 的 N 个地区第 k 个自变量求偏微分，可得

$$\left[\frac{\partial Y}{\partial X_{1k}}, \cdots, \frac{\partial Y}{\partial X_{Nk}}\right] = \begin{bmatrix} \frac{\partial Y_1}{\partial X_{1k}} & \cdots & \frac{\partial Y_1}{\partial X_{Nk}} \\ \vdots & \ddots & \vdots \\ \frac{\partial Y_N}{\partial X_{1k}} & \cdots & \frac{\partial Y_N}{\partial X_{Nk}} \end{bmatrix} = (I-\delta W)^{-1} \begin{bmatrix} \beta_k & w_{12}\theta_k & \cdots & w_{1N}\theta_k \\ w_{21}\theta_k & \beta_k & \cdots & w_{22}\theta_k \\ \vdots & \vdots & \ddots & \vdots \\ w_{N1}\theta_k & w_{N2}\theta_k & \cdots & \beta_k \end{bmatrix}$$

$$(4\text{-}11)$$

式中，最右端矩阵代表了 N 个地区第 k 个自变量变化对内生变量的边际冲击。其中，对角线上的元素 β_k 称为 N 个地区第 k 个自变量对本地区因变量的直接影响；将每行或每列中非对角线上元素之和的平均值 $\sum_{i=1}^{N}\sum_{j=1}^{N} w_{ij}\theta_k / N (i \neq j)$ 称为 N 个地区第 k 个自变量对本地区因变量的间接影响，也即溢出效应。若假设 $H_0^1: \theta = 0$ 成立，则 SDM 模型可简化为 SLR 模型，右端矩阵中非对角元素均变为 0，但直接与间接影响依然存在；若假设 $H_0^2: \theta + \delta\beta = 0$ 成立，则 SDM 模型可简化为 SEM 模型，右端矩阵变为只包含对角线上元素 β_k 的对角矩阵，也即仅有直接影响。表 4-4 给出了不同面板模型下直接影响与间接影响的计算公式。

表 4-4　不同面板模型下的直接与间接影响

模型	直接影响	间接影响
OLS	β_k	0
SAR	$(I-\delta W)-1\beta_k$ 的对角线元素	$(I-\delta W)-1\beta_k$ 的非对角线元素
SEM	β_k	θ_k
SDM	$(I-\delta W)-1(\beta_k+W\theta_k)$ 的对角线元素	$(I-\delta W)-1(\beta_k+W\theta_k)$ 的非对角线元素

注：资料来源于 Halleck Vega 和 Elhorst（2012），由作者整理得到。

尽管根据模型很容易求出变量的直接影响与间接影响，但仅从变量的系数及其 p 值还难以做出这种影响是否显著的判断，因为其取值是由不同系数估计值得到的，其结果高度依赖于系数估计值的离散程度。为解决直接影响与间接影响的统计显著性问题，LeSage 和 Pace 提出运用极大似然估计得到的方差—协方差矩阵来近似模拟直接和间接影响的分布，其形式如下：

$$\mathrm{Var}(\hat{\pmb\alpha},\hat{\pmb\beta},\hat{\pmb\theta},\hat{\pmb\delta},\hat{\pmb\lambda},\hat{\pmb\sigma}^2)=$$

$$\begin{bmatrix} \frac{1}{\sigma^2}(B\tilde{X})^{\mathrm{T}}B\tilde{X} & \frac{1}{\sigma^2}(B\tilde{X})^{\mathrm{T}}B\hat{W}_{\delta}\tilde{X}\hat{\gamma} & 0 & 0 \\ \cdot & \mathrm{trace}(\hat{W}_{\delta}\hat{W}_{\delta}+B\hat{W}_{\delta}B^{-1})+\frac{1}{\sigma^2}(B\hat{W}_{\delta}\tilde{X}\hat{\gamma})^{\mathrm{T}}(B\hat{W}_{\delta}\tilde{X}\hat{\gamma}) & \mathrm{trace}(\hat{W}_{\lambda}^{\mathrm{T}}B\hat{W}_{\delta}B^{-1}+W\hat{W}_{\delta}B^{-1}) & \frac{1}{\sigma^2}\mathrm{trace}(B\hat{W}_{\delta}B^{-1}) \\ \cdot & \cdot & \mathrm{trace}(\hat{W}_{\lambda}\hat{W}_{\lambda}+\hat{W}_{\lambda}^{\mathrm{T}}\hat{W}_{\lambda}) & \cdot \\ \cdot & \cdot & \cdot & \frac{N}{2\sigma^4} \end{bmatrix}$$

(4-12)

矩阵中左下对角元素已省略，矩阵中，$B=I-\hat{\lambda}W$，$\hat{W}_{\delta}=W(I-\hat{\delta}W)-1$，$\hat{W}_{\lambda}=W(I-\hat{\lambda}W)-1$，$\hat{X}=[\iota_N \quad X \quad WX]$，$\hat{\gamma}=[\hat{\alpha} \quad \hat{\beta}^{\mathrm{T}} \quad \hat{\theta}^{\mathrm{T}}]^{\mathrm{T}}$。由此得到的特定参数组合按如下公式计算：

$$[\alpha_d \quad \beta_d^{\mathrm{T}} \quad \theta_d^{\mathrm{T}} \quad \delta_d \quad \lambda_d \quad \delta_d^2]^{\mathrm{T}}=P^{\mathrm{T}}\zeta+[\hat{\alpha} \quad \hat{\beta} \quad \hat{\theta} \quad \hat{\delta} \quad \hat{\lambda} \quad \hat{\delta}]^{\mathrm{T}} \quad (4-13)$$

式中，ζ 所表示的向量，其长度与已估计参数个数（$2K+3$）一致，其包含的元素是从 $N(0,1)$ 中抽取的随机数值；P 为上面矩阵的三角 Cholesky 分解。假定抽样 M 次参数组合，特定自变量的直接或间接影响可由每个参数组合决定，则总体的直接或间接影响可由 M 次抽样的均值来近似得到，而显著性水平可通过均值与标准差的比值获得。

由式（4-11）可得到 M 次抽样各自变量的直接与间接影响，通过计算均值获得总体直接与间接影响。这种方法每次抽取过程中都要进行偏微分计算，当 N 取值很大时则计算更为烦琐耗时。LeSage 和 Pace 提出采用如下分解形式：

$$(I - \delta W) - 1 = I + \delta W + \delta^2 W^2 + \delta^3 W^3 + \cdots \quad (4-14)$$

将上式 I 的迹置于右端 $\delta^{100} W^{100}$ 中,在计算直接与间接影响时不再需要将每个参数组合的矩阵 $(I - \delta W)$ 转置,简化了运算程序。

四、产业协调发展水平空间溢出效应的实证分析

为探索各因素对制造业与服务业协调发展水平的影响关系,需要选择合适的空间面板计量模型进行参数估计。在存在空间依赖的条件下,本书首先考察没有空间交互效应时自变量如何对因变量产生影响,也即各区域直接的空间依赖性。基于 2005—2016 年中国 30 个省级单元的面板数据,构建不含空间交互作用的计量模型:

$$D_{it} = \text{intercept} + \beta_1 \text{Phy}_{it} + \beta_2 \text{Hum}_{it} + \beta_3 \text{Tec}_{it} + \beta_4 \text{Inf}_{it} + \\ \beta_5 \text{Tra}_{it} + \beta_6 \text{Pol}_{it} + \mu_i + \lambda_t + \varepsilon_{it} \quad (4-15)$$

式中,intercept 为截距项;Phy、Hum、Tec、Inf、Tra、Pol 分别为物质资本、人力资本、技术进步、基础设施建设、国际贸易、产业政策 6 个驱动因素;μ、λ 分别为空间与时间效应,是采用固定效应还是随机效应需要通过检验确定。

为判定 SLR 模型和 SEM 模型是否能更好拟合样本数据,需要在非空间面板模型下进行 LM 检验,且该检验统计量只能在固定效应模型下求得。为此,在非空间面板模型下分别构建混合 OLS 估计模型、空间固定效应模型、时间固定效应模型以及时空固定效应模型(表 4-5、表 4-6、表 4-7)。其中,表 4-5 显示了四种模型下的参数估计结果;表 4-6 显示了四种模型下的空间滞后、空间误差的(稳健)LM 检验结果;表 4-7 显示了时间固定效应与空间固定效应的 LR 检验。

由表 4-5 可以看出,四种模型下各解释变量大多数都显著,且与图 4.1 的假设影响一致。其中,物质资本、人力资本、技术进步、基础设施建设的系数估计均显著为正,表明这 4 个因素对协调发展水平有正向影响;而国际贸易、产业政策在不同的模型下表现出不同的显著性及符号差异,表明这两个因素对协调发展水平的影响还不确定。

表 4-5 非空间面板模型下制造业与服务业协调发展驱动因素的估计结果

驱动因素	混合 OLS 估计	空间固定效应	时间固定效应	时空固定效应
intercept	0.200*** (23.197)	—	—	—
Phy	0.016*** (16.734)	0.011*** (14.439)	0.011*** (12.302)	0.008*** (11.026)
Hum	0.029*** (8.192)	0.073*** (8.759)	0.033*** (11.228)	0.014* (1.920)

(续表)

驱动因素	混合 OLS 估计	空间固定效应	时间固定效应	时空固定效应
Tec	0.003*** (7.539)	0.000 (0.341)	0.003*** (9.557)	0.001*** (4.539)
Inf	0.040*** (8.570)	0.055*** (7.693)	0.024*** (6.546)	0.026*** (4.278)
Tra	0.198*** (18.191)	−0.041** (−2.079)	0.213*** (25.512)	0.003 (0.213)
Pol	0.082*** (3.533)	0.363*** (15.209)	−0.123*** (−5.409)	0.046* (1.758)
σ^2	0.0011	0.0003	0.0007	0.0001
R^2	0.939	0.930	0.956	0.624
$\log L$	713.224	962.622	811.734	1088.915

注:资料来源于模型回归,结果由作者整理得到,*、**、*** 分别表示显著性水平为 0.1、0.05 和 0.01,括号内为 t 值,空白处无数值,下同。

由表 4-7 显示的空间固定效应与时间固定效应的 LR 检验可知,检验结果均拒绝了原假设,因此可以选择时间固定效应模型与空间固定效应模型,也可以将模型扩展至时空固定效应模型。

由表 4-6 显示的四种模型的 LM 检验可知,检验结果支持采用 SLR 模型和 SEM 模型抑或其中一种模型对数据进行拟合。因此,需要进一步估计 SDM 模型,由式(4-8)可得 SDM 的实证计量模型如下:

$$D_{it} = \delta \sum_{j=1}^{30} w_{ij} \times D_{it} + \beta_1 \text{Phy}_{it} + \beta_2 \text{Hum}_{it} + \beta_3 \text{Tec}_{it} + \beta_4 \text{Inf}_{it} + \beta_5 \text{Tra}_{it} + \beta_6 \text{Pol}_{it} + \theta_1 \sum_{j=1}^{30} w_{ij} \times \text{Phy}_{it} + \theta_2 \sum_{j=1}^{30} w_{ij} \times \text{Hum}_{it} + \theta_3 \sum_{j=1}^{30} w_{ij} \times \text{Tec}_{it} + \theta_4 \sum_{j=1}^{30} w_{ij} \times \text{Inf}_{it} + \theta_5 \sum_{j=1}^{30} w_{ij} \times \text{Tra}_{it} + \theta_6 \sum_{j=1}^{30} w_{ij} \times \text{Pol}_{it} + \mu_i + \lambda_t + \varepsilon_{it} \quad (4-16)$$

式中,δ 为因变量的空间滞后系数;$\beta_1 \sim \beta_6$ 为自变量回归系数;$\theta_1 \sim \theta_6$ 为自变量空间滞后系数;μ,λ,ε 分别为空间效应、时间效应和随机扰动项。通过固定时间或空间效应,可得到 SDM 模型的估计结果(表 4-8)。Lee 和 Yu(2010)指出使用直接方法来估计模型时会存在偏误,因此有必要将校正后的估计结果列出(表 4-8 第四列)。为确定究竟哪个空间面板模型对数据拟合程度更高,需进一步计算 Wald 和 LR 统计量,检验结果均拒绝了 SDM 模型转化为 SLR 模型和 SEM 模型的原假设,这说明只能采用 SDM 模型对空间面板模型进行估计。

表 4-6 非空间面板模型下不同空间交互影响 LM 检验

	混合 OLS 估计	空间固定效应	时间固定效应	时空固定效应
LM 空间滞后	34.810***	113.548***	0.526	13.222***
LM 空间误差	46.840***	44.655***	3.685*	9.262**
稳健 LM 空间滞后	16.282***	70.932***	0.062	4.766***
稳健 LM 空间误差	28.313***	2.039	3.221*	0.806

表 4-7 空间与时间固定效应 LR 检验

	统计量	自由度	p 值
空间固定效应	554.363	30	0.000
时间固定效应	252.507	12	0.000

在空间面板模型的选择过程中,假定空间和时间效应是固定的。而由式(4-9)的 Hausman 检验结果(估计值为 35.807,自由度为 13,p 值为 0.001)表明必须拒绝随机效应模型而选择固定效应模型。另一种检验选择固定还是随机效应的方法是参数 Phi 的估计值,其取值范围为[0,1],用以度量所研究数据横截面元素的占比情况,其值越接近于 0,则随机效应收敛于其所对应的固定效应;反之,其值越接近于 1,则无须对任何特定效应做出控制。由参数 Phi 的估计结果(估计值为 0.059,p 值为 0.000)也将模型选择指向了固定效应模型。

表 4-8 具有空间或时间固定效应的 SDM 模型估计结果

驱动因素	空间固定效应	时间固定效应	时空固定效应	时空固定效应（校正）
Phy	0.009*** (10.773)	0.012*** (12.801)	0.009*** (11.840)	0.009*** (11.209)
Hum	0.022*** (3.126)	0.034*** (11.564)	0.012* (1.765)	0.012* (1.677)
Tec	0.001*** (2.826)	0.002*** (6.990)	0.001*** (3.727)	0.001*** (3.473)
Inf	0.019*** (2.971)	0.010** (1.974)	0.020*** (3.311)	0.020*** (3.071)
Tra	−0.014 (−0.821)	0.193*** (20.679)	−0.002 (−0.153)	−0.003 (−0.157)

(续表)

驱动因素	空间固定效应	时间固定效应	时空固定效应	时空固定效应（校正）
Pol	0.062** (2.089)	−0.090*** (−3.463)	0.055** (1.996)	0.055** (1.874)
$W \times D$	0.528*** (10.883)	0.261*** (5.768)	0.243*** (4.003)	0.299*** (5.083)
$W \times$ Phy	−0.005*** (−4.807)	−0.003* (−1.633)	−0.003** (−2.138)	−0.004** (−2.330)
$W \times$ Hum	0.027*** (2.648)	−0.033*** (−6.088)	−0.022 (−1.532)	−0.022 (−1.481)
$W \times$ Tec	−0.001** (−1.961)	0.001*** (2.860)	0.001 (1.504)	0.001 (1.252)
$W \times$ Inf	0.011 (1.380)	0.041*** (5.201)	0.018** (2.104)	0.017* (1.836)
$W \times$ Tra	0.011 (0.410)	−0.023 (−1.256)	−0.005 (0.180)	−0.005 (−0.185)
$W \times$ Pol	0.126*** (3.079)	0.056 (1.307)	−0.013 (−0.285)	−0.015 (−0.324)
Phi				0.059***
σ^2	0.0002	0.0007	0.0001	0.0001
R^2	0.992	0.972	0.993	0.993
修正 R^2	0.957	0.961	0.639	0.638
$\log L$	1074.417	846.025	1102.068	1102.068
Wald 检验空间滞后	—	—	15.711**	16.059**
LR 检验空间滞后	—	—	13.506**	13.506**
Wald 检验空间误差	—	—	17.447***	14.955**
LR 检验空间误差	—	—	15.574**	15.574**
Hausman 检验		35.807	13	$p=0.001$

由表 4-8 所显示的空间固定效应模型、时间固定效应模型、时空固定效应模型以及经过误差校正的时空固定模型的估计结果可以发现,空间固定效应 SDM 模型校正的可决系数($R^2=0.957$)以及对数似然比($\log L=1074.417$)均位于较高值,对空间面板数据的拟合效果最好,因此选择该模型更有效。由模型的系数估计

结果可以看出，制造业与服务业协调发展水平不仅受到本地区物质资本、人力资本、技术进步、基础设施建设、产业政策的影响，还会受到邻近地区协调发展水平、物质资本、人力资本、技术进步及产业政策的影响。在其他条件不变的情况下，本地区物质资本、人力资本、技术进步、基础设施建设、产业政策等对应变量的提高，能够增强本地区产业的协调发展水平；而邻近地区人力资本、产业政策对应变量的提高也能够增强本地区的产业协调发展水平；但是由于虹吸效应的存在，邻近地区物质资本、技术进步对本地区也有消极影响，也即邻近地区对应变量的提高能够降低本地区产业的协调发展水平。

前文已经指出由于利用回归系数得到的空间溢出效应存在偏误，因此有必要采用极大似然估计得到的方差—协方差矩阵来近似模拟直接和间接影响的分布（LeSage 和 Pace，2009）。利用式（4-11）和式（4-14）可分别得到六个变量在空间固定效应 SDM 模型发生的变动值，进而估计出对制造业与服务业协调发展水平产生的直接影响、间接影响及总影响（表 4-9）。

表 4-9　具有空间固定效应 SDM 模型估计的直接与间接效应检验

驱动因素	直接影响	间接影响	总影响
Phy	0.008*** (10.901)	−0.001 (−0.670)	0.009*** (5.130)
Hum	0.029*** (3.991)	0.076*** (4.663)	0.105*** (5.563)
Tec	0.001** (2.524)	−0.001 (−0.824)	0.001 (0.157)
Inf	0.022*** (3.492)	0.040*** (3.134)	0.062*** (4.216)
Tra	−0.013 (−0.775)	0.011 (0.212)	−0.002 (−0.032)
Pol	0.089*** (2.958)	0.311*** (5.364)	0.401*** (6.610)

从空间固定效应 SDM 模型得出的直接影响、间接影响、总影响的估计值及其统计显著性水平可以看出，物质资本、技术进步、国际贸易对应变量未发现存在明显的空间溢出效应，而人力资本、基础设施建设、产业政策对应变量存在显著的空间溢出效应，但各自溢出效果差异较大。若邻近地区人力资本、基础设施建设、产业政策对应变量增加 1 个单位，会导致本地区制造业与服务业耦合协调度分别增加 0.076、0.040 和 0.311 个单位。值得注意的是，邻近地区物质资本、技术进步、国际贸易对应变量对产业协调发展水平的影响程度是本地区该变量直接影响程度的 2~3 倍，因此

可以发现空间溢出效应是影响制造业与服务业协调发展水平的决定性因素。从总影响来看,物质资本、人力资本、基础设施建设、产业政策对应变量增加1个单位,将会导致制造业与服务业耦合协调度分别增加 0.009、0.105、0.062 和 0.401 个单位。

第四节 产业协调发展驱动因素的空间异质性分析

第三节分析了制造业与服务业协调发展水平的空间相关性及其驱动因素的空间溢出效应,对于空间数据而言,地区间除了存在空间相关性外,往往会同时存在空间异质性。空间异质性是由于区位特征迥异而形成多个小范围区域的集聚现象。中国地域辽阔,区域间资源要素禀赋、社会经济环境、产业政策环境差异较大,空间异质性使得制造业与服务业协调发展水平在不同地区表现不同。为厘清区位要素在产业协调发展过程中所起的作用,本节运用地理加权回归模型(GWR)来探讨协调发展驱动因素的空间异质性特征,为区域产业发展及相关政策的制定提供借鉴依据。

一、指标选取与数据来源

本节是在第三节探讨制造业与服务业协调发展水平空间相关性的基础上作的空间异质性分析,所使用的变量包括因变量耦合协调度(D_{it})及其六个驱动因素:物质资本(Phy_{it})、人力资本(Hum_{it})、技术进步(Tec_{it})、基础设施建设(Inf_{it})、国际贸易(Tra_{it})、产业政策(Pol_{it})。数据来源于 2006—2017 年《中国统计年鉴》《中国劳动统计年鉴》《中国科技统计年鉴》及各省市统计年鉴,部分缺失数据采用插值法或灰色预测模型获取。

二、地理加权回归模型

采用空间面板回归模型在对参数进行估计时,回归系数 β 是全局的,或者说是"平均"的,是不随所研究区域的变化而变化的。由于空间异质性的存在,不同子空间下的回归系数 β 不可能是完全相同的,地理加权回归模型(GWR)很好地解决了这一问题,即在同时考虑空间相关性和空间异质性条件下处理局部空间回归问题(覃文忠,2007)。GWR 模型的一般形式如下:

$$y_i = \beta_0(u_i,v_i) + \beta_1(u_i,v_i)x_{i1} + \beta_2(u_i,v_i)x_{i2} + \cdots + \beta_p(u_i,v_i)x_{ip} + \varepsilon_i$$
$$i = 1,2,\cdots,n; k = 1,2,\cdots,p \tag{4-17}$$

式中,y_i 为第 i 个地区因变量;$x_{i1} \sim x_{ip}$ 为第 i 个地区的 p 个自变量;(u_i,v_i) 为第 i 个地区的区位坐标;$\beta_k(u_i,v_i)$ 为第 i 个地区的第 k 个回归系数;ε_i 为服从 $N(0,\sigma^2)$ 的随机扰动项。

对 GWR 模型系数的求解采用局部加权最小二乘估计，假设区位(u_i,v_i)的权函数为$w_{ij}(u_i,v_i)$，则区位(u_i,v_i)的系数估计为使

$$\sum_{j=1}^{n} w_{ij}(u_i,v_i)[y_i - \beta_1(u_i+v_i)x_{i1} - \beta_2(u_i+v_i)x_{i2} - \cdots - \beta_p(u_i+v_i)x_{ip}]^2 \tag{4-18}$$

取得最小值时的β值。

权函数$w_{ij}(u_i,v_i)$刻画了其他地区样本值对本地区的影响，由两地区间距离决定，较常用的权函数有：

(1) Gauss 函数

$$w_{ij} = \exp\left[-\left(\frac{d_{ij}}{b}\right)^2\right] \tag{4-19}$$

(2) bi-square 函数

$$w_{ij} = \begin{cases} \left[1-\left(\frac{d_{ij}}{b}\right)^2\right]^2, & d_{ij} \leq b \\ 0, & d_{ij} > 0 \end{cases} \tag{4-20}$$

式中，b为带宽，是一个根据需要选择的参数；d_{ij}为地区i到j的距离。这两个函数值都随着d_{ij}的增大而减小，也即假定两个地区相隔越远，影响越小。

三、空间异质性分析

(一) GWR 模型构建

在模型(4-17)基础上，以 2005—2016 年各省级单元制造业与服务业耦合协调度(D_i)为因变量，以物质资本(Phy_i)、人力资本(Hum_i)、技术进步(Tec_i)、基础设施建设(Inf_i)、国际贸易(Tra_i)、产业政策(Pol_i)六个驱动因素为自变量，以各省级单元省会城市的经纬度坐标为区位坐标，构建 GWR 模型如下：

$$\begin{aligned} D_i =& \beta_0(u_i,v_i) + \beta_1(u_i,v_i)Phy_i + \beta_2(u_i,v_i)Hum_i + \beta_3(u_i,v_i)Tec_i + \\ & \beta_4(u_i,v_i)Inf_i + \beta_5(u_i,v_i)Tra_i + \beta_6(u_i,v_i)Pol_i + \varepsilon_i \end{aligned} \tag{4-21}$$

(二) GWR 模型估计结果

在上述 GWR 模型下进行空间回归分析，其中，权函数选择 Gauss 函数，d_{ij}采用各省级单元省会间经纬度坐标的欧氏距离，依据修正的 Akaike 信息准则(AICc=-4.543)确定模型最优带宽为 CV=0.709，参数估计结果如表 4-10 所示。由修正的可决系数($R^2=0.975$)可以说明 GWR 模型对数据的拟合效果很好。GWR 模型得出了 30 个省级单元各驱动因素的回归系数，表 4-10 统计了各系数的均值、最小值、最大值、中位数及上下两个四分位数。为了反映驱动因素回归系数在区域上的差异，分别从三区域和八区域下对各驱动因素回归系数均值进行了统计(表 4-11)，各因素在

不同区域呈现出差异性的不均衡特征。

表 4-10 GWR 模型估计结果的统计描述

驱动因素	均值	最小值	上四分位数	中位数	下四分位数	最大值
intercept	0.176	0.052	0.127	0.172	0.218	0.272
Phy	0.014	-0.045	0.013	0.016	0.019	0.028
Hum	0.049	0.012	0.022	0.031	0.054	0.466
Tec	0.002	-0.013	-0.001	0.002	0.004	0.050
Inf	0.058	-0.036	0.033	0.050	0.058	0.278
Tra	0.117	-0.367	0.069	0.161	0.217	0.349
Pol	0.163	-0.032	0.077	0.163	0.237	0.468
带宽 CV	0.709					
AICc	-4.543					
R^2	0.976					
修正 R^2	0.975					
样本量	360					

注:资料来源于模型测算,结果由作者整理获得,下同。

表 4-11 分区域下 GWR 模型估计结果的统计描述

分区		intercept	Phy	Hum	Tec	Inf	Tra	Pol
三区域	东部	0.206	0.014	0.028	0.003	0.048	0.147	0.137
	中部	0.187	0.015	0.025	0.002	0.061	0.174	0.169
	西部	0.138	0.014	0.088	0.002	0.067	0.045	0.183
八区域	东北	0.156	0.016	0.013	-0.001	0.125	0.075	0.331
	北部沿海	0.261	0.012	0.018	0.005	0.044	0.085	0.043
	东部沿海	0.211	0.012	0.029	0.003	0.053	0.209	0.078
	南部沿海	0.133	0.019	0.046	0.001	0.033	0.194	0.281
	黄河中游	0.248	0.013	0.030	0.007	0.005	0.112	0.005
	长江中游	0.175	0.015	0.031	0.002	0.048	0.230	0.171
	大西南	0.113	0.020	0.055	-0.003	0.038	0.281	0.249
	大西北	0.119	0.008	0.155	0.005	0.136	-0.259	0.171

(三)驱动因素分析

1. 物质资本

由表 4-11 中 Phy 列结果可知,物质资本存量与产业耦合协调度基本呈正相关关系,表明随着物质资本存量的增加,产业耦合协调度也随之提高。从回归系数的空间分布来看,各省级单元波动较大,对产业协调发展的影响具有较强的空间异质性,由西南地区至东部沿海地区呈递减趋势,这是因为东中部地区的制造业与服务业已经发展至较高层次,物质资本的边际影响小于较西部地区。其中系数最大的前三位省份为宁夏、青海和甘肃,而上海、北京、天津等东部省市的系数较低。因此,有必要增加对西部地区的物质资本投入,以获取较高的边际效益,进而对制造业与服务业协调发展产生正向影响。

2. 人力资本

由表 4-11 中 Hum 列回归结果可知,人力资本存量与产业耦合协调度呈正相关关系,表明随着人力资本存量的增加,产业耦合协调度也随之提高。从回归系数的空间分布来看,由东北部至西北、西南部呈递增趋势,层级结构明显。这是因为东北、东部地区制造业与服务业逐渐由劳动密集型向技术、资本密集型转变,而西北、西南部地区仍然以劳动密集型为主,人力资本存量在西部地区的边际影响更大。因此,中国应当在继续加大西部大开发力度的同时,进一步引进更多的人才,来促进制造业与服务业协调发展水平的提升。

3. 技术进步

由表 4-11 中 Tec 列结果可知,技术水平与产业耦合协调度的相关关系在区域间差异较大,在东北和西南、西北部分省份呈负相关关系,表明随着技术水平的提高,产业耦合协调度也有降低趋势;其他地区呈正相关关系,表明随着技术水平的提高,产业耦合协调度也随之提高。这是因为以技术和资本密集型产业为主的中、东部地区,对技术的依赖程度远远高于东北及西北、西南等地区,技术进步的正向边际影响能促进制造业与服务业协调发展水平的提升;而进行技术革新或者引进先进技术,需要大量的成本投入,且其边际影响具有时间滞后性,因此技术水平的提升对东北及西北、西南等地区不仅没有正向影响,还会因为成本投入过大而对产业协调发展带来不利影响。

4. 基础设施建设

由表 4-11 中 Inf 列结果可知,基础设施建设的投入量与产业耦合协调度呈正相关关系,表明随着基础设施建设投入量的加大,产业耦合协调度也随之提高。从回归系数的空间分布来看,东北、西北地区系数值较高,东部沿海、中部及西南部地区次之,北部、南部地区系数值较低。这是因为,在戈壁荒漠或山区丘陵等自然条件较恶劣的地带,由于交通不便,基础设施建设对产业协调发展水平的边际影响较大;而在平原或沿海等地理环境良好的地带,交通相对便利,基础设施建设对产业协调发展水平的边际影响较小。

5. 国际贸易

由表 4-11 中 Tra 列结果可知,对外开放程度与产业耦合协调度的相关关系在区域间有一定差异,其中西北部地区呈负相关关系,表明随着地区对外开放程度的加大,产业耦合协调度有下降趋势;而其他地区呈正相关关系,表明随着地区对外开放程度的加大,产业耦合协调度也随之提高。这是因为西北部地区山地、沙漠、丘陵广布,交通网密度较低,经济发展水平相对落后,对外开放面临巨大挑战,因此对外开放程度的提高并不能马上带来产业协调发展水平的提升;而西南部地区毗邻南亚、东南亚,突出的区位优势不断促进经济增长和产业协调发展水平的提升;东部沿海地带也应当进一步加大对外开放力度,充分发挥对外开放的边际影响效应。

6. 产业政策

由表 4-11 中 Pol 列结果可知,产业政策支持力度与产业耦合协调度呈正相关关系,表明随着产业政策支持力度的加大,产业耦合协调度也随之提高。从回归系数的空间分布来看,东北、西北及西南部地区系数值较高,北部和东部沿海地区系数值较低。这是由中国在不同阶段的产业发展战略和产业政策惠及区域所决定的,改革开放之初优先发展东部沿海地带,各种生产要素在此集聚,随着区域经济的快速增长,对产业政策的依赖程度逐渐减弱,转而依赖资本的集聚和技术的革新;为统筹区域发展,近年来国家适时推进中部崛起、西部大开发及振兴东北老工业基地等战略,产业政策效应在这些地区逐渐加强,对产业协调发展发挥了重要作用。

本章小结

本章基于产业协调发展与新经济地理学研究视角,首先从内在和外在两个层面分析了驱动制造业与服务业协调发展的六大因素及其作用机理,采用全局与局部 Moran's I 指数、空间面板计量模型及地理加权回归模型定量分析了制造业与服务业协调发展水平的空间相关性、驱动因素的空间溢出效应及空间异质性。实证分析得出以下结论。

(1)通过 Moran's I 指数分析空间相关性,从全局来看,制造业与服务业综合指数及耦合协调度均存在显著的空间依赖性,总体集聚程度较高,且近年来有增强趋势,其中制造业综合指数的相关程度大于产业耦合协调度的相关程度,大于服务业综合指数的相关程度;从局部来看各省份在制造业与服务业协调发展水平的集聚演进过程中,大部分省级单元位于第一、三象限,区域分布状态基本稳定,且位于高水平集聚区的省份数逐年增多,空间相关性逐渐增强。

(2)在非空间面板下对制造业与服务业协调发展的驱动因素作回归分析,由 Hausman 检验和参数"Phi"估计结果表明必须拒绝随机效应模型而选择固定效应模型；由 LR 检验表明应选择时间固定或空间固定效应模型；由空间滞后及空间误差的（稳健）LM 检验结果支持采用 SLR 模型和 SEM 模型抑或其中一种模型对数据进行拟合。进一步估计 SDM 模型时，Wald 和 LR 检验结果均拒绝了 SDM 模型转化为 SLR 模型和 SEM 模型的原假设，表明只能采用 SDM 模型对空间面板模型进行估计，且由可决系数 R^2 和对数似然比 $\log L$ 表明空间固定效应 SDM 模型的拟合效果最好。模型估计结果表明，物质资本、技术进步、国际贸易对应变量未发现存在明显的空间溢出效应，而人力资本、基础设施建设、产业政策对应变量存在显著的空间溢出效应。

(3) 对于空间数据而言，空间相关性与空间异质性往往同时存在，运用地理加权回归模型（GWR）来探讨协调发展驱动因素的空间异质性特征，模型对数据的拟合效果很好（修正 $R^2=0.975$），各驱动因素回归系数均值对产业耦合协调度存在正向作用，从省级层面、三区域及八区域层面下分别对各驱动因素回归系数进行了统计，发现区域影响差异较大，空间异质性特征显著。具体来看，物质资本存量、产业政策支持力度对西部及东北地区边际影响较大；人力资本存量对西南、西北地区边际影响较大；技术水平对东北和西南、西北部分省份有负向影响，其他地区有正向影响；基础设施建设的投入量对东北、西北地区有较强的边际效应，而对其他地区影响较小；对外开放程度对西北地区有负向影响，而对其他地区有正向影响。

第五章

制造业与服务业协调发展对制造业升级的影响分析

自改革开放以来,中国制造业取得了令人瞩目的成绩,尤其是加入世界贸易组织后,深度参与全球价值链,逐渐成为"世界工厂"。然而,金融危机的爆发、国际贸易保护主义的阶段性显现,使原本就不稳定的国际市场环境形势变得更加严峻。廉价制造业国家的崛起促进了制造业的国际转移,但也使处于全球价值链中低端的中国制造业出口额严重削减,直接影响中国对外贸易。除此之外,中国制造业本身也面临生产效率低、创新力不足、产能过剩、结构不合理等问题。因此中国制造业亟须结构转型、升级与优化,才能摆脱现有困境。令人欣慰的是,作为经济黏合剂的服务业与制造业的互动关系越来越密切(Goldhar 和 Berg,2010;程大中,2015),两产业协调发展成为新时期驱动制造业产业升级新的动力引擎(杨玲,2017)。那么,当前中国制造业产业升级现状如何?产业升级如何测度?是否存在区域差异?制造业与服务业协调发展是否能促进制造业升级?作用大小与方向如何?基于这些问题,本书首先分析了中国制造业升级现状,基于 DEA－Malmquist 模型测度了制造业全要素生产效率及其变动,采用门限回归模型考察在不同产业规模、综合发展水平及技术创新三个门限变量下,制造业与服务业协调发展对制造业升级的非线性影响。

第一节 制造业升级的现状分析

在探究制造业与服务业协调发展对制造业升级的影响之前,需要首先对中国制造业升级的现状加以分析,本节分别从制造业产值占国民经济比重、制造业结构升级、制造业价值链升级三个方面观察中国制造业升级的现状。从所选取的样本数据来看,2012 年之前,《中国工业经济统计年鉴》对制造业分类标准参考的是 2002 年国家统计局公布的《国民经济行业分类》(GB/T 4754—2002),但只按两位数代码统计了 31 个子行业中的 23 个。而 2012 年之后公布的《中国工业经济统计年鉴》参照《国民经济行业分类》(GB/T 4754—2011)统计了制造业所有 31 个子行业,但部分子行业名称有所变化。为保证采集的数据的连续性以及统计口径的一致性,选取两种制造业不同行业分类标准中基本未作更改的 15 个子行业作为样本。所选取的数据为 2005—2016 年制造业规模以上工业企业相关指标。

一、制造业产值占国民经济比重现状

2010年中国制造业产值占全球比重跃居第一,确立了我国"制造业第一大国"的国际地位。我国经济发展进入新常态后更加注重提质、增效与升级,与此同时制造业占GDP比重呈缓慢下降趋势,这种特征符合发达国家后工业化阶段产业发展演化的一般规律。参考《中国工业统计年鉴》与《中国统计年鉴》,将2005—2016年中国制造业产值与国内生产总值及其增长率绘制于图5-1中,图中所列数据按2005年不变价调整得到。

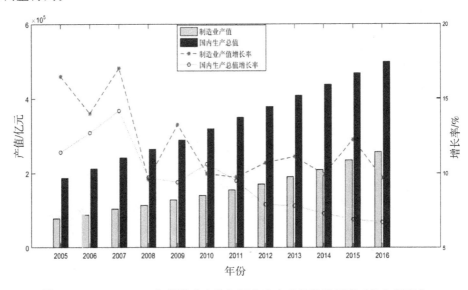

图5-1 2005—2016年制造业产值与国内生产总值及增长率对比年际变化

由图5-1可以看出,中国制造业的发展与国民经济整体运行趋势基本一致。依据中国经济的发展历程可以将考察期划分为三个阶段:第一阶段2005—2007年,为中国经济的超高速增长期,国内生产总值年均增长率为12.767%,制造业产值年均增长率为15.526%;第二阶段2008—2012年,国际金融危机给主要依靠投资、出口拉动增长的中国经济带来了较大影响,中国经济开始进入高速增长期,国内生产总值年均增长率为9.800%,制造业产值年均增长率为10.638%;第三阶段2013—2016年,国际环境发生较大改变,贸易摩擦加剧,在新常态下中国经济开始步入中高速增长期,国内生产总值年均增长率为7.320%,制造业产值年均增长率为10.729%。考察期内制造业在产业升级演进过程中,产值增长速度有所下降,这对制造业劳动力的未来就业前景提出了严峻挑战。促进制造业内部子行业间或区域间的劳动力转移,对制造业升级过程中的劳动力稳定具有重要作用。

二、制造业结构升级现状

为分析制造业结构变动趋势,以 2005—2016 年制造业 15 个子行业的人均固定资本净值为原始数据,采用 SPSS 25.0 中"系统聚类"的分析方法,将其划分为低人均资本、中等人均资本和高人均资本三种类型。其中低人均资本类型包括纺织业(C17)、化学纤维制造业(C28)、金属制品业(C33)、通用设备制造业(C34)、专用设备制造业(C35)、电气机械和器材制造业(C38)6 个子行业;中等人均资本类型包括农副食品加工业(C13)、食品制造业(C14)、医药制造业(C27)、非金属矿物制品业(C30)4 个子行业;高人均资本类型包括烟草制品业(C16)、造纸和纸制品业(C22)、化学原料和化学制品制造业(C26)、黑色金属冶炼和压延加工业(C31)、有色金属冶炼和压延加工业(C32)5 个子行业。在此基础上,分别统计三种类型子行业的产值占比和就业占比,可以看出各子行业间结构变动情况存在较大差异。

与库兹涅茨(1971)对国民经济三次产业演进规律的描述不同,由图 5-2 显示的制造业子行业产值占比与就业占比年际变化情况可以看出制造业产业结构的动态变化呈现不同特征。首先,从产值占比来看,高人均资本类型与低人均资本类型子行业的产值占比较高,年均占比分别为 37.612% 和 38.460%,中等人均资本类型子行业的产值占比较低,年均占比为 23.928%;从产值占比变化趋势来看,高人均资本类型子行业整体呈降低趋势,低人均资本类型子行业稳定波动,而中等人均资本类型子行业整体呈降低趋势。其次,从就业占比来看,低人均资本类型子行业就业占比明显高于其他两种类型,年均占比为 49.107%,高人均资本与中等人均资本类型子行业差异不大,年均占比分别为 24.526% 和 26.367%;从就业占比变化趋势来看,低人均资本和高人均资本类型子行业近年来呈小幅下降态势,与之相对比的中等人均资本类型子行业则有上升态势。

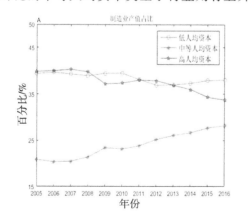
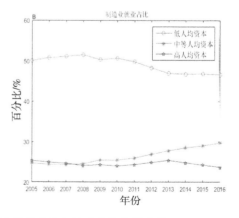

图 5-2　2005—2016 年制造业子行业产值占比与就业占比年际变化

三、制造业价值链升级现状

产业价值链是产业链与价值链的结合,强调了价值在产业链转移、增值过程中的再创造。随着经济全球化的不断深入,我国制造业作为国民经济发展的支柱性产业,应当推进技术创新、强化分工合作、加快产业集群建设,力求实现产业价值链由中低端向高端的突破,在竞争日益激烈的国际市场上占据一席之地。劳动生产率[1]反映了产业生产活动中劳动价值的创造效率,在制造业的产业价值链升级进程中,是衡量产业升级效果的重要指标。将2005—2016年制造业低人均资本、中等人均资本和高人均资本三种类型子行业的劳动生产率计算得到的数值统计如图5-3所示。

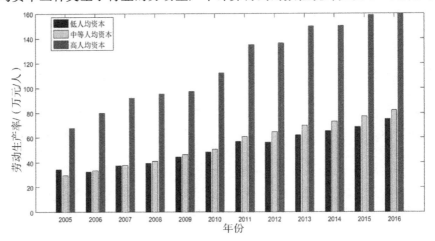

图5-3 2005—2016年制造业子行业劳动生产率年际变化

从图5-3所显示的制造业子行业劳动生产率年际变化情况可以看出,不同类型子行业存在显著差异。从劳动生产率来看,高人均资本类型子行业明显高于其他两种类型,年均劳动生产率为119.487万元/人;中等人均资本类型子行业次之,年均劳动生产率为55.595万元/人;低人均资本类型子行业最低,年均劳动生产率仅为51.738万元/人。从劳动生产率变化趋势来看,2005—2016年各类型子行业均为增长状态,但增长幅度差异较大。其中,高人均资本类型子行业由67.503万元/人增长至159.701万元/人,年均增长率为8.385%;中等人均资本类型子行业由29.670万元/人增长至82.166万元/人,年均增长率为9.784%;低人均资本类型子行业由34.446万元/人增长至75.213万元/人,年均增长率为7.551%。

---

1 劳动生产率=制造业产值÷制造业平均用工人数×100%。

由于产业升级并非一蹴而就的经济调控行为,必须在了解不同的行业发展特点的基础上有针对性地确定产业升级的推进顺序。通过以上分析可以发现,尽管中等人均资本子行业无论从产值占比、就业占比和劳动生产率来看都不是最高的,但是其增长率却是最高的。因此,中国制造业升级的主要目标行业在于农副食品加工业(C13)、食品制造业(C14)、医药制造业(C27)、非金属矿物制品业(C20)这些中等及低人均资本类型子行业,优先推进这些行业的升级有利于提升制造业总体升级水平。

第二节 制造业升级的测度及特征分析

在第一节关于产业升级现状分析的基础上,本节主要探讨如何对制造业升级进行测度。对已有产业升级测算的相关研究文献进行梳理可以发现,多数学者认为全要素生产效率能够很好衡量产业升级的效果(孙早和席建成,2015;原毅军和孔繁彬,2015;李胜文等,2016)。全要素生产效率的测算方法可分为参数法和非参数法,两种方法各有优劣。由于参数法需要对生产函数进行设定,如果不能找到合适的生产函数形式则会造成计算结果的不准确。因此,本书采用非参数的 DEA—Malmquist 模型来测算 2005—2016 年制造业总体及 15 个子行业的全要素生产效率指数及其变动,并以此作为度量制造业升级的指标,其优势在于测算之前无须对生产函数的形式及其分布状态做出提前假定,仅需对距离函数和前沿生产函数作线性优化处理即可,避免了由于生产函数形式的前提假设过于苛刻而造成估计结果的偏差(Rogge 和 Jaeger,2013)。

一、基于 DEA—Malmquist 全要素生产效率指数模型构建

Malmquist 指数是 Malmquist(1953)提出的,Caves 等对该指数进行扩展研究,构建了由 t 时期到 $t+1$ 时期的 $M(X_{t+1}, Y_{t+1}, X_t, Y_t)$ 指数(Caves,Christensen,Diewert,1982),用于生产效率变化的计算,之后 Fare 等人将 Malmquist 指数与 DEA(数据包络分析)理论相结合(Fare,Grosskopt,Norris,1994),使其在金融、工业、医疗等领域得到了广泛应用。

假设决策单元有 F 个 $(f=1,2,\cdots,F)$,每个决策单元在 t 时期 $(t=1,2,\cdots,T)$ 有 n 种投入要素 $(n=1,2,\cdots,N)$ 和 m 种效益产出 $(m=1,2,\cdots,M)$,则依据 DEA 基本理论,在规模报酬不变(CRS)条件下,生产可能集为:

$$H_t(C) = \left\{ (X_t, Y_t) \middle| X_t \geqslant \sum_{f=1}^{F} X_t \omega_f, Y_t \leqslant \sum_{f=1}^{F} Y_t \omega_f, \omega_f \geqslant 0 \right\} \qquad (5-1)$$

假设 D^t、D^{t+1} 分别为第 t 时期技术水平下决策单元的距离函数与第 $t+1$ 时期技术水平下决策单元的距离函数,用来表示投入与产出的各点在同一包络面下的距离

之比。在 t 时期技术水平下，由 t 时期到 $t+1$ 时期基于产出角度的 Malmquist 生产效率指数为：

$$M^t = \frac{D^t(X_{t+1}, Y_{t+1})}{D^t(X_t, Y_t)} \quad (5-2)$$

在 $t+1$ 时期技术水平下，由 t 时期到 $t+1$ 时期基于产出角度的 Malmquist 生产效率指数为：

$$M^{t+1} = \frac{D^{t+1}(X_{t+1}, Y_{t+1})}{D^{t+1}(X_t, Y_t)} \quad (5-3)$$

式中，(X_t, Y_t)、(X_{t+1}, Y_{t+1}) 分别为第 t 时期与第 $t+1$ 时期的投入与产出向量；ω 为各决策单元权重。

将式(5-2)、式(5-3)作几何平均可得到由 t 时期到 $t+1$ 时期 Malmquist 全要素生产效率变动，也即：

$$M(X_t, Y_t, X_{t+1}, Y_{t+1}) = (M^t \times M^{t+1})^{\frac{1}{2}} = \left[\frac{D^t(X_{t+1}, Y_{t+1})}{D^t(X_t, Y_t)} \times \frac{D^{t+1}(X_{t+1}, Y_{t+1})}{D^{t+1}(X_t, Y_t)}\right]^{\frac{1}{2}} \quad (5-4)$$

Fare 将 Malmquist 全要素生产效率变动(tfpch)分解为技术效率变动(effch)与技术进步变动(techch)，前者可进一步分解为纯技术效率变动(pech)与规模效率变动(sech)。也即：

$$\begin{aligned}
tfpch &= M(X_t, Y_t, X_{t+1}, Y_{t+1}) \\
&= \left[\frac{D^t(X_{t+1}, Y_{t+1})}{D^t(X_t, Y_t)} \times \frac{D^{t+1}(X_{t+1}, Y_{t+1})}{D^{t+1}(X_t, Y_t)}\right]^{\frac{1}{2}} \\
&= effch \times techch \\
&= \frac{D^{t+1}(X_{t+1}, Y_{t+1})}{D^t(X_t, Y_t)} \left[\frac{D^t(X_{t+1}, Y_{t+1})}{D^{t+1}(X_{t+1}, Y_{t+1})} \times \frac{D^t(X_t, Y_t)}{D^{t+1}(X_t, Y_t)}\right]^{\frac{1}{2}} \\
&= pech \times sech \times techch
\end{aligned}$$

式中，当 tfpch>1 时表示 $t+1$ 时期全要素生产效率较 t 时期有所提高，反之则有所降低；techch 为"生产前沿面"的变动幅度，techch>1 表示 $t+1$ 时期技术水平较 t 时期有所进步，反之则倒退；effch 为技术效率变动幅度，effch>1 表示决策单元在 $t+1$ 时期与生产前沿面的距离较 t 时期更近，反之则更远；pech>1 表示提高管理水平有利于效率提升，反之则不利于效率提升；sech>1 表示长期来看决策单元朝着最优规模的方向靠近，反之则远离最优规模。

二、指标设定及处理

本书借鉴钱学锋等(2011)、刘纯彬和杨仁发(2013)关于 Malmquist 指数测算全要素生产效率的方法,按照 DEA 理论的基本要求,以中国 30 个省级单元(不含西藏、港、澳、台)为基本生产单元,选取制造业规模以上企业工业销售产值(亿元)、固定资产净值(亿元)及平均用工人数(万人)作为投入产出指标,其中制造业两位数代码界定在 C13～C43 区间,15 个子行业界定与第一节相同,数据具体说明如下所述。

(1)投入指标 1:选取《中国工业统计年鉴》中制造业规模以上企业固定资产净值作为第一项投入指标,由于数据已经为净值因此无须作折旧处理,仅需将其按固定资产投资价格指数平减为以 2005 年为基期的不变价指标。

(2)投入指标 2:选取《中国工业统计年鉴》中制造业规模以上企业平均用工人数作为第二项投入指标。

(3)产出指标:选取《中国工业统计年鉴》中制造业规模以上企业工业销售产值作为产出指标,该指标包含了中间产品价值,可以更好地反映规模节约和资源配置效率的经济效能,所有数据按 2005 年为基期的工业生产者价格指数进行调整后获得。

三、制造业全要素生产效率测算结果

在上述 DEA－Malmquist 指数测算制造业全要素生产效率理论指导下,以中国 30 个省级单元(不含西藏、港、澳、台)为研究对象,将各投入产出指标代入模型,采用 MaxDEA 6.5 软件分别测算制造业总体、省域及各子行业的全要素生产效率(eff)及其变动(tfpch),并将制造业总体的全要素生产效率变动分解为技术效率变动(effch)与技术进步变动(techch),将技术效率变动进一步分解为纯技术效率变动(pech)与规模效率变动(sech)。现分别对结果作具体分析。

(一)省域制造业全要素生产效率测算结果

由 MaxDEA 6.5 软件测算得到固定参数比例(Barnum,Gleason,2011)下省域制造业全要素生产效率(表 5－1),可以发现,中国制造业全要素生产效率由 2005 年的 0.782 稳步上升至 2016 年的 1.561,年均增长率为 6.486%。分区域来看,全要素生产效率呈"东－中－西"递减格局,而增长率呈"东－中－西"递增的相反格局,区域差异明显。其中,东部地区全要素生产效率由 0.973 上升至 1.637,年均增长率为 4.846%;中部地区全要素生产效率由 0.709 上升至 1.507,年均增长率为 7.100%;西部地区全要素生产效率由 0.645 上升至 1.526,年均增长率为 8.148%。由此表明,随着产业优惠政策的实施、先进技术和管理理念的共享,技术外溢及扩散使省份间的交流合作日益加深,成为推进制造业全要素生产效率提升的主要驱动力。

表 5-1　2005—2016 年制造业全要素生产效率省域测算

省份	2005 年	2006 年	2007 年	2008 年	2009 年	2010 年	2011 年	2012 年	2013 年	2014 年	2015 年	2016 年
北京	1.099	1.217	1.247	1.184	1.265	1.502	1.398	1.358	1.418	1.495	1.515	1.666
天津	1.101	1.330	1.415	1.412	1.387	1.489	1.689	1.755	1.749	1.774	1.942	2.128
河北	0.833	0.888	1.038	1.142	1.109	1.227	1.458	1.503	1.459	1.421	1.438	1.533
山西	0.506	0.530	0.665	0.751	0.639	0.758	0.927	0.937	0.947	0.957	0.863	0.930
内蒙古	0.721	0.846	1.012	1.194	1.436	1.424	1.697	1.697	1.872	1.677	1.722	1.921
辽宁	0.765	0.874	0.985	1.063	1.128	1.300	1.507	1.700	1.659	1.621	1.417	1.190
吉林	0.807	0.900	1.089	1.119	1.240	1.512	1.785	1.980	1.964	2.023	2.012	2.144
黑龙江	0.672	0.755	0.839	0.903	0.966	1.088	1.200	1.298	1.354	1.419	1.417	1.503
上海	1.129	1.246	1.304	1.238	1.264	1.448	1.537	1.493	1.449	1.511	1.529	1.633
江苏	1.041	1.117	1.201	1.122	1.199	1.248	1.346	1.417	1.410	1.433	1.510	1.616
浙江	0.919	0.997	1.050	1.034	0.972	1.089	1.136	1.217	1.203	1.219	1.181	1.212
安徽	0.722	0.836	0.888	0.958	0.976	1.134	1.332	1.373	1.355	1.374	1.431	1.576
福建	0.902	0.966	1.035	1.066	1.023	1.175	1.215	1.351	1.323	1.338	1.418	1.478
江西	0.710	0.863	1.086	0.844	1.001	1.178	1.322	1.392	1.397	1.444	1.394	1.475
山东	0.998	1.086	1.149	1.213	1.260	1.335	1.500	1.692	1.685	1.799	1.865	1.996
河南	0.803	0.921	1.137	1.151	1.084	1.149	1.215	1.221	1.182	1.186	1.245	1.328
湖北	0.695	0.752	0.840	0.923	0.832	1.036	1.257	1.325	1.329	1.343	1.475	1.632
湖南	0.754	0.853	1.012	1.122	1.048	1.121	1.309	1.315	1.360	1.388	1.395	1.467
广东	1.092	1.136	1.221	1.218	1.204	1.126	1.229	1.353	1.418	1.463	1.467	1.513
广西	0.648	0.780	0.916	0.899	0.890	0.943	1.150	1.284	1.338	1.413	1.520	1.606
海南	0.820	1.062	1.714	1.451	1.478	1.720	1.912	1.987	1.734	2.101	2.026	2.038
重庆	0.718	0.787	0.877	0.898	0.985	1.020	1.197	1.237	1.205	1.272	1.351	1.463
四川	0.714	0.842	0.949	0.990	1.019	1.013	1.157	1.143	1.123	1.222	1.337	1.495
贵州	0.515	0.568	0.664	0.756	0.719	0.762	0.886	1.015	1.194	1.228	1.394	1.524
云南	0.745	0.893	0.991	1.003	1.020	1.095	1.226	1.275	1.246	1.267	1.258	1.354
陕西	0.583	0.718	0.844	0.909	0.907	0.992	1.046	1.139	1.203	1.171	1.368	1.492
甘肃	0.661	0.676	0.882	0.843	0.874	1.008	1.338	1.409	1.532	1.546	1.484	1.442
青海	0.472	0.620	0.690	0.814	0.796	0.885	1.092	1.129	1.170	1.277	1.370	1.591

(续表)

省份	2005年	2006年	2007年	2008年	2009年	2010年	2011年	2012年	2013年	2014年	2015年	2016年
宁夏	0.539	0.608	0.667	0.773	0.751	0.880	0.904	1.107	1.201	1.199	1.279	1.432
新疆	0.774	0.972	0.952	1.176	1.153	1.370	1.539	1.507	1.545	1.506	1.399	1.464
平均	0.782	0.888	1.012	1.039	1.054	1.167	1.317	1.387	1.401	1.436	1.467	1.561

注：资料来源于模型计算，结果由作者整理得到，下同。

（二）省域制造业全要素生产效率变动测算结果

由表5-2可以看出，2005—2016年制造业各省级单元DEA－Malmquist指数平均为1.071，表明制造业全要素生产效率水平总体趋于进步，进步率为7.146%。从DEA－Malmquist指数的动态演变可以发现，制造业全要素生产效率变动水平在各省份间的差异与时序上的震荡反复同时存在。从各省份来看，30个省份（不含西藏、港、澳、台）的制造业DEA－Malmquist指数均呈增长趋势，增长率范围为2.910%～12.177%。从区域表现来看，东部地区制造业DEA－Malmquist指数增长率均值为5.250%，中部地区为7.566%，西部地区为8.796%，"东-中-西"制造业全要素生产效率变动呈递增状态。沿海经济发达地区制造业全要素生产效率提高较慢，而经济相对落后的西部地区则提高较快，由此可以发现，技术转移与扩散能够使制造业落后的省份突破技术壁垒、获得先进生产设备和管理理念，从而提高全要素生产效率。从时序来看，2005—2007年、2010—2011年这两个时段的制造业DEA－Malmquist指数增长速度较快，平均增长率都在10%以上；而其他年份制造业DEA－Malmquist指数增长速度较慢，平均增长率在5%左右。可以发现，制造业全要素生产效率变动的状况与中国经济运行情况高度一致，全要素生产效率变动较高的年份中国经济增长较快，而全要素生产效率变动较低的两个时段恰逢国际金融危机和中国经济步入新常态。

表5-2　2005—2016年制造业DEA－Malmquist指数省域测算

省份	2004—2005年	2005—2006年	2006—2007年	2007—2008年	2008—2009年	2009—2010年	2010—2011年	2011—2012年	2012—2013年	2013—2014年	2014—2015年	2015—2015年
北京	1.110	1.107	1.025	0.949	1.068	1.187	0.931	0.972	1.044	1.055	1.013	1.099
天津	1.101	1.209	1.064	0.998	0.982	1.074	1.135	1.039	0.996	1.015	1.095	1.096
河北	1.098	1.067	1.168	1.101	0.971	1.106	1.188	1.031	0.971	0.974	1.012	1.066
山西	1.072	1.047	1.254	1.130	0.850	1.186	1.223	1.010	1.011	1.011	0.902	1.078
内蒙古	1.155	1.175	1.195	1.180	1.203	0.992	1.192	1.000	1.103	0.896	1.027	1.116
辽宁	1.155	1.142	1.127	1.078	1.062	1.152	1.159	1.128	0.976	0.977	0.874	0.840
吉林	1.089	1.116	1.210	1.027	1.108	1.219	1.181	1.109	0.992	1.030	0.994	1.066

(续表)

省份	2004—2005年	2005—2006年	2006—2007年	2007—2008年	2008—2009年	2009—2010年	2010—2011年	2011—2012年	2012—2013年	2013—2014年	2014—2015年	2015—2016年
黑龙江	1.233	1.123	1.110	1.077	1.070	1.127	1.103	1.081	1.043	1.048	0.998	1.060
上海	1.129	1.104	1.047	0.949	1.021	1.145	1.062	0.971	0.970	1.043	1.011	1.068
江苏	1.118	1.073	1.075	0.934	1.069	1.041	1.079	1.053	0.995	1.016	1.053	1.070
浙江	1.070	1.084	1.054	0.985	0.940	1.120	1.043	1.071	0.989	1.013	0.969	1.026
安徽	1.124	1.157	1.062	1.079	1.019	1.162	1.174	1.031	0.986	1.014	1.042	1.101
福建	1.135	1.070	1.071	1.030	0.960	1.148	1.034	1.112	0.980	1.011	1.060	1.042
江西	1.158	1.216	1.258	0.777	1.186	1.177	1.122	1.053	1.003	1.033	0.966	1.057
山东	1.115	1.088	1.058	1.056	1.039	1.059	1.124	1.128	0.996	1.068	1.037	1.070
河南	1.176	1.147	1.233	1.013	0.942	1.060	1.057	1.005	0.968	1.003	1.050	1.066
湖北	1.092	1.083	1.117	1.099	0.902	1.245	1.214	1.054	1.003	1.011	1.098	1.107
湖南	1.213	1.132	1.186	1.109	0.934	1.070	1.168	1.005	1.034	1.020	1.005	1.052
广东	1.092	1.041	1.075	0.997	0.989	0.935	1.091	1.101	1.049	1.032	1.003	1.031
广西	1.124	1.204	1.174	0.982	0.990	1.059	1.220	1.116	1.042	1.057	1.075	1.057
海南	1.044	1.296	1.614	0.846	1.019	1.164	1.112	1.039	0.873	1.212	0.964	1.006
重庆	1.053	1.095	1.115	1.024	1.097	1.035	1.174	1.033	0.974	1.056	1.063	1.083
四川	1.142	1.179	1.127	1.044	1.029	0.994	1.142	0.988	0.982	1.087	1.094	1.118
贵州	1.060	1.102	1.170	1.139	0.951	1.059	1.163	1.145	1.177	1.029	1.135	1.093
云南	1.143	1.198	1.109	1.012	1.017	1.074	1.119	1.040	0.977	1.017	0.993	1.076
陕西	1.093	1.231	1.175	1.078	0.998	1.094	1.055	1.089	1.056	0.973	1.169	1.091
甘肃	1.385	1.023	1.305	0.956	1.037	1.153	1.328	1.053	1.088	1.009	0.959	0.972
青海	1.179	1.314	1.112	1.180	0.979	1.111	1.234	1.034	1.036	1.092	1.073	1.161
宁夏	1.112	1.128	1.097	1.159	0.972	1.171	1.028	1.224	1.085	0.998	1.066	1.120
新疆	1.247	1.256	0.980	1.235	0.980	1.188	1.124	0.980	1.025	0.975	0.929	1.047
平均	1.132	1.138	1.140	1.036	1.010	1.108	1.130	1.055	1.013	1.025	1.022	1.063

(三)制造业总体全要素生产效率变动及其分解结果

表5-2仅从制造业DEA-Malmquist指数角度分析了中国30个省级单元(不含西藏、港、澳、台)制造业的全要素生产效率变动水平,却未能反映出造成效率变动的具体来源,因此需要将该指数分解为技术效率变动(effch)与技术进步变动

(techch),前者可进一步分解为纯技术效率变动(pech)与规模效率变动(sech)。表5-3显示了2005—2016年制造业DEA-Malmquist指数及其分解均值的结果。制造业全要素生产效率变动(tfpch)平均为1.073,表明生产效率平均提升了7.266%,上升趋势最高的年份为2006—2007年。技术效率变动(effch)平均为1.016,表明技术效率平均提高了1.589%,上升趋势最高的年份为2006—2007年。技术进步变动(techch)平均为1.056,表明技术进步平均提高了5.647%,上升趋势最高的年份为2005—2006年。由此可以发现,制造业全要素生产效率的提高是由技术效率变动和技术进步变动共同引起的,但主要是由技术进步水平的提高推动的。进一步对技术效率变动进行分解,可以得到纯技术效率变动平均为1.011,纯技术效率平均提高了1.096%;规模效率变动平均为1.005,规模效率平均提高了0.522%。

表5-3 2005—2016年制造业DEA-Malmquist指数及其分解均值

年份	分解				
	tfpch	effch	techch	pech	sech
2004—2005年	1.132	1.042	1.087	1.076	0.968
2005—2006年	1.138	0.994	1.145	0.996	0.997
2006—2007年	1.140	1.048	1.088	1.054	0.995
2007—2008年	1.036	1.047	0.989	1.017	1.030
2008—2009年	1.010	1.022	0.988	0.983	1.040
2009—2010年	1.108	0.976	1.136	0.980	0.995
2010—2011年	1.130	1.088	1.038	1.056	1.031
2011—2012年	1.055	0.970	1.087	0.958	1.012
2012—2013年	1.013	0.997	1.015	1.035	0.964
2013—2014年	1.025	1.013	1.011	0.982	1.032
2014—2015年	1.022	0.989	1.034	0.988	1.001
2015—2016年	1.063	1.004	1.059	1.008	0.996
平均值	1.073	1.016	1.056	1.011	1.005

(四)制造业各子行业全要素生产效率变动测算结果

为观察制造业各子行业的全要素生产效率变动情况,本书仍然以考察期两种《国民经济行业分类》(GB/T 4754—2002、GB/T 4754—2011)标准中基本未作更改的15个子行业作为样本,分别统计各子行业DEA-Malmquist指数均值(表5-4)。总体来看,2005—2016年15个子行业的DEA-Malmquist指数多数大于 1，表明各子行业全要素生产效率水平总体趋于进步，但不同行业间差异显著。就各子行业年均 DEA－Malmquist 指数而言，位于前三位的子行业分别为农副食品加工业（C13）、纺织业（C17）、电气机械和器材制造业（C38）；位于后三位的子行业分别为烟草制品业（C16）、黑色金属冶炼和压延加工业（C31）、金属制品业（C33）。

表 5－4　2005—2016 年制造业各子行业 DEA－Malmquist 指数均值

行业	2004—2005 年	2005—2006 年	2006—2007 年	2007—2008 年	2008—2009 年	2009—2010 年	2010—2011 年	2011—2012 年	2012—2013 年	2013—2014 年	2014—2015 年	2015—2016 年
C13	1.266	1.081	1.231	1.092	1.256	1.096	1.405	0.916	0.923	1.096	0.988	1.053
C14	1.059	0.998	1.615	1.131	0.831	0.923	1.538	1.097	0.957	0.925	0.863	1.088
C16	1.098	1.130	1.096	1.056	1.036	0.955	1.153	1.118	1.084	0.925	0.992	0.925
C17	1.200	1.127	1.144	1.003	1.090	1.171	1.168	1.037	1.149	1.080	1.051	1.072
C22	1.222	1.195	1.091	1.058	0.972	1.204	1.160	1.106	1.057	1.076	1.008	1.085
C26	1.109	1.116	1.129	1.032	1.001	1.124	1.215	1.026	1.044	1.064	1.009	1.071
C27	1.092	1.085	1.136	1.071	1.078	1.109	1.155	1.067	1.025	1.014	1.032	1.047
C28	0.956	0.941	1.054	0.967	1.081	1.049	1.262	1.206	1.117	1.052	1.128	1.065
C30	1.086	1.165	1.175	1.121	1.111	1.109	1.195	1.038	1.126	1.065	1.022	1.073
C31	1.127	0.949	1.184	1.150	0.875	1.108	1.141	0.946	0.963	0.932	0.914	0.999
C32	1.181	1.463	1.174	0.843	0.991	1.207	1.192	0.973	1.072	1.037	1.032	1.088
C33	1.189	1.123	1.182	1.041	1.001	1.076	0.982	1.047	1.027	0.984	1.030	1.048
C34	1.133	1.172	1.202	1.016	1.056	1.085	1.129	0.970	1.126	1.059	1.002	1.062
C35	1.183	1.271	1.187	1.073	1.048	1.089	1.078	1.009	1.084	1.045	1.045	1.059
C38	1.172	1.293	1.104	1.051	1.185	1.104	1.140	1.078	1.117	1.056	1.013	1.109

第三节　产业协调发展对制造业升级影响的门限效应

一、门限回归模型

门限回归模型主要用来描述复杂随机系统，最早由汤家豪（Tong，1978）提出,后经 Hansen 等人(Hansen 和 Bruce,1996;1999)作进一步研究,其核心思想在于捕获门限变量可能发生跳跃的临界点或临界区域,在该点或区域处模型系数改变,这更能解释现实的某些经济现象。

门限回归分析的流程如下:首先,对所有门限值 γ 求其残差平方和,将残差平方和最小值所对应的门限值记为 $\hat{\gamma}$;然后利用门限值 $\hat{\gamma}$ 来估计模型在不同区间的系数。门限回归模型可分为单一门限回归模型和多门限回归模型两种,现分别对两种模型的相关理论作具体介绍。

(一)单一门限回归模型

单一门限回归模型表达式为:

$$y_{it} = \begin{cases} \mu_i + \beta_1' x_{it} + \varepsilon_{it}, q_{it} \leqslant \gamma \\ \mu_i + \beta_2' x_{it} + \varepsilon_{it}, q_{it} > \gamma \end{cases} \tag{5-6}$$

式中,y 为被解释变量;x 为解释变量;q 为门限变量;γ 为门限值;μ 与 ε 分别为个体效应和随机扰动项;i、t 分别代表地区与年份。依据门限变量与门限值的对比关系,当 $q_{it} \leqslant \gamma$ 时选择第一个式子来估计系数;当 $q_{it} > \gamma$ 时选择第二个式子来估计系数。

对于式(5-6),通常会定义一个指示函数 $I(\cdot)$,如果括号内的表达式为真,取值为 1;反之,取值为 0。于是,门限回归模型又可表示为:

$$y_{it} = \mu_i + \beta_1' x_{it} I(q_{it} \leqslant \gamma) + \beta_2' x_{it} I(q_{it} > \gamma) + \varepsilon_{it} \tag{5-7}$$

针对给定的门限值 γ 进行参数估计,具体做法是:对估计值 $\hat{\beta}'$ 求残差平方和 $S_1(\gamma)$,使 $S_1(\gamma)$ 达到最小的 γ 为估计的门限值,也即 $\hat{\gamma}(\gamma) = \mathop{\mathrm{argmin}}\limits_{\gamma} S_1(\gamma)$。检验是否存在门限效应,原假设 H_0:不存在门限效应;H_1:存在一个门限值。检验统计量:

$$F_1(\gamma) = \frac{S_0 - S_1(\hat{\gamma})}{\hat{\sigma}^2} \tag{5-8}$$

式中,S_0、S_1 分别为不存在门限值与存在门限值下的残差平方和;$\hat{\sigma}^2$ 为扰动项方差的一致估计量。

若通过检验证明存在门限值,接下来对该门限值的真实性进行检验,原假设 $H_0: \gamma = \gamma_0$;$H_1: \gamma \neq \gamma_0$。这里采用 Hansen 等(1996)提出的似然比检验统计量:

$$LR(\gamma) = \frac{S_1(\gamma) - S_1(\hat{\gamma})}{\hat{\sigma}^2(\hat{\gamma})} \tag{5-9}$$

式中,$S_1(\hat{\gamma})$、$\hat{\sigma}^2(\hat{\gamma})$ 分别为原假设下估计参数的残差平方和与残差方差。

(二)多门限回归模型

在门限回归模型的实际应用中,单一门限往往不能满足所有情况,即有可能存在两个及以上的门限值。其中,存在两个门限值的双重门限回归模型可以表示为:

$$y_{it} = \mu_i + \beta_1' x_{it} I(q_{it} \leq \gamma_1) + \beta_2' x_{it} I(\gamma_1 \leq q_{it} \leq \gamma_2) + \beta_3' x_{it} I(q_{it} > \gamma_2) + \varepsilon_{it} \tag{5-10}$$

式中，$\gamma_1 < \gamma_2$。在具体估计时包括检验是否存在门限值及检验门限值个数两个方面。首先假定单一门限值 γ_1' 已知，再搜索第二个门限值，两个门限值的估计与检验方法相同。求得第二个门限值最小残差平方和所对应的 γ_2'，检验该门限值是否存在。原假设 H_0：只有单一门限存在；H_1：有双重门限值存在。检验统计量：

$$F_2(\gamma) = \frac{S_1(\hat{\gamma}_1) - S_2(\hat{\gamma}_2)}{\hat{\sigma}_2^2} \tag{5-11}$$

检验所得到的双重门限值的真实性，同样采用式(5-9)似然比检验的方法。重复以上步骤可进一步搜索第三个甚至更多的门限值，直至拒绝原假设为止。

二、模型设定、变量选择及数据来源

(一)模型设定

为深入探讨制造业与服务业协调发展对制造业升级效果的影响，在上述理论基础上构建如下门限模型：

$$\text{Eff}_{it} = \mu_i + \beta_1 D_{it} I(q_{it} \leq \gamma) + \beta_2 D_{it} I(q_{it} > \gamma) + \beta_3 \text{Ifa}_{it} + \beta_4 \text{Hum}_{it} + \beta_5 \text{Tra}_{it} + \beta_6 \text{Pol}_{it} + \beta_7 \text{Tdd}_{it} + \mu_i + \varepsilon_{it} \tag{5-12}$$

式中，被解释变量为测度制造业升级状况的全要素生产效率(Eff)，主解释变量为测度制造业与服务业协调发展水平的耦合协调度(D)，$I(\cdot)$ 为指示函数，q 为门限变量，γ 为特定门限值。同时为提高计量模型的稳健性，加入可能影响制造业升级效果的其他因素，包括五个控制变量：固定资产投入(Ifa)、人力资本(Hum)、国际贸易(Tra)、产业政策(Pol)、交通发达程度(Tdd)。μ_i 为行业个体效应，ε_{it} 为随机扰动项，且 $\varepsilon_{it} \sim iidN(0, \delta^2)$。

(二)变量选择

1. 被解释变量

有关制造业升级指标的选取，学者们从不同视角采用各种变量进行表示，经过梳理发现主要包括工业增加值或工业增加值率(宋洋和王志刚，2016；贾妮莎和申晨，2016；杨玲，2016；阳立高等，2018)、工业利润率(盛丰，2014；吴风波和朱小龙，2016)、产业结构水平(阳立高等，2014；李新功，2017)、劳动生产率(周孝等，2013；胡红安和仪少娜，2018)、产品附加值(刘磊，2014；魏龙和王磊，2017)、全要素生产效率(周荣敏，2015；沈鸿和顾乃华，2017；张诚和赵刚，2018)。其中，全要素生产效率及其变动最能够反映制造业生产绩效及产业资源优化配置的程度，本书选取学者们应用较多的全要素生产效率来测度制造业升级，并以此作为被解释变量。为准确反映制造业生产效率历年的状况，在上一节基础上采用非参数的 DEA—

Malmquist 模型测度得到固定参数比例下 2005—2016 年制造业全要素生产效率（Eff），结果如表 5-1 所示。

2. 主解释变量

选取制造业与服务业耦合协调度指标来度量两产业的协调发展水平，并以此作为主解释变量，以分析其对制造业升级效果的影响作用。关于耦合协调度的计算在第三章中已作了翔实说明，这里不再赘述，测度结果如表 3-3 所示。

3. 门限变量

(1) 产业规模（Isv）。产业规模通常指产出规模或经营规模，与产业结构密切相关，适当的产业规模是国家政府在制定产业政策时参考的重要标准，也是影响产业升级的重要因素（冯伟和李嘉佳，2018）。规模过大会造成资源浪费与产能过剩；而规模过小则不易形成竞争优势与规模效应。测度产业规模的指标通常有总产出、增加值、企业数、从业人数等，由于工业销售产值不仅包含了工业产品总产量，同时反映了生产要素的投入量水平，因此本书选取该指标衡量制造业的产业规模。

(2) 综合发展水平（Cdi）。作为一个庞大而复杂的产业体系，制造业所涉及的门类广泛，各门类发展状况各异。综合发展水平从整体上表现了制造业的规模水平、结构水平、经济效益、生产效率、产业组织能力等，反映了其综合经济实力和市场竞争力。为实现制造业由"大"向"强"的转变升级，必须提高制造业综合发展水平（张丹宁和陈阳，2014）。本书选取第二章测度的制造业综合发展水平来衡量。

(3) 技术创新（R&D）。对于制造业企业而言，技术创新表现为内部设备和生产技术的革新，加工工艺的简化及生产材料利用效率的提升。首先，企业通过加大研发投入，可以优化资源配置效率、推进企业技术创新，从而驱动产业升级；其次，在实现技术创新后，企业与企业之间可以通过信息与知识的互动交流充分发挥技术转移效应，进一步加速制造业升级（Potts 等，2017；谢众等，2018）。本书选取地区 R&D 经费内部支出来衡量技术创新水平。

4. 控制变量

(1) 固定资产投入（Ifa）。中国的大型制造业大多数为国有企业，政府的投资力度及投资决策很大程度上决定和影响着制造企业的发展方向，在经济相对落后的地区这种影响更为明显。制造业升级状况对固定资产投入还存在较大依赖性（卢飞和刘明辉，2016；于斌斌，2017），因此本书选取制造业固定资产投资额占全社会固定资产投资额比重来衡量固定资产投入。

(2) 人力资本（Hum）。人力资本主要通过要素禀赋结构、收入状况、消费水平等多种路径对制造业升级产生影响（阳立高等，2018）。一方面，劳动者通过教育、培训、实践等提升专业技能和综合素质，引发人力资本及相关要素向上流动，驱使制造业由低端向高端升级；另一方面，人力资本的积累又同时作用于劳动者的收入和消费,引发消费需求升级,进而再次驱使制造业转型升级。本书参考彭国华(2005)计算方法,以人力资本存量 $H_{it} = \exp(\ln h_{it}) * L_{it}$ 作为衡量指标,其中,h 为地区人均人力资本,L 为地区总就业人数。

(3)国际贸易(Tra)。改革开放以来,作为对外开放的先行领域,外贸、外资的快速增长使中国制造业取得了长足进步(张智楠,2018),对外开放在制造业规模成长及竞争力提升过程中发挥了重要作用,对制造业升级也产生了助推作用(洪联英等,2013)。由于进出口及外商直接投资均会对制造业的升级效果产生影响,本书选取二者算术平均值来衡量国际贸易,即 Tra_{it} =(进出口总额/GDP+FDI总额/GDP)/2。

(4)产业政策(Pol)。作为社会主义国家,政府的投资与规划等对经济的干预措施能够促进制造业与服务业交易、降低信任成本,进而影响到制造业的生产效率,地方政府可通过有针对性的人才引进、税收、投融资、信息共享等措施,对制造业升级产生积极影响(刘奕等,2017)。因此本书选取地方财政支出占地区生产总值的比重来表示产业政策效应。

(5)交通发达程度(Tdd)。作为一个地区产业发展的要素禀赋,交通条件是影响企业区位布局的重要因素,其中交通的发达程度能够促进要素与商品的流动效率,从时间和空间上降低制造企业的交易成本。互通互联的发达交通网能够促进产业的空间集聚,进而产生规模效应,促使制造业竞争力的提升和劳动生产率的提高,对制造业的产业升级有重要影响(李福柱和刘华清,2018)。为刻画基础设施建设对制造业升级的作用,本书选取人均货运量来衡量。

(三)数据来源

本书所选取指标对应的各项数据主要来源于2006—2017年《中国统计年鉴》《中国工业统计年鉴》《中国科技统计年鉴》《中国劳动统计年鉴》《中国第三产业统计年鉴》及各省统计年鉴的整理。在数据的选取及处理过程中,有以下几点需要说明:首先,为保证数据的可得性和连续性,所选取的2005—2016年制造业总体及其子行业数据均为规模以上工业企业数据;其次,由于《中国工业统计年鉴》2013年后不再公布总产值数据,为保证数据一致性,选择工业销售产值来替代;最后,各项价值指标均通过价格指数作相应平减,调整为以2005年为基期的数据。为消除异方差及时间趋势影响,分别对取绝对数的产业规模、技术创新、人力资本、交通发达程度等变量作对数化处理,其他取相对数的变量不再作任何处理。所选取的指标描述性统计结果如表5-5所示。

表 5-5 各变量描述性统计

变量	样本数	平均值	标准差	最小值	最大值
全要素生产效率(Eff)	360	1.137	0.337	0.401	2.101
耦合协调水平(D)	360	0.422	0.135	0.173	0.872
综合发展水平(Cdi)	360	0.184	0.136	0.032	0.805
产业规模(Isv)	360	8.963	1.240	5.409	11.519
技术创新(R&D)	360	2.478	1.427	−1.356	6.193
固定资产投入(Ifa)	360	0.190	0.101	0.014	0.500
人力资本(Hum)	360	9.216	0.964	5.867	10.646
国际贸易(Tra)	360	0.176	0.204	0.019	0.912
产业政策(Pol)	360	0.217	0.097	0.080	0.660
交通发达程度(Tdd)	360	3.116	0.507	1.764	4.339

注:数据来源于历年统计年鉴,经模型计算后,结果由作者整理获得。

三、实证结果分析

(一)门限效应检验结果

在上述门限回归模型的设定和因变量、门限变量、主解释变量、控制变量等的选取基础上,依次对是否存在门限值以及存在单一门限还是多重门限进行检验,得到 F 统计量,并采用"自助法"(Bootstrap)估算其对应 p 值,结果见表 5-6。可以发现,在以产业规模(Isv)作为门限变量时,存在单一门限的 LR 统计量为 28.350,通过了 1% 的显著性检验;存在双重门限的 F 统计量为 23.590,通过了 10% 的显著性检验;存在三重门限的 F 统计量未通过检验。在以综合发展水平(Cdi)作为门限变量时,存在单一门限和双重门限的 F 统计量分别为 34.330、27.200,均通过了 5% 的显著性检验;存在三重门限的 F 统计量未通过检验。在以技术创新(R&D)作为门限变量时,存在单一门限的 F 统计量为 29.640,通过了 10% 的显著性检验;存在双重门限和三重门限的 F 统计量未通过检验。因此,在后面门限回归的估计及结果分析中,对产业规模、技术创新采用单一门限模型来探讨,而对综合发展水平采用双重门限模型来探讨。

表 5-6 门限效应检验

门限变量	门限值个数	F统计量	p值	临界值		
				10%	5%	1%
产业规模(Isv)	单一门槛	28.350***	0.000	24.407	26.504	27.980
	双重门槛	23.590*	0.091	22.070	27.781	31.603
	三重门槛	13.770	0.546	32.612	34.726	39.644
综合发展水平(Cdi)	单一门槛	34.330**	0.046	27.777	29.198	38.731
	双重门槛	27.200**	0.032	23.558	25.160	31.632
	三重门槛	20.930	0.500	37.743	44.227	51.760
技术创新(R&D)	单一门槛	29.640*	0.065	26.363	32.899	37.121
	双重门槛	21.10	0.290	29.674	39.935	43.922
	三重门槛	18.74	0.451	28.783	35.358	60..902

注：资料来源于模型测算，由作者整理获得，*、**、*** 分别表示显著性水平为0.1、0.05和0.01。

(二)门限值估计结果

在门限效应检验的基础上，需要进一步估算出三个门限变量在单一、双重及三重门限下的门限值(表 5-7)。图 5-4、图 5-5 分别给出了产业规模、技术创新单一门限估计的 LR 统计量变化图，图 5-6 给出了综合发展水平双重门限估计的 LR 统计量变化图，图中当似然函数位于最低点时所对应的值即为门限值。对于产业规模，其取对数后的单一门限值为 10.4533，95% 的置信区间为 [10.3785, 10.4633]，对应的实际门限值及置信区间分别为 44683 亿元、[32161, 35112] 亿元。对于综合发展水平，其取单一门限和双重门限值分别为 0.0854、0.3330，95% 的置信区间分别为 [0.0840, 0.0855]、[0.3289, 0.3401]。对于技术创新，其取对数后的单一门限值为 0.7548，95% 的置信区间为 [0.7355, 0.7645]，对应的实际门限值及置信区间分别为 2.127 亿元、[2.0865, 2.1479] 亿元。

表 5-7 门限回归系数估计

门限变量	门限值		估计值	95%置信区间
产业规模(Isv)	单一门槛		10.4533	[10.3785, 10.4633]
	双重门槛	γ_1	9.9497	[9.9322, 9.9534]
		γ_2	10.5620	[10.4484, 10.6010]
	三重门槛		8.657	[8.643, 8.660]

(续表)

门限变量	门限值		估计值	95%置信区间
综合发展水平(Cdi)	单一门槛		0.3330	[0.3289,0.3401]
	双重门槛	γ_1	0.0854	[0.0840,0.0855]
		γ_2	0.3330	[0.3289,0.3401]
	三重门槛		0.166	[0.161,0.167]
技术创新(R&D)	单一门槛		0.7548	[0.7355,0.7645]
	双重门槛	γ_1	3.8717	[3.8331,3.9006]
		γ_2	0.7548	[0.7355,0.7645]
	三重门槛		3.0097	[2.9837,3.0225]

注：数据来源于模型测算，结果由作者测算获得。

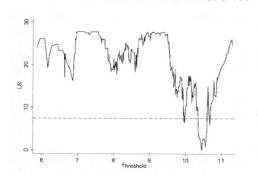

图5-4 产业规模的单一门限估计　　图5-5 技术创新的单一门限估计

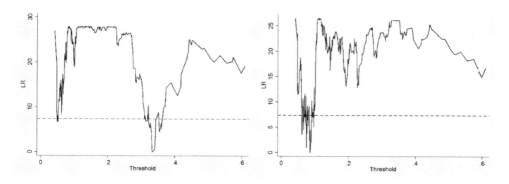

图5-6 综合发展水平的双重门限估计

(三)门限模型估计结果分析

在门限效应及门限值重数检验的基础上,分别以制造业产业规模、综合发展水平及技术创新为门限变量,考察制造业与服务业协调发展对制造业升级的影响分析。表5-8、表5-9、表5-10分别给出了各变量系数估计值及其置信区间,主解释变量耦合协调水平在不同的门限变量下的估计系数在1%水平下显著,常数项及控制变量中人力资本、国际贸易、产业政策的估计系数在1%水平下显著,而固定资本投入、交通发达程度的系数估计未显著。三组结果系数联合显著性检验的F统计量(202.25、193.87、202.43)所对应的p值均为0.000,可决系数(R^2=0.814、0.828、0.814)的值均大于0.8,表明模型拟合效果很好且整体显著。现分别对三组结果作具体分析。

1. 产业规模的门限效应分析

由表5-8可知,制造业与服务业协调发展水平的提升对制造业全要素生产效率具有显著的促进作用,但在不同的产业规模下表现出差异性水平。当制造业工业销售产值低于34685亿元时,产业耦合协调水平每增加1个单位,能带来制造业生产效率提升3.098个单位;当制造业工业销售产值高于34685亿元时,产业耦合协调水平每增加1个单位,能带来制造业生产效率提升2.739个单位。

由此表明,当制造业产业规模处于较低水平时,产业规模的扩大使其对服务业的中间需求加大,推动服务业专业化与社会化程度,较容易产生规模经济效应,制造业与服务业互动关系的增强进一步促进二者协调发展水平的提升,降低了制造业的劳动成本,从而加强了对制造业生产效率的促进作用。而当制造业规模达到一定阈值后,其对服务业的中间需求基本接近饱和状态,二者的互动融合也逐渐趋于稳定,限制了服务业对制造业劳动成本降低和生产效益增加的作用,经济规模效应的降低一定程度上削弱了产业协调发展对制造业生产效率的促进作用。

表5-8 产业规模门限估计结果

变量	系数	t值	p值	95%置信区间	
协调水平D(产业规模(Isv)≤34685亿元)	3.098***	9.16	0.000	2.433	3.764
协调水平D(34685亿元<产业规模(Isv))	2.739***	8.77	0.000	2.125	3.354
固定资产投入(Ifa)	−0.279	−1.34	0.183	−0.689	0.132
人力资本(Hum)	0.252***	2.98	0.003	0.086	0.785
国际贸易(Tra)	0.482***	3.13	0.003	0.179	0.785
产业政策(Pol)	1.241***	5.56	0.000	0.802	1.680
交通发达程度(Tdd)	0.032	0.93	0.352	−0.035	0.098

(续表)

变量	系数	t 值	p 值	95%置信区间	
常数项	-2.865***	-4.12	0.000	-4.233	-1.498
F 统计量	202.25		p 值	0.000	
R^2	0.8144				

注:资料来源于模型回归,结果由作者整理获得,*、**、*** 分别表示显著性水平为 0.1、0.05 和 0.01,下同。

2. 综合发展水平的门限效应分析

由表 5-9 可知,在制造业不同综合发展水平下,制造业与服务业协调发展水平的提升均对制造业生产效率有良好的促进作用。当制造业综合发展水平低于 0.0854 时,产业耦合协调水平每增加 1 个单位,能带来制造业生产效率提升 2.366 个单位;当制造业综合发展水平介于 0.0854~0.3330 之间时,产业耦合协调水平每增加 1 个单位,能带来制造业生产效率提升 2.825 个单位;当制造业综合发展水平高于 0.3330 时,产业耦合协调水平每增加 1 个单位,能带来制造业生产效率提升 2.492 个单位。

这种非线性跃进趋势,主要是由于当制造业综合发展水平处于较低程度时,企业的"服务内置化"现象较多,且制造业服务端的专业化程度不高,服务业尚未完全从制造业中剥离出来,制造业与服务业的良性互动关系较弱,因此协调发展水平对制造业生产效率的提升有限。当制造业综合发展水平跨过这一较低状态达到中等程度后,"服务内置化"已经不能满足企业对服务的需求量,只能通过外部市场购买服务产品,服务产品以人力资本、知识资本、技术创新等形式融入生产活动中,增强了制造业资本化和专业化程度,进而提升了制造业生产效率。当制造业综合发展水平达到较高程度后,经过长期的良性互动融合,制造业与服务业已经达到最优状态,但由于投入要素及消费需求的限制,产业协调发展对制造业生产效率的提升作用趋于减弱。

表 5-9 综合发展水平门限估计结果

变量	系数	t 值	p 值	95%置信区间	
协调水平 D(综合发展水平 (Isv)≤0.0854)	2.366***	6.94	0.000	1.695	3.036
协调水平 D(0.0854< 综合发展水平 (Isv)<0.3330)	2.825***	8.86	0.000	2.198	3.453
协调水平 D(综合发展水平 (Isv)≥0.3330)	2.492***	8.41	0.000	1.909	3.075
固定资产投入(Ifa)	-0.263	-1.31	0.191	-0.656	0.131
人力资本(Hum)	0.284***	3.51	0.001	0.125	0.444

(续表)

变量	系数	t 值	p 值	95%置信区间	
国际贸易(Tra)	0.397***	2.66	0.008	0.104	0.690
产业政策(Pol)	1.061***	4.86	0.000	0.631	1.490
交通发达程度(Tdd)	0.018	0.56	0.579	−0.046	0.083
常数项	−2.932***	−4.39	0.000	−4.245	−1.620
F 统计量	193.87		p 值	0.000	
R^2	0.828				

3. 技术创新的门限效应分析

由表 5-10 可知,在不同的技术创新水平下,制造业与服务业协调发展对制造业生产效率存在显著的正向非线性影响。当 R&D 经费内部支出低于 2.127 亿元时,产业耦合协调水平每增加 1 个单位,能带来制造业生产效率提升 1.270 个单位;当 R&D 经费内部支出高于 2.127 亿元时,产业耦合协调水平每增加 1 个单位,能带来制造业生产效率提升 2.023 个单位。

这种非线性影响,主要是由于当技术创新处于较低水平时,由于创新能力不足,产业过度依靠资本、劳动力的投入及资源的消耗来获得发展,这种粗放型的增长模式消耗高、成本高、效益低,并且是不可持续的,很大程度上制约了制造业与服务业互动与协调发展,也降低了制造业生产过程的效率。而当技术创新处于较高水平时,创新投入经过充分积累达到一定程度后才能激发量变到质变的转化,使制造业与服务业之间产生联动效应,推动制造业生产效率的提升并向结构高级化转型升级。

表 5-10 技术创新门限估计结果

变量	系数	t 值	p 值	95%置信区间	
协调水平 D(技术创新(R&D)≤2.127 亿元)	1.270***	3.53	0.000	0.561	1.979
协调水平 D(2.127 亿元<技术创新(Isv))	2.023***	6.63	0.000	1.423	2.623
固定资产投入(Ifa)	0.173	0.83	0.406	−0.237	0.583
人力资本(Hum)	0.427***	5.08	0.000	0.262	0.593
国际贸易(Tra)	0.476***	3.09	0.002	0.173	0.779
产业政策(Pol)	1.180***	5.25	0.000	0.737	1.622
交通发达程度(Tdd)	0.022	0.64	0.525	−0.045	0.089

(续表)

变量	系数	t 值	p 值	95%置信区间	
常数项	−4.075***	−5.90	0.000	−5.434	−2.716
F 统计量	202.43		p 值	0.000	
R^2	0.8141				

本章小结

本章首先从制造业产值占国民经济比重、制造业结构升级、制造业价值链升级三个方面观察了中国制造业升级现状,然后基于 DEA−Malmquist 模型测算了制造业总体、省域及各子行业的全要素生产效率及其变动,并对该变动作了进一步分解,最后采用门限回归模型考察在不同产业规模、综合发展水平及技术创新三个门限变量下,制造业与服务业协调发展对制造业升级的非线性影响。

(1)对当前中国制造业升级现状分析可得:首先,2005—2016 年中国制造业发展与国民经济整体运行趋势基本一致,但制造业产值占总体 GDP 比重呈缓慢下降态势;其次,就制造业结构升级而言,高、低人均资本子行业产值占比较高,但中等人均资本子行业产值增长率较高,低人均资本子行业就业占比较高,而中等人均资本子行业就业增长率较高;再次,就制造业价值链升级而言,高人均资本的劳动生产率最高。因此,在推进制造业产业升级过程中,应当将具有较高就业弹性与产值增长率的农副食品加工业(C13)、食品制造业(C14)、医药制造业(C27)、非金属矿物制品业(C20)等中等人均资本子行业作为重点行业,对这些子行业优先升级。

(2)采用 DEA−Malmquist 指数测算制造业全要素生产效率及其变动,具体分析如下:省域制造业全要素生产效率呈"东−中−西"递减格局,而增长率呈"东−中−西"递增的相反格局,区域差异明显;从生产效率变动来看,沿海经济发达地区制造业全要素生产效率提高较慢,而经济相对落后的西部地区则提高较快,技术转移与扩散能够使制造业落后的省份突破技术壁垒、获得先进生产设备和管理理念来提高全要素生产效率;通过对生产效率变动进一步分解可以发现,制造业全要素生产率的提高是由技术效率变动和技术进步变动共同引起的,但主要是由技术进步水平的提高推动的;对制造业 15 个子行业的 DEA−Malmquist 指数的测算发现,2005—2016 年多数子行业全要素生产率变动大于 1,表明各子行业全要素生产率水平总体趋于进步,但不同行业间差异显著。

(3)应用门限回归模型,以产业规模、综合发展水平及技术创新为门限变量,分别测度制造业与服务业协调发展水平对制造业升级的非线性影响,研究表明良好的制造业与服务业协调发展水平对制造业升级具有显著的促进作用,但在不同门限变量下促进效果有所差异;产业规模存在单一门限值,当制造业工业销售产值低于 34685 亿元时,产业协调发展对制造业生产效率提升效果较强,反之则较弱;综合发展水平存在双重门限值,当制造业综合发展水平介于 0.0854~0.3330 之间时,产业协调发展对制造业生产效率提升效果最强,其他情况则较弱;技术创新存在单一门限值,当 R&D 经费内部支出高于 2.127 亿元时,产业协调发展对制造业生产效率提升效果较强,反之则较弱。

第六章

结论与启示

本书应用统计学、计量经济学、新经济地理学、产业经济学、区域经济学的相关理论和方法,在探明制造业与服务业协调发展机制基础上,搭建"产业发展—产业协调—驱动因素—产业升级"的研究路径,为促进区域间产业协调发展及产业优化升级提供决策参考。

一、研究结论

(一)制造业与服务业综合发展水平测度分析的结论

制造业的发展程度往往代表了一国的生产力水平,也是区分发达国家与发展中国家的重要因素,在国民经济中占据重要的地位。服务业在国民经济中的比重反映了一国经济发展方式某些显著和重要的结构性变化,具有重要的经济发展战略含义和政策导向性。在遵循科学实用、系统性、动态性、完备性等原则之上,基于中国30个省份2005—2016年的样本数据,分别选取代表产业规模、产业效益、产业贡献和产业潜力的12个指标,构建了反映制造业与服务业发展水平的指标体系,并采用改进的熵权法赋予指标权重,分别从制造业与服务业总体、省域、区域、行业部门四个层面测算两产业综合发展水平。然后采用灰色关联度模型,观察制造业发展水平与其评价指标、服务业发展水平与其评价指标、制造业与服务业发展水平各指标之间的影响程度。采用Dagum基尼系数分解方法测算制造业与服务业综合发展水平的区域差异,并指出地区间差距、地区内差距及其贡献率。

研究发现:第一,中国制造业与服务业综合指数均呈逐年提高状态,且制造业发展水平略滞后于服务业。第二,制造业与服务业综合指数在省域层面呈现明显的左偏分布特征,即位于低水平区的省份数明显多于位于高水平区的省份数;在区域层面则保持"东—中—西"("沿海到内陆")递减的分布格局。第三,制造业与服务业综合指数灰色关联度较高,平均灰色度为0.825,为进一步分析两产业间的协调发展水平提供了理论支撑。第四,两产业就区域内差异而言,制造业表现为"东部>中部>西部",而服务业则表现为"东部>西部>中部";就区域间差异而言,两产业均表现为"东西>东中>中西";从区域差异来源的贡献率来看,均表现为"区域间差异>区域内差异>超变密度",区域间差异是总体区域差异的主要来源,且空间细分后区域间差距趋于扩大,而区域内差距趋于缩小。

(二)制造业与服务业协调发展水平测度分析的结论

制造业与服务业是全球价值链的核心组成部分,同时也是实现经济增长和强国目标的两台"发动机",在中国即将全面进入服务经济时代,如何实现两产业并驾齐驱地高质量增长和协调发展,避免"一条腿长,一条腿短"的窘境,是现阶段中国产业发展变革的重要任务。本书基于产业协调发展的内涵特征,运用耦合协调度模型测度了制造业与服务业协调发展水平,并分别从总体、省域、区域及行业部门四个层面作了具体分析,采用 Dagum 基尼系数分解方法系统考察了两产业协调发展水平的空间格局及其动态演进过程,最后基于灰色 GM(1,1)模型预测了制造业与服务业在未来可能的协调发展水平及演变方向。

研究发现:第一,制造业与服务业的耦合协调度总体呈逐年递增态势;经济发达、产业集聚程度高的东部沿海地带往往产业协调水平高,而经济欠发达、产业集聚程度低的西南部地区则产业协调水平低;东北部地区由于近年来经济增速持续走低,产业协调水平有下降趋势。第二,制造业与服务业 14 个门类的耦合协调水平中,服务业主导型、产业趋同型在考察期内均迈进了勉强协调水平,而制造业主导型多数止步于濒临失调水平;三区域下呈"东-中-西"递减格局,八区域下最高的是东部沿海综合经济区,最低的是大西北综合经济区。第三,制造业与服务业及其各门类总体差异演进趋势较为一致,均呈先减小后增大的"U"形态势;从区域内差异来看,三区域下差异最大的是东部,最小的是中部,八区域下差异最大的是南部沿海综合经济区,最小的是长江中游综合经济区;从区域间差异来看,三区域差异最大的是东-西部,最小的是中-西部,八区域下差异最大的是东部沿海-大西北综合经济区,最小的是东北-大西南综合经济区;从差异来源及其贡献来看,区域间差异是造成空间差异的主要来源。第四,由"方差比值 $C<0.35$、小误差概率 $p>0.95$",说明采用灰色 GM(1,1)模型预测两产业耦合协调水平效果较好。

(三)制造业与服务业协调发展驱动因素分析的结论

伴随着供给侧改革下的产业结构调整,中国经济逐步趋于纵深发展,产业互动协调发展正成为各产业提升自身竞争力的绝佳路径。因此,有必要在考察中国制造业与服务业协调发展水平的基础上,进一步探讨实现产业互动协调发展的驱动力。那么,在当前经济环境下,驱动制造业与服务业协调发展的主要因素有哪些?其作用机制如何?各种因素对协调发展水平的作用效果如何测度?不同区域间的空间溢出效应有何差异?这些问题的解决有利于为产业优化与升级提供一些经验证据,探究缩小区域产业发展差距的可能路径,方便政府在中长期决策时实行差异化区域政策措施。本书基于产业协调发展与新经济地理学研究视角,首先从内在和外在两个层面分析了驱动制造业与服务业协调发展的六大因素及其作用机理,采用全局与局部 Moran's I 指数、空间面板计量模型及地理加权回归模型定量分析了制造业与服务业协调发展水平的空间相关性、驱动因素的空间溢出效应及空间异质性。

研究发现:第一,耦合协调度的全局 Moran's I 指数显示了空间相关性逐年增强,而局部 Moran's I 指数显示了大部分省级单元位于第一、三象限,处于高高水平集聚区的省份数逐年增多。第二,由 Hausman 检验、LM 检验、Wald 检验、LR 检验表明应当采用 SDM 模型对空间面板模型进行估计;由可决系数 R^2 和对数似然比 $LogL$ 表明空间固定效应 SDM 模型的拟合效果最好,且物质资本、技术进步、国际贸易对应变量未发现存在明显的空间溢出效应,而人力资本、基础设施建设、产业政策对应变量存在显著的空间溢出效应。第三,运用地理加权回归模型(GWR)来探讨产业协调发展驱动因素的空间异质性特征,模型对数据的拟合效果很好(校正 $R^2=0.975$),各驱动因素回归系数均值对产业耦合协调度存在正向促进作用;从省级层面、三区域及八区域层面下分别对各驱动因素回归系数进行了统计,发现区域影响差异较大,空间异质性特征显著。

(四)制造业与服务业协调发展对制造业升级影响分析的结论

金融危机的爆发、国际贸易保护的阶段性显现,使原本就不稳定的国际市场环境形势变得更加严峻。廉价制造业国家的崛起促进了制造业的国际转移,但也使处于全球价值链中低端的中国制造业出口额严重削减,直接影响中国对外贸易。除此之外,中国制造业本身也面临生产效率低、创新力不足、产能过剩、结构不合理等问题。因此中国制造业亟须结构转型、升级与优化,才能摆脱现有困境。令人欣慰的是,作为经济黏合剂的服务业与制造业的互动关系越来越密切,两产业协调发展成为新时期驱动制造业升级新的动力引擎。那么,当前中国制造业产业升级现状如何?产业升级如何测度?制造业与服务业协调发展能否促进制造业升级?作用大小与方向如何?基于这些问题,本书首先分析了中国制造业升级现状,基于 DEA－Malmquist 模型测度了制造业全要素生产效率及其变动,采用门限回归模型考察制造业在不同产业规模、综合发展水平及技术创新三个门限变量下,制造业与服务业协调发展对制造业升级的非线性影响。

研究发现:第一,通过对中国制造业升级现状分析,在推进产业升级过程中,应当将具有较高就业弹性与产值增长率的农副食品加工业(C13)、食品制造业(C14)、医药制造业(C27)、非金属矿物制品业(C20)这些中等人均资本子行业作为重点行业,对这些子行业优先升级。第二,由 DEA－Malmquist 指数测算结果,省域制造业全要素生产效率呈"东—中—西"递减格局,而生产效率变动呈"东—中—西"递增的相反格局,对生产效率变动进一步分解可以发现,制造业全要素生产率的提高主要是由技术进步水平的提高推动的。第三,通过门限回归分析,产业规模存在单一门限值,当制造业工业销售产值低于 34685 亿元时,产业协调发展对制造业生产效率提升效果较强,反之则较弱;综合发展水平存在双重门限值,当制造业综合发展水平介于 0.0854～0.3330 之间时,产业协调发展对制造业生产效率提升效果最强,其他情况则较弱;技术创新存在单一门限值,当 R&D 经费内部支出高于 2.127 亿元时,产业协调发展对制造业生产效率提升效果较强,反之则较弱。

二、主要启示

(一)提升制造业与服务业发展水平,加快形成产业集群

1. 加强区域间制造业的经济往来,打破贸易保护壁垒

由于中国区域经济发展的显著不均衡性,导致不同地区在制造业发展过程中扮演角色存在差异。其中东部地区应当依托沿海对外的区位优势,加快技术密集型和资本密集型产业的发展,将高技术含量的产品推向更为广阔的国际市场,同时应当发挥产业主导优势,将劳动密集型与资源密集型产业向中西部地区转移,大力开拓国内市场。对于中部地区而言,自身在人才培养、交通设施及资源开发等方面已经积累了一定的产业发展比较优势,在承接来自东部地区要素转移的过程中,应当以加快产业转型和发展新兴产业为主要目标,形成合理的战略性产业布局。对于西部地区而言,尽管拥有开发潜力巨大的丰硕资源,但在产业发展过程中受到资金、技术、人才、信息等方面的制约,在产业要素转移过程中应着力打造与自身要素禀赋和内需导向相适应的制造产业。

由国内外产业的发展经验可知,不同区域间形成的制造业集聚具有明显的空间外溢现象,也即某地区制造业的发展不仅会受到本地区投入要素及需求的影响,还会受到来自相邻地区的影响,因此在产业发展过程中应当大力推进对外开放,加强制造企业的区域间经济往来,消除贸易保护主义壁垒,扩大制造产品的销售市场,释放更多的国内外市场潜能。通过健全市场合作机制,使制造业集群对关联产业形成带动和辐射作用,同时利用经济合作平台也扩展了自由贸易区、经济合作区等的规模,促进区域间经济发展,缩小区域间经济差距。

2. 充分发挥地区服务业优势,推进体制机制创新

当前中国服务业集聚区众多,但由于各地区资源禀赋不同,所处的经济发展阶段及产业发展基础各异,导致不同地域间服务业集聚水平及发展模式差别较大。因此各地区应在充分认识自身市场环境及产业链条基础上,统筹考虑资源整合、土地利用、产业布局、基础设施规划等,找到与本地区产业特征、产业需求供给相适应的发展模式。

在服务业集聚发展过程中,政府部门应当科学合理布局服务业产业规划,发挥牵头引导、统筹安排、组织协调作用,在尊重市场经济发展规律基础上,利用法律法规、行政干预等手段,优化市场资源配置,例如通过设立开发公司使政府部门的相关产业政策得到有效的落实贯彻,建立有效的决策协调工作机制。同时,政府可以围绕金融、土地、税费等方面制定相关优惠政策,用于整合服务业发展的各项资源要素,不断

优化产业发展的外部经济环境,例如通过制定优惠土地政策,设立金融专项基金,减免房产税、租金、教育附加等措施,鼓励和吸引服务企业入驻,促进服务业集聚。

(二)深化供给侧改革下的高质量发展,促进产业向全球价值链中高端转移

1. 要实现制造业与服务业的高质量发展,必须深入推进供给侧改革

2017年,中国服务业占国民经济比重达到了51.6%,实现了产业结构的重大变革;消费对经济增长的贡献率达到了58.8%,实现了经济增长由过去的依靠投资、出口拉动转变为依靠消费、投资、出口共同拉动;中国居民恩格尔系数也降至30%以下。这些证据都说明了中国经济发展不再是过去的"GDP至上"了,而是转向"人民幸福至上"了。受金融危机的影响,国际发展环境和发展条件的巨大改变使外部需求急剧收缩,而国内劳动力成本优势也持续减弱。因此,按照党的十九大报告的要求,在深化供给侧改革基础上实现制造业与服务业的高质量发展转变,进一步提高国际竞争力,才是当下产业发展的正确决策。

供给侧改革是通过提高中高端产品和服务的有效供给,增强竞争力和附加值,旨在优化经济结构和资源配置,以提升经济增长的质量和数量。其中,供给侧改革的主要任务在于发展实体经济,而发展实体经济的重中之重在于发展制造业,在制造业发展过程中,科技创新、人力资本、金融服务等起到了主要的支撑作用。重视基础研究和应用研究对实体经济的作用,充分发挥科技创新潜能;加强专业素质和技能培训,优化企业人力资本结构;创新金融产品,拓宽投融资渠道,为实体经济提供多样化的金融服务。为增强制造业品质优势,应加强培育具有世界先进水平的服务业集群,围绕中高端消费需求,在三新经济引领下,推动互联网技术与实体经济深度融合,促进产业升级和产业链的中高端转移。

2. 促进产业向全球价值链中高端转移是必然选择

客观来讲,在制造业高质量发展方面,中国同国外发达国家存在较大差距,通过追踪国际先进制造业高质量发展的进程、做法及趋势,寻找中国制造业高质量发展及价值链攀升路径实现机制。首先,将高新技术与新型生产模式嫁接于制造业,推进信息技术与制造技术全面融合,着力打造研发设计、生产加工、管理服务等流程智能化监控,将新技术渗透在生产的各个环节。其次,引导和鼓励制造企业开展技术创新活动,在基础共性方面加强产品质量的保障性、环境适应性,使用时限应达到或超过国际标准;在核心技术方面将互联网、软件、大数据融入产品,并在关键环节上实现突破;在重点行业依靠国家政策扶持,建设具有国际竞争力的先进制造业基地。最后,应将制造业产品供给的重点放在国内、世界主流国家及"一带一路"沿线国家的市场需求,从品牌、技术、营销三大层面提供高品质产品。

在促进产业向价值链高端转移过程中,服务业高质量发展的主要潜力在于推动服务创新、促进产业间融合以及改造传统服务业转型三大要点。在推进服务创新方面,以市场需求为依托,利用现代化信息技术不断革新服务方式和服务内涵,推进服

务技术与服务的融合及创新迭代;通过分享经济、集成应用、平台经济等方式,培育服务新业态,不断创新服务理念;优化组织结构,加大研发投入,引导服务企业自主创新,提升整体竞争力。在推动产业融合方面,信息技术更新速度的加快使制造业与服务业的边界日渐模糊,带来了生产方式的创新和"智能化"的变革,通过搭建协同创新平台和智能集成系统,推动制造业与服务业深度融合。在改造传统服务业转型方面,应将改造重点放在加大对外开放力度、降低服务成本、提升服务质量等方面。

(三)顺应"互联网＋"发展趋向,不断更新产业互动模式

近年来随着互联网技术的快速发展,国家适时推进"互联网＋"发展战略,制造业与服务业的融合与互动模式发生较大改变。在新一轮产业变革中,信息技术的飞跃式增长、数字化网络技术的普及、人工智能技术的崛起、集成式智能化的创新正成为加快制造业与服务业深度融合,并在重点领域实现突破、跨越的主要驱动力。智能化、网络化、数字化等是新一轮产业变革的核心技术的体现,是"中国制造2025"重点强化的方面和主线转型的方向,也是制造业与服务业产业互动模式变革的主题。首先,将数字化网络技术大规模应用于生产过程,减少生产线上劳动力的投入,以提高全要素生产效率和产品质量,从而增强企业竞争力。其次,增强自主创新能力,在某些领域达到国际先进水平,拓宽产业可持续发展空间,提供产业优质发展的有效动能。最后,"互联网＋"将进一步激发新产业、新模式、新技术的产生,应当抓住这一经济社会发展变革的重要历史契机,在电子商务、互联网金融等全新领域,推动制造业与服务业互动模式的升级迭代。

为深化在"互联网＋"背景下制造业与服务业的互动融合,需要政府、企业、社会机构多方面的参与。对于政府而言,应当加大财税与金融扶持,解决企业税负过重和融资困难等现实问题;加快行业竞争机制改革,降低行业准入门槛,加大对逆向信贷、仿真设计、信息系统平台等新业态支持力度;追踪全球互联网新技术及其应用趋势,鼓励海内外企业间开展模式创新、服务外包、技术合作等形式的互动交流。对于企业而言,在推进"互联网＋"计划过程中,建立完善的激励约束机制和组织管理体系,注重企业经营与信息技术的结合,在软件设备、流程管理、生产控制、人机互联等多个层面做到智能化,不断提升生产与服务能力。对于社会机构而言,发挥教育部门培养"制造业＋服务业＋互联网运营"复合型人才的作用,为企业积累人力资本;加强相关机构间的合作交流,对产品设计、生产、销售等流程的相关资源进行整合,规范和创新服务模式,提高服务质量和服务效率;建设中小企业互联互通的公共服务体系平台,为中小企业提供诸如基础元器件、工艺研发集成、网络基础设施建设等专业化服务。

三、研究展望

本书在大量借鉴国内外学者关于制造业与服务业协调发展关系的研究文献基

础上,对制造业与服务业的协调发展基本理论、综合发展水平测度、协调发展水平测度、协调发展驱动因素、协调发展对产业升级影响等内容做了深入探讨,所提出的促进制造业与服务业协调发展建议可为政府部门制定产业政策和产业发展战略提供参考。限于作者能力、时间及论文篇幅、数据可得性,还有一些问题需要在后续研究中作进一步补充和完善。

(一)产业协调发展理论及应用研究有待深入

关于制造业与服务业协调发展研究,本书首先界定了"协调发展"概念,然后分别从产业协调发展的动因、载体、路径作了理论分析,继而从省域、区域、产业角度测度了制造业与服务业耦合协调度,分析了两产业耦合协调驱动因素的空间溢出效应,探讨了产业协调发展对产业升级的影响。在后续研究中,仍有相关的产业协调发展理论及其应用研究有待进一步深入讨论。例如,在理论研究方面,还可从产业组织演变、产业结构变迁、产业空间活动等方面分析产业协调发展的关系;在应用研究中,可借助投入产出表,从投入—产出的角度通过计算中间需求率、投入率、影响力系数、感应度系数等探索制造业与服务业内在的联系。

(二)城市、城市圈视角的产业协调发展研究有待推进

在研究制造业与服务业协调发展关系时,本书所使用的数据是基于省域层面和区域层面的,然而随着中国城市化进程的不断推进,产业结构的持续升级促进了城市功能的提升和城市空间结构的优化,在城市空间重组过程中,城市集聚效应和区域城市空间要素集约化,形成制造业与服务业高度融合的产业城市圈,导致巨大的规模经济效应和资源整合效应。因此立足城市及城市圈视角探讨制造业与服务业协调发展具有重要的理论及现实意义,可以从城市间产业链运转、产业关联、产业集聚、城市间溢出效应、优化城市分工布局、促进城市间经济协调发展、缩小城市差距等多个角度深入挖掘。

(三)企业层面的产业协调发展研究面临挑战

本书从产业及细分行业层面考察了制造业与服务业协调发展关系,取得了一些促进区域产业发展、产业升级及缩小区域间差距的重要结论。从更为微观的企业层面来考察产业协调发展,并将产业组织理论引入研究体系中,可以更深入剖析区域间经济差距产生的原因,还可直观感受到企业间的内在差异及产业协调发展的政策效应。研究企业层面产业协调发展所面临的主要挑战在于数据的获取和方法上的突破,进行微观视角的研究首先需要翔实的数据,然而由于企业数量众多,且常常会出现数据统计口径不一致、数据大面积缺失、数据失真等现象,给搜集数据带来了巨大难度;数据成功获取后,将企业层面的产业动态演变扩展到空间结构也会面临方法上的挑战。

参考文献

[1]曾嵘,魏一鸣,范英,等,2000.北京市人口、资源、环境与经济协调发展分析与评价指标体系[J].中国管理科学(A1):310-317.

[2]曾珍香,张培,王欣菲,2010.基于复杂系统的区域协调发展:以京津冀为例[M].北京:科学出版社.

[3]陈爱贞,刘志彪,吴福象,2008.下游动态技术引进对装备制造业升级的市场约束——基于我国纺织缝制装备制造业的实证研究[J].管理世界(02):72-81.

[4]陈文新,韩春燕,郭凯,2015.新疆生产性服务业与制造业协调发展研究[J].科技管理研究,35(09):115-118+132.

[5]程大中,2015.中国参与全球价值链分工的程度及演变趋势——基于跨国投入—产出分析[J].经济研究,50(09):4-16+99.

[6]程钰,任建兰,徐成龙,2015.生态文明视角下山东省人地关系演变趋势及其影响因素[J].中国人口·资源与环境,25(11):121-127.

[7]崔向林,罗芳,2017."互联网+"背景下上海市生产性服务业与制造业协调发展研究[J].上海经济研究(11):68-74.

[8]邓聚龙,1985.灰色系统理论的关联空间[J].模糊数学(02):1-10.

[9]杜传忠,邵悦,2013.中国区域制造业与生产性服务业协调发展水平测度及其提升对策[J].中国地质大学学报(社会科学版),13(01):87-95.

[10]杜传忠,王鑫,刘忠京,2013.制造业与生产性服务业耦合协同能提高经济圈竞争力吗?——基于京津冀与长三角两大经济圈的比较[J].产业经济研究(06):19-28.

[11]杜宇玮,刘东皇,2016.中国生产性服务业发展对制造业升级的促进:基于DEA方法的效率评价[J].科技管理研究,36(14):145-151.

[12]方来,韩君,柴娟娟,2016.生产性服务业与制造业关联效应研究——基于2002-2012年甘肃省投入产出表的实证分析[J].财政研究(11):103-109.

[13]费文博,于立宏,叶晓佳,2017.融入国家价值链的中国区域制造业升级路径研究[J].经济体制改革(05):61-68.

[14]冯伟,李嘉佳,2018.本土市场规模与产业升级:需求侧引导下的供给侧改革[J].云南财经大学学报,34(10):13-26.

[15]冯伟,李嘉佳,2018.中国制造业价值链攀升的影响因素研究——理论假说与实证分析[J].产业经济评论(03):5-14.

[16]冯晓华,方福前,骆哲珊,2018.全球价值链参与路径与技能工资差距——基于中国跨省投入产出数据的分析[J].财经科学(04):86-100.

[17]高翔,龙小宁,杨广亮,2015.交通基础设施与服务业发展——来自县级高速公路和第二次经济普查企业数据的证据[J].管理世界(08):81-96.

[18]高洋,宋宇,2018.生产性服务业集聚对区域制造业技术进步的影响[J].统计与信息论坛,33(04):75-84.

[19]弓宪文,王勇,2016.我国制造业与物流业耦合协调的时空演化分析[J].技术经济与管理研究(07):8-12.

[20]官华平,谌新民,2011.珠三角产业升级与人力资本相互影响机制分析——基于东莞的微观证据[J].华南师范大学学报(社会科学版)(05):95-102+160.

[21]韩峰,柯善咨,2012.追踪我国制造业集聚的空间来源:基于马歇尔外部性与新经济地理的综合视角[J].管理世界(10):55-70.

[22]韩庆潇,杨晨,陈潇潇,2015.中国制造业集聚与产业升级的关系——基于创新的中介效应分析[J].研究与发展管理,27(06):68-76.

[23]韩同银,李宁,2017.河北省生产性服务业集聚对制造业升级的影响——基于京津冀协同发展视角[J].河北经贸大学学报,38(05):83-88.

[24]韩霞,2003.高新技术产业化对产业升级的影响研究[J].辽宁大学学报(哲学社会科学版)(02):112-114.

[25]贺正楚,吴艳,陈一鸣,2015.生产服务业与专用设备制造业耦合发展研究[J].系统管理学报,24(05):778-783.

[26]洪联英,彭媛,张丽娟,2013.FDI、外包与中国制造业升级陷阱——一个微观生产组织控制视角的分析[J].产业经济研究(05):10-22.

[27]胡迟,2011.论后金融危机时期我国制造业的转型升级之路[J].经济纵横(01):52-56.

[28]胡红安,仪少娜,2018.生产性服务业集聚对西部军民融合深度发展的影响——以西部装备制造业升级为例[J].科技进步与对策,35(04):138-145.

[29]胡树华,邓泽霖,王利军,2012.我国服务业与制造业的产业关联——基于投入产出法[J].技术经济,31(12):46-51.

[30]胡晓鹏,李庆科,2009.生产性服务业与制造业共生关系研究——对苏、浙、沪投入产出表的动态比较[J].数量经济技术经济研究,26(02):33-46.

[31]胡晓鹏,2008.产业共生:理论界定及其内在机理[J].中国工业经济(09):118-128.

[32]胡彦蓉,刘洪久,2013,吴冲.大学生运动服装品牌忠诚度影响因素的灰色关联度分析[J].中国管理科学(A1):31-37.

[33]黄建欢,杨晓光,胡毅,2014.资源、环境和经济的协调度和不协调来

源——基于 CREE-EIE 分析框架[J].中国工业经济(07):17-30.

[34]黄燕萍,刘榆,吴一群,等,2013.中国地区经济增长差异:基于分级教育的效应[J].经济研究,48(04):94-105.

[35]贾妮莎,申晨,2016.中国对外直接投资的制造业产业升级效应研究[J].国际贸易问题(08):143-153.

[36]江静,2010.市场支持、产业互动与中国服务业发展[J].经济管理,32(03):1-6.

[37]江小涓,李辉,2004.服务业与中国经济:相关性和加快增长的潜力[J].经济研究,39(01):4-15.

[38]靖鲲鹏,张秀妮,宋之杰,2018."大智移云"背景下信息服务业与制造业耦合发展研究——以河北省为例[J].管理现代化,38(03):23-26.

[39]柯健,李超,2005.基于 DEA 聚类分析的中国各地区资源、环境与经济协调发展研究[J].中国软科学(02):145-149.

[40]李秉强,2014.中国制造业与生产性服务业的耦合性判断[J].统计与信息论坛,29(04):82-88.

[41]李秉强,2015.中国制造业与生产性服务业耦合影响因素分析[J].统计与信息论坛,30(03):76-81.

[42]李福柱,刘华清,2018.我国制造业转型升级的区位因素效应研究[J].经济学家(06):57-64.

[43]李钢,廖建辉,向奕霓,2011.中国产业升级的方向与路径——中国第二产业占 GDP 的比例过高了吗[J].中国工业经济(10):16-26.

[44]李慧玲,徐妍,2016.交通基础设施、产业结构与减贫效应研究——基于面板 VAR 模型[J].技术经济与管理研究(08):25-30.

[45]李金华,李苍舒,2010.我国制造业升级的路径与行动框架[J].经济经纬(03):32-36.

[46]李培育,2003.落后地区产业升级战略中的需求分析[J].管理世界(07):76-80+89.

[47]李胜文,杨学儒,檀宏斌,2016.技术创新、技术创业和产业升级——基于技术创新和技术创业交互效应的视角[J].经济问题探索(01):111-117.

[48]李新功,2017.人民币升值与我国制造业升级实证研究[J].中国软科学(05):38-46.

[49]李扬,张平,张晓晶,等,2013.当前和未来五年中国宏观经济形势及对策分析[J].财贸经济(01):5-13.

[50]李英,刘广丹,赵越,等,2017.家具制造业与生产性服务业耦合协调度研究[J].林业经济问题,37(01):74-81+109.

[51]李永友,严岑,2018.服务业"营改增"能带动制造业升级吗?[J].经济研

究,53(04):18－31.

[52]李长英,张丽红,2015.生产性服务业与制造业交互作用机理的理论分析[J].科技和产业,15(12):43－45+52.

[53]李志强,吴心怡,2016.产业协调发展对区域经济的影响研究——基于制造业与生产性服务业面板数据模型的分析[J].商业研究(04):25－32.

[54]李志伟,2016.河北省产业结构与就业结构协调发展实证分析——基于人力资本理论视角[J].经济与管理,30(04):42－48.

[55]李子伦,2014.产业结构升级含义及指数构建研究——基于因子分析法的国际比较[J].当代经济科学,36(01):89－98+127.

[56]梁威,刘满凤,2017.我国战略性新兴产业与传统产业耦合协调发展及时空分异[J].经济地理,37(04):117－126.

[57]凌永辉,张月友,沈凯玲,2018.中国的产业互动发展被低估了吗?[J].数量经济技术经济研究,35(01):23－41.

[58]刘纯彬,杨仁发,2013.中国生产性服务业发展对制造业效率影响实证分析[J].中央财经大学学报(08):69－74.

[59]刘佳,代明,易顺,2014.先进制造业与现代服务业融合:实现机理及路径选择[J].学习与实践(06):23－34.

[60]刘军跃,李军锋,钟升,2013.生产性服务业与装备制造业共生关系研究——基于全国31省市的耦合协调度分析[J].湖南科技大学学报(社会科学版),16(01):111－116.

[61]刘军跃,万侃,钟升,等,2012.重庆生产服务业与装备制造业耦合协调度分析[J].武汉理工大学学报(信息与管理工程版),34(04):485－489.

[62]刘磊,2014.国际垂直专业化分工与中国制造业产业升级——基于16个行业净附加值比重的分析[J].经济经纬,31(02):63－67.

[63]刘丽萍,2014.产业结构变迁对中国经济增长影响的定量分析——基于影响方式的研究[J].中国市场(11):75－79.

[64]刘培林,宋湛,2007.服务业和制造业企业法人绩效比较[J].经济研究,42(01):89－101.

[65]刘奕,夏杰长,李垚,2017.生产性服务业集聚与制造业升级[J].中国工业经济(07):24－42.

[66]刘智勇,李海峥,胡永远,等,2018.人力资本结构高级化与经济增长——兼论东中西部地区差距的形成和缩小[J].经济研究,53(03):50－63.

[67]卢飞,刘明辉,2016.生产性服务业集聚门槛与制造业升级研究——基于集聚三重效应的分析[J].贵州财经大学学报(04):24－35.

[68]陆剑宝,2014.基于制造业集聚的生产性服务业协同效应研究[J].管理学报,11(03):396－401.

[69]罗党,刘思峰,2005.灰色关联决策方法研究[J].中国管理科学(01):102-107.

[70]马晓东,何伦志,2018.融入全球价值链能促进本国产业结构升级吗——基于"一带一路"沿线国家数据的实证研究[J].国际贸易问题(07):95-107.

[71]马修斯,赵东城,2009.技术撬动战略:21世纪产业升级之路[M].刘立,等译.北京:北京大学出版社.

[72]毛艳华,胡斌,2017.广东制造业与生产性服务业耦合互动发展的实证研究——基于2005-2014年面板数据的分析[J].华南师范大学学报(社会科学版)(02):11-17.

[73]毛蕴诗,林彤纯,吴东旭,2016.企业关键资源、权变因素与升级路径选择——以广东省宜华木业股份有限公司为例[J].经济管理,38(03):45-56.

[74]庞博慧,2012.中国生产服务业与制造业共生演化模型实证研究[J].中国管理科学,20(02):176-183.

[75]彭国华,2005.中国地区收入差距、全要素生产率及其收敛分析[J].经济研究,40(09):19-29.

[76]蒲艳萍,成肖,2014.金融发展、市场化与服务业资本配置效率[J].经济学家(06):43-52.

[77]钱学锋,王胜,黄云湖,等,2011.进口种类与中国制造业全要素生产率[J].世界经济,34(05):3-25.

[78]乔均,金汉信,陶经辉,2012.生产性服务业与制造业互动发展研究——1997-2007年江苏省投入产出表的实证分析[J].南京社会科学(03):20-28.

[79]邱斌,叶龙凤,孙少勤,2012.参与全球生产网络对我国制造业价值链提升影响的实证研究——基于出口复杂度的分析[J].中国工业经济(01):57-67.

[80]桑瑞聪,刘志彪,王亮亮,2013.我国产业转移的动力机制:以长三角和珠三角地区上市公司为例[J].财经研究,39(05):99-111.

[81]沈鸿,顾乃华,2017.服务贸易开放能否提高制造业生产率[J].经济与管理研究,38(03):72-81.

[82]盛丰,2014.生产性服务业集聚与制造业升级:机制与经验——来自230个城市数据的空间计量分析[J].产业经济研究(02):32-39+110.

[83]史一鸣,包先建,2013.高技术服务业与装备制造业的耦合熵模型及运行机制[J].长春工业大学学报(自然科学版),34(01):26-29.

[84]舒小林,高应蓓,张元霞,等,2015.旅游产业与生态文明城市耦合关系及协调发展研究[J].中国人口(资源与环境),25(03):82-90.

[85]宋洋,王志刚,2016.珠三角制造业转型升级与技术创新路径研究——以新常态下2010~2015数据分析[J].科学管理研究,34(05):61-64.

[86]苏明吾,2008.区域产业结构调整政策有效性的理论分析及建议[J].中州

学刊(02):38—41.

[87]孙畅,2017.产业共生视角下产业结构升级的空间效应分析[J].宏观经济研究(07):114—127.

[88]孙芳,韩江雪,王馨玮,等,2018.京津冀生态涵养区生态与产业协调发展影响因素分析[J].中国农业资源与区划,39(05):68—76.

[89]孙芳芳,2010.浅议灰色关联度分析方法及其应用[J].科技信息(17):880—882.

[90]孙根紧,2015.金融集聚对产业结构升级的影响研究[J].社会科学家(08):59—63.

[91]孙鹏,2012,罗新星.现代物流服务业与制造业发展的协同关系研究[J].财经论丛(05):97—102.

[92]孙晓华,郭玉娇,2013.产业集聚提高了城市生产率吗?:城市规模视角下的门限回归分析[J].财经研究,39(02):103—112.

[93]孙晓华,翟钰,秦川,2014.生产性服务业带动了制造业发展吗?——基于动态两部门模型的再检验[J].产业经济研究(01):23—30+80.

[94]孙早,席建成,2015.中国式产业政策的实施效果:产业升级还是短期经济增长[J].中国工业经济(07):52—67.

[95]孙早,杨光,李康,2015.基础设施投资促进了经济增长吗:来自东、中、西部的经验证据[J].经济学家(08):71—79.

[96]唐海燕,2012.新国际分工、制造业竞争力与我国生产性服务业发展[J].华东师范大学学报(哲学社会科学版),44(02):95—101.

[97]唐晓华,张欣珏,李阳,2018.中国制造业与生产性服务业动态协调发展实证研究[J].经济研究,53(03):79—93.

[98]唐晓华,张欣珏,2016.制造业与生产性服务业联动发展行业差异性分析[J].经济与管理研究,37(07):83—93.

[99]唐志鹏,刘卫东,刘红光,2010.投入产出分析框架下的产业结构协调发展测度[J].中国软科学(03):103—110.

[100]陶长琪,周璇,2016.要素集聚下技术创新与产业结构优化升级的非线性和溢出效应研究[J].当代财经(01):83—94.

[101]涂颖清,2011.全球价值链下我国制造业升级的影响因素分析[J].重庆科技学院学报(社会科学版)(13):72—73+83.

[102]王必锋,赖志花,2016.京津冀高端服务业与先进制造业协同发展机理与实证研究[J].中国流通经济,30(10):112—119.

[103]王国印,王动,2011.波特假说、环境规制与企业技术创新——对中东部地区的比较分析[J].中国软科学(01):100—112.

[104]王晗,2016.文化产业发展能够促进经济增长吗?[J].财经问题研究

(05):48—53.

[105]王恕立,滕泽伟,刘军,2015.中国服务业生产率变动的差异分析:基于区域及行业视角[J].经济研究,50(08):73—84.

[106]王晓红,王传荣,2013.产业转型条件的制造业与服务业融合[J].改革(09):40—47.

[107]王正新,孙爱晶,邱风,2017.中国生产性服务业与先进制造业的互动关系——基于 Lotka-Volterra 模型的实证分析[J].华东经济管理,31(07):88—93.

[108]汪晓文,杜欣,2014.基于模糊评价的中国工业化与信息化融合发展测度研究[J].兰州大学学报(社会科学版),42(05):88—97.

[109]汪振双,赵宁,苏昊林,2015.能源—经济—环境耦合协调度研究——以山东省水泥行业为例[J].软科学,29(02):33—36.

[110]王直,魏尚进,祝坤福,2015.总贸易核算法:官方贸易统计与全球价值链的度量[J].中国社会科学(09):108—127.

[111]魏龙,王磊,2017.全球价值链体系下中国制造业转型升级分析[J].数量经济技术经济研究,34(06):71—86.

[112]吴风波,朱小龙,2016.生产性服务业集聚促进制造业转型升级实证研究——以安徽省为例[J].山东农业工程学院学报,33(10):102—103.

[113]吴永亮,王恕立,2018.增加值视角下的中国制造业服务化再测算:兼论参与 GVC 的影响[J].世界经济研究(11):99—115+134+137.

[114]席强敏,陈曦,李国平,2015.中国城市生产性服务业模式选择研究——以工业效率提升为导向[J].中国工业经济(02):18—30.

[115]肖文,樊文静,2011.产业关联下的生产性服务业发展——基于需求规模和需求结构的研究[J].经济学家(06):72—80.

[116]谢剑,2018.基础设施建设与中国区域全要素生产率——基于285个地级市的空间计量分析[J].科学决策(04):71—94.

[117]谢众,吴飞飞,杨秋月,2018.中国制造业升级的创新驱动效应——基于中国省级面板数据的实证检验[J].北京理工大学学报(社会科学版),20(04):97—108.

[118]阳立高,龚世豪,王铂,等,2018.人力资本、技术进步与制造业升级[J].中国软科学(01):138—148.

[119]阳立高,李婷,杨华峰,等,2017.FDI对我国制造业升级的影响研究——基于省级面板数据的实证[J].科学决策(07):51—67.

[120]阳立高,谢锐,贺正楚,等,2014.劳动力成本上升对制造业结构升级的影响研究——基于中国制造业细分行业数据的实证分析[J].中国软科学(12):136—147.

[121]杨丽君,邵军,2018.中国区域产业结构优化的再估算[J].数量经济技

经济研究,35(10):59-77.

[122]杨玲,2017.破解困扰"中国制造"升级的"生产性服务业发展悖论"的经验研究[J].数量经济技术经济研究,34(07):73-91.

[123]杨玲,2016.生产性服务进口复杂度及其对制造业增加值率影响研究——基于"一带一路"18省份区域异质性比较分析[J].数量经济技术经济研究,33(02):3-20.

[124]杨孟禹,张可云,2015.城市基础设施建设与产业结构升级的外部效应[J].现代财经(天津财经大学学报),35(03):3-13.

[125]杨先明,伏润民,2002.国际直接投资与我国产业升级问题的思考[J].云南大学学报(社会科学版)(01):58-64+79.

[126]姚青,2015.辽宁省装备制造业与生产性服务业耦合协调研究[J].商场现代化(18):173.

[127]易信,刘凤良,2015.金融发展、技术创新与产业结构转型——多部门内生增长理论分析框架[J].管理世界(10):24-39+90.

[128]于斌斌,2017.生产性服务业集聚能提高制造业生产率吗?——基于行业、地区和城市异质性视角的分析[J].南开经济研究(02):112-132.

[129]于茂荐,2014.专用性人力资本与我国制造企业的转型升级[J].当代经济管理,36(09):52-56.

[130]余典范,张亚军,2015.制造驱动还是服务驱动?:基于中国产业关联效应的实证研究[J].财经研究,41(06):19-31.

[131]余沛,2017.河南省生产性服务业与制造业耦合协调度分析[J].统计与决策(09):111-113.

[132]袁航,朱承亮,2018.西部大开发推动产业结构转型升级了吗?——基于PSM-DID方法的检验[J].中国软科学(06):67-81.

[133]原毅军,孔繁彬,2015.中国地方财政环保支出、企业环保投资与工业技术升级[J].中国软科学(05):139-148.

[134]原毅军,孙大明,2017.FDI技术溢出、自主研发与合作研发的比较——基于制造业技术升级的视角[J].科学学研究,35(09):1334-1347.

[135]原毅军,谢荣辉,2015.产业集聚、技术创新与环境污染的内在联系[J].科学学研究,33(09):1340-1347.

[136]张彩霞,解欢欢,2016.生产性服务业与制造业产业关联研究——基于中国投入产出表的分析[J].商(05):274+268.

[137]张诚,赵刚,2018.对外直接投资与中国制造业升级[J].经济与管理研究,39(06):52-65.

[138]张丹宁,陈阳,2014.中国装备制造业发展水平及模式研究[J].数量经济技术经济研究,31(07):99-114.

[139]张虎,韩爱华,杨青龙,2017.中国制造业与生产性服务业协同集聚的空间效应分析[J].数量经济技术经济研究,34(02):3—20.

[140]张军,吴桂英,张吉鹏,2004.中国省际物质资本存量估算:1952—2000[J].经济研究,39(10):35—44.

[141]张明斗,莫冬燕,2014.城市土地利用效益与城市化的耦合协调性分析:以东北三省34个地级市为例[J].资源科学,36(01):8—16.

[142]张沛东,2010.区域制造业与生产性服务业耦合协调度分析——基于中国29个省级区域的实证研究[J].开发研究(02):46—49.

[143]张平,2007.我国区域产业结构调整的冲突及其协调——基于行政区域和经济区域的差异[J].管理世界(07):154—155.

[144]张少军,刘志彪,2013.产业升级与区域协调发展:从全球价值链走向国内价值链[J].经济管理,35(08):30—40.

[145]张晓涛,李芳芳,2012.生产性服务业与制造业的互动关系研究——基于MS-VAR模型的动态分析[J].吉林大学社会科学学报(03):100—107.

[146]张月友,2014.中国的"产业互促悖论":基于国内关联与总关联分离视角[J].中国工业经济(10):46—58.

[147]张治栋,吴迪,2018.区域融合、对外开放与产业集聚发展——以长江经济带为例[J].科技进步与对策,35(15):39—46.

[148]张智楠,2018.对外开放与中国制造业升级——基于地区面板数据的检验[J].企业经济,37(10):76—83.

[149]张宗斌,郝静,2011.基于FDI视角的中国制造业结构升级研究[J].山东社会科学(05):151—155.

[150]赵传松,任建兰,陈延斌,等,2018.全域旅游背景下中国省域旅游产业与区域发展时空耦合及驱动力[J].中国人口·资源与环境,28(03):149—159.

[151]赵楠,高娜,2014.财政政策支持产业结构升级的策略研究[J].云南民族大学学报(哲学社会科学版)(02):131—135.

[152]郑吉昌,夏晴,2005.基于互动的服务业发展与制造业竞争力关系——以浙江先进制造业基地建设为例[J].工业工程与管理(04):98—103.

[153]钟韵,赵玉英,2015.我国中等城市制造业对服务业发展的影响研究——以东部沿海地区为例[J].产经评论,6(01):16—24.

[154]周丹,应瑛,2009.生产性服务业与制造业互动综述与展望[J].情报杂志,28(08):200—207.

[155]周静,2014.生产性服务业与制造业互动的阶段性特征及其效应[J].改革(11):45—53.

[156]周荣敏,2015.对外直接投资、产业升级与企业国际化路径选择[J].经济问题(08):71—75.

[157]周孝,冯中越,张耘,2013.京津冀晋蒙地区生产性服务业发展与制造业升级[J].北京工商大学学报(社会科学版),28(04):16－23.

[158]邹一南,石腾超,2012.产业结构升级的就业效应分析[J].上海经济研究,24(12):3－13＋53.

[159]周振华,2003.产业融合:产业发展及经济增长的新动力[J].中国工业经济(4):46－52.

[160]张慧明,蔡银寅,2015.中国制造业如何走出"低端锁定"——基于面板数据的实证研究[J].国际经贸探索,31(1):52－65.

[161]苏东水,2010.产业经济学[M].北京:高等教育出版社.

[162]廉勇,李宝山,金永真,2006.分工协作理论及其发展趋势[J].青海社会科学(2):26－29,139.

[163]章穗,张梅,迟国泰,2010.基于熵权法的科学技术评价模型及其实证研究[J].管理学报(1):34－42.

[164]邓聚龙,1987.灰色系统基本方法[M].武汉:华中工学院出版社.

[165]陈秀山,徐瑛,2004.中国区域差距影响因素的实证研究[J].中国社会科学(5):117－129,207.

[166]张勇,蒲勇健,陈立泰,2013.城镇化与服务业集聚——基于系统耦合互动的观点[J].中国工业经济(6):57－69.

[167]邓聚龙,1986.灰色预测与决策[M].武汉:华中工学院出版社.

[168]胡立君,薛福根,王宇,2013.后工业化阶段的产业空心化机理及治理:以日本和美国为例[J].中国工业经济(8):122－134.

[169]覃文忠,2007.地理加权回归基本理论与应用研究[D].上海:同济大学.

[170]ALMADA-LOBO F,2016. The Industry 4.0 revolution and the future of manufacturing execution systems (MES)[J]. Journal of innovation management,3(4):16－21.

[171]ANSELIN L,Le GALLO J,JAYET H,2008. Spatial panel econometrics [M]//The econometrics of panel data. Springer, Berlin, Heidelberg:625－660.

[172]ARNOLD J M,JAVORCIK B,LIPSCOMB M,et al.,2015 Services reform and manufacturing performance: Evidence from India [J]. Economic Journal,126(590):1－39.

[173]ARNOLD J M,MATTOO A,NARCISO G,2008. Services inputs and firm productivity in Sub-Saharan Africa: Evidence from firm-level data[J]. Journal of African Economies,17(4):578－599.

[174]ATTARAN M,ATTARAN S,2018. The Rise of Embedded Analyt-

ics: Empowering Manufacturing and Service Industry With Big Data[J]. International Journal of Business Intelligence Research (IJBIR),9(01): 16—37.

[175]KURUGOL S, FREIMAN M, AFACAN O, Perez — Rossello J M, Callahan M J, Warfield S K, 2018. Product competition, managerial discretion, and manufacturing recalls in the U. S. pharmaceutical industry[J]. Journal of Operations Management, 58(01):59—72.

[176]BALTAGI B H, BRATBERG E, HOLMÅS T H, 2005. A panel data study of physicians' labor supply: the case of Norway[J]. Health Economics,14 (10): 1035—1045.

[177]BARNUM D T, GLEASON J M, 2011. Measuring efficiency under fixed proportion technologies[J]. Journal of Productivity Analysis, 35 (3): 243—262.

[178]BATHLA S, 2003. Inter—sectoral growth linkages in India: implications for policy and liberalized reforms[J]. Institute of Economic Growth Discussion Papers(77).

[179]BREINLICH H, 2008. Trade liberalization and industrial restructuring through mergers and acquisitions[J]. Journal of international Economics,76(2): 254—266.

[180]CLARK C, 1940. The conditions of economic progresss[M]. New York:Macmillan.

[181]COHEN S S, ZYSMAN J, 1987. Manufacturing matters: The myth of the post—industrial economy[M]. New York: Basic Books, Inc.

[182]CONTRERAS O F, CARRILLo J, ALONSO J, 2012. Local entrepreneurship within global value chains: a case study in the Mexican automotive industry[J]. World Development,40(5): 1013—1023.

[183] DÉMURGER S, 2001. Infrastructure development and economic growth: an explanation for regional disparities in China? [J]. Journal of Comparative economics,29(01): 95—117.

[184]EBERTS D, RANDALL J E, 1998. Producer services, labor market segmentation and peripheral regions: the case of Saskatchewan[J]. Growth and Change,29(04): 401—422.

[185]ELHORST J P, 2010. Applied spatial econometrics: raising the bar [J]. Spatial economic analysis,5(01): 9—28.

[186]ELORANTA V, TURUNEN T, 2016. Platforms in service—driven manufacturing: Leveraging complexity by connecting, sharing, and integrating [J]. Industrial Marketing Management(55): 178—186.

［187］ERIKSSON H,2016. Outcome of quality management practices: Differences among public and private,manufacturing and service,SME and large organisations[J]. International Journal of Quality & Reliability Management,33 (9):1394—1405.

［188］ERNST D,2001. Catching—up and post—crisis industrial upgrading: searching for new sources of growth in Korea's electronics industry[J]. Economic governance and the challenge of flexibility in East Asia:137—64.

［189］ESWARAN M,KOTWAL A,2002. The role of the service sector in the process of industrialization[J]. Journal of Development Economics,68(02): 401—420.

［190］FISHER A G B,1935. Clash of progress and security[M]. London: Macmillan and Co. Limited,London.

［191］FRANCO V,CONDE A,KISS L F,2008. Magnetocaloric response of FeCrB amorphous alloys: Predicting the magnetic entropy change from the Arrott - Noakes equation of state[J]. Journal of Applied Physics,104(03):033903.

［192］FRANCOIS J F,1990. Trade in producer services and returns due to specialization under monopolistic competition [J]. Canadian Journal of Economics,23(01):109.

［193］FRANCOIS J,WOERZ J,2008. Producer services,manufacturing linkages,and trade[J]. Journal of Industry, Competition and Trade, 8 (3 — 4): 199—229.

［194］FUENTES D D,1999. On the limits of the post—industrial society structural change and service sector employment in Spain[J]. International Review of Applied Economics,13(01):111—123.

［195］GARZA—REYES J A,WONG K K,LIM M K,et al. Measuring the level of lean readiness of the Hong Kong's manufacturing industry[C]//Proceedings of the 26th International Conference on Flexible Automation and Intelligent Manufacturing (FAIM). 2016.

［196］GEREFFI G,HUMPHREY J,STURGEON T,2005. The governance of global value chains[J]. Review of international political economy,12(01): 78—104.

［197］GEREFFI G,1999. International trade and industrial upgrading in the apparel commodity chain [J]. Journal of international economics, 48 (01): 37—70.

［198］GOLDHAR J ,BERG D,2010. Blurring the boundary: convergence of factory and service processes[J]. Journal of Manufacturing Technology Management,21(03):341—354.

[199]GRANT D,Yeo B,2018. A global perspective on tech investment,financing,and ICT on manufacturing and service industry performance[J]. International Journal of Information Management,43(1):130—145.

[200]GU P,SONG R,CHEN X. Management Practice of Supply Chain Quality Management in Service-oriented Manufacturing Industry[C]//MATEC Web of Conferences. EDP Sciences,2017,100:05035.

[201]GUERRIERI P,MELICIANI V. International competitiveness in producer services[J]. 2004.

[202]GUERRIERI P,MELICIANI V. Technology and international competitiveness: The interdependence between manufacturing and producer services[J]. Structural change and economic dynamics,2005,16(4):489—502.

[203] HALLECK Vega S,ELHORST JP (2012) On spatial econometric models,spillover effects,and W. University of Groningen,Working paper.

[204]HANSEN B E,1999. Threshold effects in non-dynamic panels: Estimation,testing,and inference[J]. Journal of econometrics,93(02):345—368.

[205]HANSEN N,1990. Do producer services induce regional economic development? [J]. Journal of Regional science,30(04):465—476.

[206]HANSEN B E,1996. "Inference when a nuisance parameter is not identified under the null hypothesis." Econometrica,64(02):413—430.

[207]HSIAO C,2007. Panel data analysis—advantages and challenges[J]. Test,16(01):1—22.

[208] HODGE J,NORDAS H,2001. Liberalization of Trade In Producer services-the impact on developing countries[J]. South African Journal of Economics,69(01):93—93.

[209]HUMPHREY J,SCHMITZ H,2002. How does insertion in global value chains affect upgrading in industrial clusters? [J]. Regional studies,36(09):1017—1027.

[210]JEFFERSON G H,RAWSKI T G,LI W,2000,et al. Ownership,productivie change,and financial performance in Chinese industry[J]. Journal of Comparative Economics,28(4):786—786.

[211]JIANG P,DING K,LENG J,2016. Towards a cyber-physical-social-connected and service-oriented manufacturing paradigm: Social Manufacturing[J]. Manufacturing Letters,7:15—21.

[212]JIANG P,HU Y C,YEN G F,2017. Applying Grey Relational Analysis to Find Interactions between Manufacturing and Logistics Industries in Tai-

wan[J]. Advances in Management and Applied Economics,7(3): 21.

[213]KAKAOMERLIOGLU D C,CARLSSON B,1999. Manufacturing in decline? A matter of definition [J]. Economics of Innovation and New Technology,8(3): 175.

[214]KAPLINSKY R,MORRIS M,2000. A handbook for value chain research[M]. University of Sussex,Institute of Development Studies.

[215]KOGUT B,1985. Designing global strategies: Comparative and competitive value—added chains[J]. Sloan Management Review,26(4): 15—28.

[216]KOHPAIBOON A,2006. Foreign direct investment and technology spillover: A cross—industry analysis of Thai manufacturing[J]. World Development,34(3): 541—556.

[217]LEE,L. F. ,& YU,J,2010. Estimation of spatial autoregressive panel data models with fixed effects[J]. Journal of Econometrics,154(2),165—185.

[218]LESAGE J,PACE R K,2009. Introduction to Spatial Econometrics[M]. Chapman and Hall/CRC.

[219]LIEDER M,RASHID A,2016. Towards circular economy implementation: a comprehensive review in context of manufacturing industry[J]. Journal of Cleaner production,115: 36—51.

[220]LODEFALK M,2014. The role of services for manufacturing firm exports[J]. Review of World Economics,150(1): 59—82.

[221]MACPHERSON A,2008. Producer Service Linkages and Industrial Innovation: Results of a Twelve-Year Tracking Study of New York State Manufacturers[J]. Growth and Change,39(01): 1—23.

[222]MAZZOLENI R,1997. Learning and path—dependence in the diffusion of innovations: comparative evidence on numerically controlled machine tools[J]. Research Policy,26(4—5): 405—428.

[223]PARK,S—H,CHAN K S,1989. A cross—country input—output analysis of intersectoral relationships between manufacturing and services and their employment implications[J]. World Development,17(2):199—212.

[224]PIETROBELLI C,RABELLOTTI R,2011. Global value chains meet innovation systems: are there learning opportunities for developing countries? [J]. World Development,39(7): 1261—1269.

[225]PIETROBELLI C,RABELLOTTI R,2005. Mejora de la competitividad en clusters y cadenas productivas en América Latina: El papel de las políticas [R]. Inter—American Development Bank.

[226]PITT V,1977. Thhe Penguin dictionary of physics[M]. Penguin.

[227]POTTS J,KASTELLE T,2017. Economics of innovation in Australian agricultural economics and policy[J]. Economic Analysis and Policy,54:96—104.

[228]RESTUCCIA D,YANG D T,ZHU X D,2008. Agriculture and aggregate productivity: A quantitative cross—country analysis(Artick)[J]. Journal of monetary economics,55(2):234—250.

[229]RIDDLE D I,1986. Service-led growth[J]. The International Executive,28(1):27—28.

[230]ROGGE N,DE JAEGER S,2013. Measuring and explaining the cost efficiency of municipal solid waste collection and processing services[J]. Omega,41(4):653—664.

[231]SABET E, ADAMS E, YAZDANI B,2016. Quality management in heavy duty manufacturing industry: TQM vs. Six Sigma[J]. Total Quality Management & Business Excellence,27(1—2):215—225.

[232]SZALAVETZ A,2003. The tertierization of manufacturing industry in the"new economy"[R]. TIGER Working Paper Series.

[233]TAKII S,2011. Do FDI spillovers vary among home economies?: Evidence from Indonesian manufacturing[J]. Journal of Asian Economics,22(2):152—163.

[234]TIMMER,M P.,et al.,2014. "Slicing up global value chains." Journal of Economic Perspectives,28(02):99—118.

[235]TONG,HOWELL. On a threshold model in Pattern Recognition and Sigual Processing. (1978):575—586.

[236]WHALLEY J,XIAN X,2010. China's FDI and non—FDI economies and the sustainability of future high Chinese growth[J]. China Economic Review,21(1):123—135.

[237]YANG Y,YANG B,HUMPHREYS P,et al.,2017. An investigation into E—business service in the UK telecommunication manufacturing industry[J]. Production Planning & Control,28(3):256—266.

[238] HIRSCHMAN A O, 1959. The strategy of economic development[R]. New Haven: Yale University Press.

[239] PORTER M E,MLLAR V E,1985. How information gives you competitive advantage[J]. Harvard Business Review, 63(4):149—160.

[240] GRUBEL H G, 1989. Liberalization of Trade in Services: A Taxonomy and Discussion of Issues[M]. Institute of Southeast Asian.

[241] PORTER M E, 1990. The competitive advantage of nations[J]. Com-

petitive Intelligence Review,1(1):14—14.

[242] BHAGWATI J N,1984. Splintering and disembodiment of services and developing nations[J]. The World Economy,7(2):133—144.

[243] WALRAS L,1954. Elements of Pure Economics(1874)[J]. Translated from the French by William Jaffé.

[244] LEONTIEF W W,1936. Quantitative input and output relations in the economic systems of the United States[J]. The review of economic statistics,18(3):105—125.

[245] LEONTIEF W W,1953. Studies in the Structure of the American Economy[M]:New York:Oxford University Press.

[246] DE BARY A,1879. Die erscheinung der symbiose[M]. Strasburg:Verlag von Karl J. Trübner.

[247] HAKEN H,1976. Laser and Synergetics[J]. Physikalische Blätter,32(3):583—590.

[248] FISHER A G B,1935. Clash of progress and security[M]. London:Macmillan and Co. Limited.

[249] ALLEN R G D,CLARK C,1951. The condition of economic Progress[J]. Economic,18(72):432.

[250] CHENERY H B,1979. Structural change and development policy[M]. Oxford:Oxford University Press.

[251] PORTER M E,1985. Competitive advantage[M]. New York:Free Prees.

[252] VANDERMERWE S,RADA J,1989. Servitization of business:adding value by adding services[J]. European management journal,6(4):314—324.

[253] CLAUSIUS R J E,1868. Théorie mécanique de la chaleur[M]. Lacroix.

[254] DAGUM C,1997. Decomposition and interpretation of Gini and the generalized entropy inequality measures[J]. Statistica(3):295—308.

[255] SCHULTZ T W,1961. Investment in human capital[J]. American Economic Review,51(1):1—17.

[256] KRUGMAN P,1993. Geography and trade[M]. Cambridge MA:MIT press.

[257] KUZNETS S S,1971. Economic Growth of Nations[M]. Belknap Press of Harvard University Press.

[258] MALMQUIST S,1953. Index numbers and indifference surfaces[J].

Trabajos de estadística, 4(2): 209—242.

[259] CAVES D W, CHRISTENSEN L R, DIEWERT W E, 1982. The economic theory of index numbers and the measurement of input, output, and productivity[J]. Econometrica: Journal of the Econometric Society, 50(4): 1393—1414.

[260] FARE R, GROSSKOPF S, NORRIS M, et al., 1994. Productivity growth, technical progress, and efficiency change in industrialized countries[J]. The American Economic Review, 84(1).

[261] BARNUM D T, GLEASON J M, 2011. Measuring efficiency under fixed proportion technologies[J]. Journal of Productivity Analysis, 35(3): 243—262.

[262] TONG H, 1978 On a threshold model in pattern recognition and signal processing[M]. Amsterdm: Sijthoff and Noordhoff: 575—586.

附 录

附表 2-1　2005—2016 年交通运输、仓储和邮政业发展水平省域测算

省份	2005年	2006年	2007年	2008年	2009年	2010年	2011年	2012年	2013年	2014年	2015年	2016年
北京	0.337	0.382	0.397	0.429	0.372	0.372	0.403	0.408	0.425	0.424	0.424	0.383
天津	0.125	0.141	0.166	0.218	0.199	0.208	0.216	0.233	0.219	0.258	0.254	0.259
河北	0.179	0.212	0.235	0.244	0.292	0.340	0.341	0.357	0.397	0.390	0.392	0.399
山西	0.142	0.149	0.171	0.193	0.209	0.225	0.242	0.255	0.226	0.231	0.229	0.228
内蒙古	0.143	0.154	0.179	0.180	0.201	0.227	0.237	0.247	0.247	0.247	0.222	0.239
辽宁	0.152	0.185	0.186	0.215	0.205	0.232	0.237	0.258	0.283	0.293	0.280	0.227
吉林	0.070	0.076	0.085	0.099	0.108	0.121	0.122	0.131	0.132	0.144	0.153	0.170
黑龙江	0.087	0.099	0.109	0.122	0.140	0.149	0.142	0.138	0.140	0.154	0.168	0.180
上海	0.267	0.305	0.341	0.399	0.365	0.363	0.370	0.360	0.433	0.424	0.448	0.540
江苏	0.248	0.255	0.262	0.295	0.316	0.354	0.387	0.416	0.429	0.481	0.523	0.566
浙江	0.242	0.264	0.252	0.257	0.265	0.276	0.289	0.312	0.308	0.340	0.382	0.412
安徽	0.112	0.127	0.141	0.150	0.159	0.171	0.185	0.200	0.232	0.264	0.283	0.309
福建	0.136	0.156	0.181	0.193	0.208	0.231	0.234	0.255	0.254	0.280	0.322	0.343
江西	0.109	0.114	0.113	0.121	0.142	0.169	0.191	0.237	0.251	0.244	0.259	0.264
山东	0.218	0.253	0.265	0.326	0.329	0.364	0.393	0.414	0.407	0.431	0.484	0.526
河南	0.183	0.195	0.183	0.197	0.187	0.209	0.214	0.223	0.269	0.275	0.311	0.324
湖北	0.117	0.137	0.146	0.163	0.178	0.228	0.210	0.256	0.254	0.276	0.309	0.349
湖南	0.103	0.117	0.126	0.152	0.192	0.204	0.209	0.210	0.218	0.229	0.251	0.272
广东	0.288	0.316	0.334	0.377	0.396	0.423	0.437	0.446	0.497	0.532	0.572	0.604
广西	0.087	0.091	0.104	0.125	0.140	0.164	0.170	0.176	0.185	0.196	0.220	0.241
海南	0.074	0.087	0.089	0.118	0.126	0.130	0.144	0.138	0.159	0.177	0.192	0.166
重庆	0.088	0.095	0.109	0.141	0.157	0.153	0.168	0.161	0.195	0.201	0.215	0.232

(续表)

省份	2005年	2006年	2007年	2008年	2009年	2010年	2011年	2012年	2013年	2014年	2015年	2016年
四川	0.130	0.146	0.158	0.182	0.226	0.248	0.270	0.302	0.310	0.344	0.351	0.389
贵州	0.078	0.083	0.094	0.125	0.124	0.137	0.152	0.176	0.191	0.208	0.232	0.252
云南	0.112	0.115	0.123	0.124	0.152	0.183	0.189	0.181	0.202	0.210	0.236	0.269
陕西	0.102	0.122	0.129	0.143	0.153	0.162	0.169	0.168	0.174	0.196	0.214	0.221
甘肃	0.056	0.060	0.057	0.068	0.077	0.085	0.095	0.108	0.110	0.120	0.121	0.136
青海	0.031	0.034	0.041	0.051	0.060	0.069	0.074	0.082	0.077	0.082	0.093	0.098
宁夏	0.035	0.046	0.053	0.071	0.080	0.096	0.101	0.102	0.099	0.095	0.101	0.112
新疆	0.061	0.071	0.076	0.094	0.111	0.119	0.134	0.147	0.164	0.171	0.169	0.173
范围	0.305	0.348	0.356	0.379	0.336	0.354	0.362	0.365	0.420	0.450	0.479	0.506
均值	0.137	0.153	0.164	0.186	0.196	0.214	0.224	0.237	0.250	0.264	0.280	0.296
中位数	0.115	0.132	0.143	0.157	0.183	0.206	0.209	0.228	0.229	0.245	0.252	0.262

注：数据来源于作者测算，下同。

附表2-2 2005—2016年信息传输、软件和信息技术服务业发展水平省域测算

省份	2005年	2006年	2007年	2008年	2009年	2010年	2011年	2012年	2013年	2014年	2015年	2016年
北京	0.303	0.338	0.381	0.388	0.471	0.383	0.446	0.539	0.679	0.657	0.696	0.688
天津	0.074	0.075	0.087	0.098	0.100	0.107	0.123	0.132	0.113	0.145	0.174	0.216
河北	0.098	0.117	0.112	0.132	0.105	0.110	0.126	0.136	0.150	0.159	0.178	0.211
山西	0.067	0.083	0.075	0.086	0.096	0.078	0.071	0.084	0.089	0.094	0.111	0.122
内蒙古	0.041	0.047	0.059	0.059	0.068	0.073	0.079	0.083	0.096	0.128	0.089	0.105
辽宁	0.097	0.126	0.124	0.155	0.161	0.163	0.153	0.170	0.165	0.190	0.197	0.177
吉林	0.061	0.071	0.072	0.076	0.084	0.073	0.071	0.083	0.090	0.101	0.118	0.126
黑龙江	0.099	0.104	0.121	0.125	0.119	0.093	0.103	0.112	0.117	0.126	0.122	0.134
上海	0.217	0.259	0.263	0.271	0.282	0.291	0.289	0.318	0.355	0.365	0.408	0.463
江苏	0.167	0.189	0.184	0.201	0.248	0.256	0.294	0.367	0.431	0.459	0.526	0.590
浙江	0.195	0.204	0.223	0.229	0.241	0.246	0.263	0.286	0.294	0.365	0.444	0.523
安徽	0.079	0.092	0.093	0.109	0.117	0.118	0.115	0.128	0.139	0.155	0.189	0.210
福建	0.123	0.128	0.141	0.166	0.176	0.176	0.164	0.176	0.167	0.187	0.224	0.251
江西	0.075	0.068	0.079	0.068	0.076	0.082	0.084	0.099	0.101	0.107	0.123	0.150

(续表)

省份	2005年	2006年	2007年	2008年	2009年	2010年	2011年	2012年	2013年	2014年	2015年	2016年
山东	0.121	0.150	0.161	0.177	0.186	0.183	0.191	0.202	0.203	0.226	0.276	0.316
河南	0.100	0.137	0.117	0.124	0.135	0.117	0.118	0.129	0.137	0.150	0.177	0.214
湖北	0.092	0.102	0.084	0.110	0.112	0.117	0.123	0.131	0.136	0.135	0.164	0.191
湖南	0.088	0.093	0.104	0.126	0.123	0.132	0.126	0.124	0.124	0.131	0.164	0.190
广东	0.328	0.331	0.357	0.393	0.392	0.383	0.398	0.440	0.469	0.527	0.562	0.613
广西	0.075	0.079	0.080	0.092	0.111	0.113	0.115	0.106	0.102	0.111	0.120	0.133
海南	0.054	0.048	0.050	0.070	0.078	0.080	0.083	0.080	0.083	0.077	0.106	0.113
重庆	0.073	0.078	0.083	0.095	0.100	0.114	0.108	0.119	0.120	0.124	0.148	0.168
四川	0.100	0.101	0.100	0.117	0.143	0.144	0.133	0.164	0.200	0.179	0.222	0.224
贵州	0.052	0.068	0.072	0.071	0.080	0.075	0.066	0.073	0.078	0.075	0.089	0.103
云南	0.074	0.084	0.084	0.089	0.102	0.091	0.092	0.108	0.114	0.124	0.122	0.173
陕西	0.077	0.071	0.096	0.089	0.101	0.110	0.104	0.114	0.125	0.147	0.153	0.186
甘肃	0.042	0.049	0.057	0.063	0.065	0.064	0.071	0.076	0.079	0.076	0.087	0.103
青海	0.022	0.027	0.025	0.031	0.042	0.045	0.044	0.048	0.036	0.046	0.064	0.066
宁夏	0.039	0.042	0.047	0.052	0.065	0.072	0.081	0.082	0.070	0.078	0.091	0.106
新疆	0.053	0.050	0.053	0.060	0.063	0.065	0.074	0.081	0.088	0.087	0.098	0.098
范围	0.306	0.311	0.356	0.362	0.429	0.338	0.401	0.491	0.643	0.611	0.632	0.622
均值	0.103	0.114	0.119	0.131	0.141	0.138	0.144	0.160	0.172	0.184	0.208	0.232
中位数	0.078	0.088	0.090	0.104	0.108	0.111	0.115	0.122	0.122	0.133	0.158	0.182

附表 2-3　2005—2016年批发和零售业发展水平省域测算

省份	2005年	2006年	2007年	2008年	2009年	2010年	2011年	2012年	2013年	2014年	2015年	2016年
北京	0.215	0.231	0.254	0.276	0.268	0.305	0.331	0.323	0.355	0.363	0.367	0.372
天津	0.079	0.083	0.086	0.103	0.122	0.141	0.153	0.165	0.171	0.186	0.211	0.252
河北	0.149	0.164	0.154	0.170	0.199	0.204	0.194	0.222	0.239	0.240	0.255	0.261
山西	0.081	0.087	0.096	0.103	0.104	0.103	0.118	0.130	0.131	0.128	0.142	0.153
内蒙古	0.103	0.119	0.119	0.135	0.176	0.179	0.187	0.180	0.174	0.198	0.174	0.187
辽宁	0.145	0.144	0.162	0.170	0.201	0.188	0.217	0.245	0.274	0.274	0.256	0.195
吉林	0.069	0.083	0.096	0.112	0.126	0.123	0.121	0.145	0.139	0.145	0.159	0.177

(续表)

省份	2005年	2006年	2007年	2008年	2009年	2010年	2011年	2012年	2013年	2014年	2015年	2016年
黑龙江	0.069	0.079	0.082	0.096	0.111	0.121	0.149	0.162	0.186	0.169	0.173	0.183
上海	0.239	0.258	0.280	0.285	0.328	0.328	0.364	0.381	0.399	0.424	0.432	0.442
江苏	0.234	0.261	0.278	0.328	0.367	0.416	0.436	0.437	0.463	0.490	0.556	0.622
浙江	0.166	0.190	0.212	0.199	0.212	0.238	0.258	0.278	0.308	0.332	0.348	0.391
安徽	0.076	0.086	0.099	0.105	0.134	0.151	0.157	0.165	0.176	0.211	0.232	0.248
福建	0.073	0.084	0.098	0.106	0.124	0.147	0.153	0.156	0.163	0.190	0.211	0.215
江西	0.058	0.065	0.068	0.081	0.128	0.145	0.149	0.149	0.153	0.177	0.206	0.217
山东	0.234	0.241	0.272	0.310	0.348	0.400	0.426	0.482	0.508	0.564	0.613	0.620
河南	0.144	0.164	0.168	0.179	0.191	0.208	0.197	0.211	0.248	0.279	0.325	0.339
湖北	0.097	0.114	0.125	0.148	0.158	0.179	0.196	0.187	0.210	0.234	0.262	0.269
湖南	0.117	0.102	0.115	0.126	0.139	0.137	0.172	0.180	0.198	0.230	0.264	0.270
广东	0.208	0.241	0.257	0.279	0.292	0.333	0.390	0.407	0.455	0.489	0.504	0.524
广西	0.055	0.076	0.086	0.090	0.104	0.120	0.127	0.150	0.156	0.168	0.185	0.209
海南	0.044	0.056	0.045	0.056	0.066	0.067	0.063	0.069	0.073	0.076	0.082	0.086
重庆	0.060	0.062	0.065	0.074	0.083	0.103	0.108	0.113	0.136	0.145	0.162	0.168
四川	0.095	0.103	0.103	0.112	0.135	0.149	0.167	0.187	0.204	0.209	0.216	0.222
贵州	0.056	0.069	0.079	0.086	0.084	0.089	0.097	0.111	0.120	0.129	0.139	0.162
云南	0.077	0.091	0.098	0.112	0.121	0.127	0.156	0.153	0.154	0.163	0.176	0.183
陕西	0.083	0.089	0.098	0.101	0.108	0.111	0.138	0.147	0.157	0.180	0.188	0.194
甘肃	0.048	0.046	0.049	0.053	0.058	0.067	0.079	0.083	0.090	0.099	0.118	0.124
青海	0.030	0.030	0.035	0.042	0.046	0.049	0.052	0.057	0.066	0.059	0.062	0.065
宁夏	0.038	0.037	0.044	0.052	0.063	0.063	0.070	0.071	0.066	0.067	0.067	0.076
新疆	0.083	0.086	0.097	0.104	0.101	0.119	0.140	0.150	0.142	0.143	0.133	0.145
范围	0.209	0.231	0.244	0.286	0.321	0.367	0.383	0.425	0.443	0.505	0.551	0.557
均值	0.107	0.118	0.127	0.140	0.157	0.170	0.186	0.197	0.211	0.225	0.241	0.252
中位数	0.082	0.088	0.098	0.109	0.127	0.143	0.155	0.164	0.173	0.188	0.208	0.212

附表2-4　2005—2016年住宿和餐饮业发展水平省域测算

省份	2005年	2006年	2007年	2008年	2009年	2010年	2011年	2012年	2013年	2014年	2015年	2016年
北京	0.352	0.355	0.391	0.422	0.416	0.416	0.444	0.475	0.481	0.472	0.463	0.451
天津	0.088	0.092	0.098	0.117	0.118	0.142	0.140	0.178	0.170	0.169	0.175	0.166
河北	0.142	0.167	0.169	0.177	0.211	0.220	0.217	0.257	0.264	0.250	0.244	0.237
山西	0.093	0.097	0.107	0.112	0.132	0.127	0.136	0.161	0.147	0.137	0.155	0.162
内蒙古	0.133	0.145	0.142	0.154	0.180	0.189	0.193	0.211	0.194	0.222	0.208	0.207
辽宁	0.187	0.200	0.219	0.232	0.266	0.274	0.329	0.368	0.382	0.345	0.304	0.191
吉林	0.079	0.088	0.097	0.128	0.135	0.129	0.125	0.157	0.142	0.149	0.162	0.186
黑龙江	0.087	0.102	0.115	0.128	0.147	0.152	0.155	0.170	0.188	0.215	0.217	0.243
上海	0.315	0.317	0.312	0.312	0.310	0.351	0.374	0.400	0.393	0.422	0.428	0.409
江苏	0.268	0.325	0.342	0.390	0.427	0.444	0.493	0.557	0.557	0.543	0.613	0.579
浙江	0.233	0.266	0.300	0.286	0.316	0.330	0.358	0.377	0.393	0.429	0.435	0.465
安徽	0.137	0.135	0.156	0.173	0.197	0.216	0.230	0.245	0.264	0.251	0.275	0.290
福建	0.122	0.133	0.148	0.172	0.187	0.197	0.221	0.251	0.251	0.268	0.285	0.255
江西	0.128	0.137	0.148	0.188	0.228	0.247	0.230	0.236	0.232	0.233	0.253	0.254
山东	0.287	0.296	0.332	0.397	0.399	0.453	0.491	0.507	0.444	0.431	0.465	0.504
河南	0.202	0.209	0.238	0.280	0.297	0.313	0.307	0.329	0.358	0.377	0.423	0.398
湖北	0.145	0.170	0.177	0.214	0.258	0.269	0.283	0.282	0.318	0.368	0.400	0.413
湖南	0.169	0.165	0.171	0.202	0.224	0.230	0.261	0.266	0.287	0.312	0.319	0.328
广东	0.412	0.461	0.474	0.492	0.525	0.559	0.596	0.650	0.666	0.684	0.695	0.650
广西	0.121	0.121	0.124	0.127	0.141	0.159	0.178	0.206	0.222	0.222	0.216	0.218
海南	0.106	0.101	0.114	0.109	0.113	0.169	0.195	0.215	0.207	0.188	0.191	0.185
重庆	0.087	0.089	0.100	0.111	0.116	0.135	0.167	0.185	0.223	0.272	0.321	0.304
四川	0.170	0.194	0.199	0.216	0.246	0.274	0.304	0.350	0.386	0.394	0.422	0.399
贵州	0.085	0.081	0.094	0.092	0.098	0.103	0.122	0.130	0.149	0.172	0.211	0.270
云南	0.126	0.131	0.134	0.131	0.142	0.168	0.199	0.219	0.222	0.238	0.261	0.270
陕西	0.142	0.144	0.155	0.175	0.183	0.187	0.213	0.233	0.276	0.285	0.271	0.271
甘肃	0.069	0.072	0.072	0.074	0.087	0.093	0.108	0.120	0.125	0.135	0.165	0.180
青海	0.048	0.051	0.051	0.054	0.063	0.063	0.071	0.070	0.078	0.076	0.084	0.088

(续表)

省份	2005年	2006年	2007年	2008年	2009年	2010年	2011年	2012年	2013年	2014年	2015年	2016年
宁夏	0.054	0.060	0.060	0.061	0.067	0.079	0.092	0.091	0.086	0.086	0.088	0.085
新疆	0.089	0.094	0.088	0.090	0.091	0.099	0.120	0.128	0.135	0.128	0.146	0.132
范围	0.364	0.410	0.423	0.438	0.462	0.497	0.525	0.580	0.589	0.608	0.612	0.564
均值	0.156	0.167	0.178	0.194	0.211	0.226	0.245	0.267	0.275	0.282	0.296	0.293
中位数	0.131	0.136	0.148	0.173	0.185	0.193	0.215	0.234	0.242	0.251	0.266	0.262

附表 2-5 2005—2016年金融业发展水平省域测算

省份	2005年	2006年	2007年	2008年	2009年	2010年	2011年	2012年	2013年	2014年	2015年	2016年
北京	0.198	0.248	0.285	0.337	0.396	0.372	0.397	0.447	0.508	0.577	0.633	0.617
天津	0.060	0.117	0.134	0.115	0.108	0.106	0.157	0.158	0.188	0.223	0.214	0.196
河北	0.067	0.109	0.093	0.099	0.112	0.108	0.131	0.143	0.176	0.174	0.202	0.257
山西	0.044	0.048	0.062	0.062	0.133	0.080	0.081	0.113	0.117	0.114	0.143	0.121
内蒙古	0.043	0.054	0.071	0.091	0.133	0.129	0.141	0.112	0.124	0.135	0.140	0.131
辽宁	0.148	0.118	0.151	0.190	0.168	0.139	0.176	0.200	0.301	0.247	0.230	0.154
吉林	0.051	0.050	0.068	0.071	0.073	0.068	0.064	0.088	0.116	0.140	0.129	0.164
黑龙江	0.050	0.101	0.097	0.054	0.080	0.083	0.083	0.122	0.114	0.121	0.134	0.165
上海	0.112	0.150	0.205	0.276	0.258	0.257	0.257	0.285	0.269	0.309	0.419	0.384
江苏	0.089	0.137	0.205	0.158	0.191	0.247	0.277	0.337	0.381	0.458	0.462	0.471
浙江	0.131	0.159	0.176	0.200	0.204	0.233	0.219	0.302	0.303	0.310	0.351	0.350
安徽	0.074	0.064	0.083	0.086	0.137	0.107	0.172	0.178	0.220	0.228	0.215	0.245
福建	0.076	0.093	0.122	0.121	0.134	0.149	0.143	0.165	0.203	0.198	0.227	0.225
江西	0.043	0.055	0.064	0.067	0.102	0.111	0.112	0.110	0.133	0.148	0.160	0.169
山东	0.111	0.111	0.142	0.138	0.148	0.183	0.201	0.240	0.260	0.290	0.326	0.363
河南	0.075	0.083	0.107	0.084	0.120	0.121	0.122	0.126	0.150	0.168	0.195	0.213
湖北	0.053	0.074	0.118	0.077	0.111	0.104	0.130	0.165	0.207	0.216	0.220	0.214
湖南	0.070	0.065	0.079	0.077	0.094	0.079	0.101	0.143	0.161	0.187	0.220	0.218
广东	0.136	0.175	0.243	0.211	0.227	0.255	0.248	0.311	0.338	0.373	0.460	0.442
广西	0.053	0.057	0.068	0.061	0.125	0.096	0.096	0.114	0.143	0.148	0.156	0.185
海南	0.033	0.033	0.060	0.078	0.056	0.052	0.062	0.074	0.075	0.071	0.078	0.078

(续表)

省份	2005年	2006年	2007年	2008年	2009年	2010年	2011年	2012年	2013年	2014年	2015年	2016年
重庆	0.056	0.056	0.062	0.078	0.093	0.099	0.129	0.127	0.136	0.153	0.172	0.175
四川	0.069	0.079	0.091	0.085	0.112	0.113	0.151	0.195	0.213	0.177	0.199	0.216
贵州	0.039	0.048	0.063	0.058	0.075	0.068	0.094	0.095	0.104	0.105	0.125	0.127
云南	0.046	0.055	0.059	0.071	0.104	0.073	0.095	0.110	0.135	0.137	0.141	0.148
陕西	0.073	0.058	0.081	0.071	0.081	0.071	0.073	0.121	0.138	0.145	0.133	0.143
甘肃	0.032	0.048	0.041	0.038	0.052	0.048	0.068	0.061	0.090	0.090	0.100	0.107
青海	0.019	0.027	0.026	0.041	0.047	0.036	0.039	0.059	0.083	0.077	0.083	0.074
宁夏	0.029	0.033	0.054	0.082	0.045	0.068	0.062	0.079	0.076	0.076	0.079	0.084
新疆	0.049	0.052	0.066	0.054	0.062	0.063	0.074	0.085	0.104	0.104	0.105	0.110
范围	0.179	0.221	0.259	0.298	0.351	0.336	0.358	0.388	0.433	0.507	0.555	0.544
均值	0.071	0.085	0.106	0.108	0.126	0.124	0.138	0.162	0.186	0.197	0.215	0.218
中位数	0.058	0.064	0.082	0.080	0.111	0.105	0.126	0.127	0.146	0.160	0.184	0.180

附表 2-6 2005—2016 年房地产业发展水平省域测算

省份	2005年	2006年	2007年	2008年	2009年	2010年	2011年	2012年	2013年	2014年	2015年	2016年
北京	0.246	0.264	0.284	0.264	0.300	0.304	0.313	0.323	0.360	0.370	0.379	0.421
天津	0.090	0.101	0.111	0.111	0.131	0.141	0.176	0.178	0.188	0.189	0.205	0.253
河北	0.107	0.125	0.140	0.149	0.193	0.220	0.241	0.250	0.264	0.279	0.295	0.324
山西	0.056	0.062	0.070	0.081	0.087	0.085	0.101	0.132	0.169	0.167	0.173	0.178
内蒙古	0.060	0.074	0.087	0.098	0.140	0.140	0.154	0.150	0.167	0.145	0.125	0.129
辽宁	0.131	0.149	0.162	0.182	0.206	0.228	0.253	0.286	0.303	0.267	0.220	0.192
吉林	0.052	0.064	0.077	0.083	0.093	0.098	0.119	0.137	0.150	0.130	0.122	0.122
黑龙江	0.065	0.075	0.075	0.076	0.098	0.117	0.132	0.143	0.153	0.152	0.146	0.137
上海	0.259	0.247	0.255	0.246	0.280	0.262	0.282	0.304	0.343	0.352	0.383	0.459
江苏	0.265	0.294	0.338	0.363	0.402	0.458	0.477	0.549	0.596	0.609	0.630	0.675
浙江	0.240	0.241	0.253	0.249	0.279	0.318	0.330	0.374	0.414	0.438	0.456	0.493
安徽	0.103	0.115	0.135	0.157	0.187	0.197	0.211	0.251	0.279	0.293	0.294	0.321
福建	0.118	0.139	0.150	0.137	0.161	0.175	0.204	0.233	0.261	0.286	0.289	0.297
江西	0.079	0.083	0.094	0.093	0.129	0.128	0.140	0.164	0.183	0.199	0.204	0.217

(续表)

省份	2005年	2006年	2007年	2008年	2009年	2010年	2011年	2012年	2013年	2014年	2015年	2016年
山东	0.199	0.202	0.221	0.242	0.285	0.323	0.343	0.372	0.417	0.433	0.446	0.477
河南	0.115	0.131	0.161	0.168	0.200	0.216	0.237	0.275	0.334	0.351	0.376	0.428
湖北	0.093	0.109	0.130	0.145	0.156	0.169	0.196	0.233	0.270	0.298	0.321	0.348
湖南	0.100	0.104	0.117	0.123	0.131	0.146	0.165	0.206	0.227	0.245	0.248	0.256
广东	0.318	0.345	0.383	0.380	0.415	0.440	0.489	0.544	0.614	0.666	0.707	0.791
广西	0.084	0.085	0.097	0.103	0.126	0.142	0.148	0.162	0.176	0.185	0.191	0.206
海南	0.041	0.045	0.060	0.070	0.078	0.107	0.108	0.125	0.142	0.154	0.161	0.173
重庆	0.091	0.097	0.117	0.115	0.134	0.158	0.188	0.208	0.232	0.250	0.247	0.249
四川	0.124	0.146	0.168	0.166	0.204	0.216	0.240	0.283	0.350	0.364	0.362	0.373
贵州	0.052	0.054	0.063	0.059	0.082	0.090	0.104	0.139	0.161	0.183	0.188	0.184
云南	0.074	0.081	0.088	0.089	0.101	0.117	0.135	0.179	0.210	0.214	0.207	0.216
陕西	0.063	0.070	0.084	0.104	0.121	0.142	0.151	0.194	0.222	0.236	0.223	0.216
甘肃	0.041	0.041	0.043	0.045	0.057	0.063	0.073	0.075	0.108	0.100	0.105	0.116
青海	0.042	0.036	0.041	0.051	0.039	0.042	0.054	0.058	0.068	0.076	0.076	0.072
宁夏	0.038	0.040	0.050	0.048	0.058	0.070	0.081	0.090	0.099	0.095	0.086	0.084
新疆	0.040	0.047	0.060	0.053	0.070	0.082	0.099	0.119	0.143	0.140	0.138	0.137
范围	0.280	0.309	0.342	0.335	0.377	0.416	0.436	0.490	0.546	0.590	0.631	0.719
均值	0.113	0.122	0.137	0.142	0.165	0.180	0.198	0.225	0.253	0.262	0.267	0.285
中位数	0.091	0.099	0.114	0.113	0.133	0.144	0.170	0.200	0.224	0.240	0.222	0.233

附表 2-7 2005—2016 年租赁和商务服务业发展水平省域测算

省份	2005年	2006年	2007年	2008年	2009年	2010年	2011年	2012年	2013年	2014年	2015年	2016年
北京	0.198	0.229	0.247	0.242	0.266	0.285	0.296	0.321	0.376	0.404	0.467	0.478
天津	0.050	0.050	0.064	0.074	0.129	0.157	0.205	0.220	0.221	0.280	0.257	0.304
河北	0.075	0.084	0.076	0.058	0.086	0.079	0.073	0.105	0.147	0.134	0.152	0.170
山西	0.044	0.046	0.045	0.036	0.035	0.047	0.042	0.053	0.061	0.065	0.072	0.092
内蒙古	0.043	0.038	0.039	0.051	0.055	0.068	0.087	0.081	0.072	0.091	0.094	0.110
辽宁	0.097	0.108	0.115	0.122	0.121	0.174	0.179	0.155	0.163	0.186	0.153	0.128
吉林	0.049	0.065	0.068	0.066	0.061	0.060	0.065	0.072	0.070	0.074	0.095	0.108

(续表)

省份	2005年	2006年	2007年	2008年	2009年	2010年	2011年	2012年	2013年	2014年	2015年	2016年
黑龙江	0.045	0.046	0.043	0.046	0.057	0.070	0.074	0.076	0.091	0.085	0.095	0.110
上海	0.172	0.180	0.183	0.224	0.245	0.238	0.264	0.299	0.354	0.375	0.403	0.458
江苏	0.153	0.164	0.185	0.208	0.210	0.264	0.305	0.360	0.386	0.433	0.517	0.617
浙江	0.166	0.142	0.157	0.146	0.156	0.166	0.175	0.208	0.237	0.270	0.314	0.358
安徽	0.062	0.059	0.071	0.077	0.081	0.089	0.111	0.130	0.142	0.174	0.228	0.269
福建	0.058	0.068	0.072	0.087	0.081	0.091	0.099	0.121	0.136	0.154	0.174	0.198
江西	0.052	0.052	0.060	0.059	0.056	0.067	0.073	0.092	0.105	0.126	0.150	0.179
山东	0.129	0.119	0.110	0.118	0.140	0.166	0.176	0.205	0.263	0.291	0.353	0.420
河南	0.078	0.068	0.072	0.071	0.072	0.079	0.082	0.088	0.113	0.141	0.172	0.182
湖北	0.053	0.072	0.082	0.086	0.113	0.104	0.109	0.147	0.159	0.189	0.244	0.280
湖南	0.050	0.065	0.064	0.077	0.070	0.064	0.102	0.124	0.138	0.135	0.167	0.209
广东	0.183	0.217	0.241	0.237	0.261	0.278	0.307	0.324	0.400	0.432	0.487	0.550
广西	0.053	0.042	0.049	0.059	0.068	0.069	0.080	0.098	0.103	0.123	0.148	0.186
海南	0.031	0.032	0.034	0.027	0.036	0.045	0.052	0.058	0.064	0.066	0.063	0.071
重庆	0.062	0.049	0.062	0.051	0.049	0.066	0.062	0.088	0.093	0.106	0.134	0.155
四川	0.085	0.079	0.086	0.079	0.105	0.101	0.111	0.114	0.127	0.138	0.153	0.187
贵州	0.050	0.051	0.049	0.051	0.043	0.041	0.048	0.062	0.076	0.103	0.148	0.162
云南	0.043	0.051	0.050	0.042	0.051	0.056	0.058	0.069	0.079	0.082	0.103	0.094
陕西	0.047	0.076	0.076	0.063	0.064	0.067	0.080	0.086	0.096	0.101	0.100	0.112
甘肃	0.038	0.041	0.032	0.034	0.037	0.045	0.045	0.051	0.060	0.060	0.070	0.077
青海	0.026	0.029	0.031	0.024	0.040	0.035	0.040	0.048	0.050	0.049	0.052	0.059
宁夏	0.024	0.026	0.025	0.021	0.026	0.024	0.033	0.029	0.031	0.036	0.040	0.045
新疆	0.037	0.039	0.038	0.039	0.036	0.039	0.043	0.048	0.062	0.071	0.093	0.098
范围	0.175	0.203	0.222	0.220	0.240	0.262	0.275	0.331	0.369	0.398	0.477	0.572
均值	0.075	0.080	0.084	0.086	0.095	0.104	0.116	0.131	0.149	0.166	0.190	0.216
中位数	0.052	0.062	0.066	0.065	0.069	0.070	0.081	0.095	0.109	0.130	0.151	0.175

附表 2-8　2005—2016 年科学研究、技术服务和地质勘查业发展水平省域测算

省份	2005 年	2006 年	2007 年	2008 年	2009 年	2010 年	2011 年	2012 年	2013 年	2014 年	2015 年	2016 年
北京	0.229	0.243	0.267	0.261	0.313	0.337	0.364	0.403	0.465	0.514	0.579	0.670
天津	0.082	0.111	0.123	0.111	0.117	0.123	0.141	0.151	0.162	0.201	0.215	0.297
河北	0.101	0.094	0.113	0.096	0.112	0.103	0.112	0.124	0.145	0.155	0.157	0.206
山西	0.037	0.039	0.066	0.044	0.052	0.058	0.059	0.066	0.073	0.082	0.095	0.107
内蒙古	0.048	0.049	0.056	0.071	0.071	0.067	0.071	0.069	0.074	0.101	0.094	0.092
辽宁	0.089	0.081	0.105	0.106	0.120	0.132	0.124	0.148	0.154	0.170	0.173	0.142
吉林	0.045	0.054	0.056	0.062	0.069	0.068	0.062	0.074	0.081	0.094	0.098	0.110
黑龙江	0.058	0.060	0.078	0.085	0.110	0.089	0.086	0.114	0.119	0.115	0.124	0.146
上海	0.166	0.174	0.179	0.190	0.199	0.197	0.221	0.236	0.248	0.277	0.310	0.363
江苏	0.096	0.101	0.118	0.158	0.171	0.188	0.237	0.267	0.292	0.373	0.400	0.471
浙江	0.091	0.098	0.100	0.104	0.107	0.124	0.133	0.145	0.164	0.188	0.214	0.249
安徽	0.072	0.075	0.078	0.070	0.077	0.097	0.088	0.117	0.126	0.149	0.164	0.188
福建	0.053	0.056	0.073	0.068	0.079	0.074	0.085	0.079	0.096	0.110	0.123	0.143
江西	0.035	0.038	0.046	0.045	0.055	0.061	0.054	0.060	0.072	0.080	0.100	0.119
山东	0.098	0.101	0.090	0.134	0.164	0.166	0.198	0.241	0.329	0.331	0.428	0.458
河南	0.073	0.068	0.078	0.072	0.085	0.091	0.090	0.105	0.138	0.153	0.184	0.208
湖北	0.068	0.075	0.087	0.096	0.104	0.105	0.105	0.125	0.138	0.150	0.180	0.197
湖南	0.053	0.062	0.067	0.066	0.076	0.072	0.105	0.107	0.118	0.138	0.170	0.195
广东	0.132	0.137	0.166	0.169	0.188	0.210	0.230	0.310	0.260	0.286	0.325	0.352
广西	0.044	0.047	0.061	0.057	0.062	0.064	0.066	0.075	0.081	0.094	0.111	0.124
海南	0.024	0.029	0.024	0.047	0.031	0.035	0.037	0.037	0.044	0.048	0.056	0.063
重庆	0.087	0.072	0.119	0.084	0.102	0.108	0.125	0.137	0.151	0.159	0.179	0.203
四川	0.087	0.093	0.102	0.095	0.105	0.108	0.122	0.130	0.142	0.162	0.187	0.186
贵州	0.050	0.043	0.046	0.046	0.052	0.051	0.056	0.059	0.064	0.078	0.080	0.092
云南	0.047	0.053	0.063	0.056	0.063	0.065	0.077	0.078	0.087	0.093	0.101	0.113
陕西	0.083	0.093	0.101	0.096	0.104	0.108	0.099	0.124	0.139	0.185	0.154	0.168
甘肃	0.032	0.033	0.042	0.036	0.046	0.048	0.047	0.046	0.056	0.080	0.082	0.089
青海	0.022	0.030	0.030	0.040	0.027	0.030	0.030	0.029	0.030	0.043	0.050	0.060

(续表)

省份	2005年	2006年	2007年	2008年	2009年	2010年	2011年	2012年	2013年	2014年	2015年	2016年
宁夏	0.032	0.033	0.041	0.037	0.049	0.038	0.054	0.058	0.055	0.052	0.071	0.068
新疆	0.063	0.057	0.053	0.053	0.060	0.062	0.067	0.071	0.082	0.089	0.092	0.098
范围	0.207	0.214	0.242	0.225	0.286	0.308	0.335	0.374	0.435	0.471	0.529	0.609
均值	0.073	0.077	0.088	0.089	0.099	0.103	0.112	0.126	0.139	0.158	0.177	0.199
中位数	0.065	0.065	0.078	0.072	0.082	0.090	0.089	0.111	0.122	0.143	0.156	0.157

附表2-9 2005—2016年水利、环境和公共设施管理业发展水平省域测算

省份	2005年	2006年	2007年	2008年	2009年	2010年	2011年	2012年	2013年	2014年	2015年	2016年
北京	0.194	0.212	0.210	0.207	0.227	0.226	0.238	0.255	0.289	0.305	0.343	0.376
天津	0.140	0.162	0.165	0.197	0.226	0.244	0.257	0.284	0.308	0.322	0.379	0.408
河北	0.101	0.106	0.119	0.131	0.186	0.199	0.177	0.195	0.214	0.245	0.307	0.342
山西	0.063	0.074	0.086	0.090	0.108	0.107	0.115	0.135	0.168	0.174	0.192	0.213
内蒙古	0.210	0.209	0.236	0.249	0.273	0.270	0.292	0.303	0.321	0.385	0.387	0.442
辽宁	0.139	0.145	0.171	0.178	0.198	0.232	0.246	0.265	0.291	0.304	0.299	0.248
吉林	0.093	0.107	0.113	0.124	0.133	0.131	0.129	0.150	0.160	0.167	0.187	0.207
黑龙江	0.071	0.073	0.083	0.087	0.104	0.123	0.123	0.141	0.154	0.157	0.173	0.178
上海	0.268	0.260	0.251	0.259	0.250	0.227	0.223	0.230	0.264	0.275	0.299	0.322
江苏	0.268	0.292	0.295	0.296	0.334	0.384	0.413	0.440	0.502	0.573	0.620	0.673
浙江	0.268	0.268	0.264	0.269	0.279	0.295	0.315	0.342	0.366	0.412	0.476	0.562
安徽	0.132	0.153	0.171	0.153	0.202	0.205	0.225	0.257	0.265	0.295	0.302	0.349
福建	0.115	0.127	0.152	0.147	0.162	0.189	0.201	0.224	0.240	0.274	0.327	0.383
江西	0.151	0.165	0.161	0.166	0.182	0.204	0.197	0.225	0.265	0.282	0.302	0.330
山东	0.255	0.286	0.267	0.315	0.345	0.357	0.369	0.400	0.513	0.557	0.611	0.701
河南	0.138	0.152	0.165	0.173	0.199	0.223	0.228	0.244	0.264	0.303	0.352	0.408
湖北	0.149	0.154	0.167	0.179	0.205	0.228	0.236	0.258	0.276	0.310	0.365	0.423
湖南	0.189	0.199	0.217	0.233	0.258	0.276	0.284	0.317	0.358	0.396	0.453	0.531
广东	0.286	0.300	0.309	0.310	0.358	0.402	0.402	0.425	0.460	0.504	0.569	0.634
广西	0.142	0.143	0.152	0.157	0.178	0.198	0.208	0.215	0.232	0.244	0.273	0.291
海南	0.066	0.061	0.072	0.065	0.072	0.083	0.085	0.100	0.130	0.127	0.147	0.166

(续表)

省份	2005年	2006年	2007年	2008年	2009年	2010年	2011年	2012年	2013年	2014年	2015年	2016年
重庆	0.171	0.182	0.193	0.193	0.208	0.225	0.237	0.256	0.276	0.308	0.361	0.421
四川	0.195	0.215	0.211	0.224	0.258	0.259	0.253	0.290	0.329	0.353	0.387	0.432
贵州	0.134	0.136	0.142	0.147	0.157	0.175	0.203	0.232	0.256	0.284	0.313	0.351
云南	0.104	0.113	0.112	0.123	0.141	0.144	0.144	0.171	0.194	0.199	0.231	0.269
陕西	0.163	0.164	0.176	0.190	0.224	0.232	0.242	0.243	0.282	0.309	0.350	0.406
甘肃	0.049	0.052	0.052	0.060	0.066	0.073	0.088	0.104	0.107	0.123	0.142	0.166
青海	0.077	0.085	0.094	0.101	0.100	0.103	0.100	0.109	0.119	0.132	0.142	0.158
宁夏	0.055	0.059	0.047	0.061	0.068	0.069	0.082	0.089	0.096	0.109	0.123	0.137
新疆	0.090	0.091	0.101	0.103	0.117	0.121	0.126	0.144	0.167	0.196	0.224	0.255
范围	0.237	0.249	0.262	0.255	0.292	0.333	0.332	0.350	0.417	0.464	0.496	0.564
均值	0.149	0.158	0.165	0.173	0.194	0.207	0.215	0.235	0.262	0.287	0.321	0.359
中位数	0.140	0.153	0.165	0.170	0.198	0.214	0.224	0.237	0.265	0.290	0.310	0.350

附表 2-10　2005—2016 年居民服务和其他服务业发展水平省域测算

省份	2005年	2006年	2007年	2008年	2009年	2010年	2011年	2012年	2013年	2014年	2015年	2016年
北京	0.197	0.216	0.224	0.240	0.282	0.273	0.297	0.335	0.367	0.362	0.376	0.432
天津	0.083	0.093	0.100	0.125	0.164	0.202	0.195	0.204	0.237	0.255	0.239	0.283
河北	0.093	0.111	0.088	0.103	0.142	0.134	0.148	0.153	0.148	0.158	0.184	0.217
山西	0.044	0.049	0.051	0.062	0.075	0.079	0.087	0.096	0.101	0.121	0.133	0.169
内蒙古	0.044	0.066	0.067	0.090	0.104	0.107	0.113	0.122	0.124	0.155	0.159	0.147
辽宁	0.094	0.119	0.139	0.139	0.157	0.179	0.223	0.257	0.248	0.255	0.216	0.188
吉林	0.043	0.053	0.058	0.067	0.070	0.077	0.084	0.101	0.100	0.117	0.126	0.151
黑龙江	0.082	0.094	0.115	0.105	0.111	0.120	0.123	0.132	0.148	0.138	0.156	0.168
上海	0.439	0.269	0.193	0.136	0.137	0.138	0.138	0.148	0.173	0.197	0.203	0.230
江苏	0.189	0.238	0.220	0.223	0.263	0.289	0.321	0.361	0.339	0.365	0.468	0.479
浙江	0.142	0.091	0.110	0.127	0.133	0.138	0.153	0.168	0.179	0.205	0.228	0.273
安徽	0.067	0.090	0.097	0.073	0.085	0.082	0.091	0.111	0.123	0.148	0.161	0.173
福建	0.060	0.063	0.069	0.077	0.093	0.098	0.103	0.114	0.124	0.149	0.167	0.176
江西	0.039	0.049	0.047	0.063	0.084	0.098	0.098	0.113	0.115	0.130	0.168	0.168

(续表)

省份	2005年	2006年	2007年	2008年	2009年	2010年	2011年	2012年	2013年	2014年	2015年	2016年
山东	0.152	0.157	0.159	0.205	0.234	0.323	0.395	0.409	0.399	0.365	0.417	0.412
河南	0.152	0.135	0.115	0.132	0.143	0.140	0.136	0.166	0.208	0.222	0.248	0.238
湖北	0.057	0.062	0.082	0.098	0.108	0.122	0.131	0.143	0.171	0.235	0.211	0.241
湖南	0.063	0.066	0.071	0.098	0.115	0.115	0.131	0.157	0.165	0.166	0.190	0.209
广东	0.260	0.292	0.321	0.357	0.382	0.371	0.275	0.274	0.306	0.335	0.343	0.364
广西	0.052	0.056	0.054	0.063	0.066	0.070	0.071	0.096	0.108	0.119	0.143	0.141
海南	0.034	0.037	0.037	0.053	0.061	0.050	0.035	0.046	0.050	0.049	0.054	0.059
重庆	0.037	0.042	0.049	0.067	0.071	0.080	0.103	0.140	0.130	0.127	0.149	0.156
四川	0.138	0.132	0.156	0.134	0.141	0.140	0.124	0.145	0.135	0.144	0.158	0.179
贵州	0.028	0.029	0.037	0.041	0.049	0.047	0.058	0.072	0.087	0.095	0.108	0.116
云南	0.033	0.035	0.036	0.053	0.068	0.070	0.082	0.093	0.111	0.124	0.132	0.132
陕西	0.104	0.093	0.117	0.098	0.102	0.117	0.125	0.138	0.133	0.129	0.136	0.158
甘肃	0.029	0.045	0.043	0.047	0.054	0.062	0.063	0.082	0.103	0.117	0.162	0.153
青海	0.029	0.037	0.032	0.060	0.054	0.059	0.080	0.087	0.071	0.072	0.070	0.060
宁夏	0.029	0.043	0.052	0.059	0.067	0.088	0.098	0.103	0.076	0.080	0.089	0.100
新疆	0.038	0.047	0.041	0.048	0.046	0.050	0.071	0.065	0.075	0.075	0.086	0.093
范围	0.412	0.263	0.289	0.316	0.336	0.323	0.360	0.363	0.349	0.316	0.414	0.420
均值	0.095	0.097	0.099	0.108	0.122	0.131	0.138	0.154	0.162	0.174	0.189	0.202
中位数	0.061	0.066	0.076	0.094	0.103	0.111	0.118	0.135	0.131	0.146	0.161	0.171

附表 2-11 2005—2016年教育业发展水平省域测算

省份	2005年	2006年	2007年	2008年	2009年	2010年	2011年	2012年	2013年	2014年	2015年	2016年
北京	0.251	0.278	0.290	0.321	0.357	0.393	0.432	0.423	0.465	0.517	0.594	0.646
天津	0.115	0.124	0.140	0.147	0.184	0.218	0.230	0.240	0.300	0.264	0.296	0.312
河北	0.180	0.181	0.191	0.183	0.211	0.212	0.213	0.224	0.226	0.237	0.259	0.282
山西	0.083	0.087	0.100	0.109	0.133	0.178	0.148	0.165	0.169	0.173	0.204	0.217
内蒙古	0.081	0.094	0.103	0.123	0.139	0.159	0.164	0.142	0.147	0.168	0.191	0.205
辽宁	0.251	0.232	0.222	0.207	0.221	0.207	0.239	0.231	0.259	0.326	0.248	0.243
吉林	0.104	0.112	0.119	0.131	0.149	0.152	0.154	0.158	0.172	0.192	0.219	0.230

（续表）

省份	2005年	2006年	2007年	2008年	2009年	2010年	2011年	2012年	2013年	2014年	2015年	2016年
黑龙江	0.120	0.126	0.148	0.142	0.161	0.159	0.162	0.170	0.199	0.203	0.234	0.250
上海	0.241	0.263	0.285	0.296	0.317	0.348	0.346	0.337	0.370	0.406	0.431	0.490
江苏	0.258	0.260	0.274	0.285	0.325	0.350	0.356	0.374	0.418	0.478	0.536	0.619
浙江	0.230	0.235	0.243	0.258	0.290	0.309	0.309	0.320	0.349	0.392	0.441	0.496
安徽	0.147	0.159	0.171	0.156	0.187	0.196	0.198	0.204	0.211	0.227	0.256	0.284
福建	0.139	0.143	0.159	0.159	0.167	0.178	0.192	0.207	0.211	0.225	0.261	0.271
江西	0.128	0.135	0.135	0.144	0.153	0.151	0.149	0.157	0.190	0.203	0.241	0.240
山东	0.255	0.284	0.283	0.308	0.308	0.305	0.323	0.345	0.410	0.422	0.475	0.534
河南	0.189	0.216	0.227	0.242	0.276	0.283	0.278	0.291	0.328	0.357	0.394	0.435
湖北	0.172	0.175	0.190	0.186	0.218	0.226	0.242	0.244	0.233	0.281	0.320	0.386
湖南	0.154	0.161	0.176	0.182	0.198	0.210	0.234	0.249	0.287	0.323	0.360	0.416
广东	0.354	0.341	0.366	0.383	0.405	0.429	0.453	0.448	0.480	0.536	0.586	0.658
广西	0.129	0.133	0.148	0.146	0.173	0.200	0.195	0.202	0.219	0.239	0.275	0.318
海南	0.049	0.054	0.060	0.066	0.071	0.082	0.089	0.089	0.097	0.111	0.134	0.139
重庆	0.114	0.118	0.135	0.153	0.175	0.177	0.175	0.179	0.202	0.229	0.260	0.282
四川	0.178	0.184	0.197	0.209	0.307	0.276	0.274	0.275	0.319	0.368	0.408	0.446
贵州	0.073	0.081	0.093	0.098	0.111	0.113	0.123	0.149	0.164	0.194	0.220	0.246
云南	0.094	0.104	0.118	0.124	0.163	0.186	0.175	0.195	0.212	0.236	0.265	0.327
陕西	0.144	0.140	0.161	0.173	0.206	0.209	0.205	0.204	0.226	0.244	0.281	0.326
甘肃	0.078	0.067	0.079	0.088	0.104	0.109	0.115	0.122	0.120	0.143	0.187	0.211
青海	0.026	0.035	0.042	0.049	0.051	0.060	0.069	0.067	0.077	0.086	0.101	0.121
宁夏	0.030	0.042	0.044	0.060	0.070	0.071	0.073	0.077	0.088	0.087	0.115	0.121
新疆	0.075	0.082	0.087	0.095	0.122	0.122	0.136	0.139	0.151	0.165	0.198	0.220
范围	0.328	0.306	0.324	0.334	0.355	0.369	0.384	0.381	0.403	0.450	0.493	0.537
均值	0.148	0.155	0.166	0.174	0.198	0.209	0.215	0.221	0.243	0.268	0.300	0.332
中位数	0.134	0.137	0.153	0.155	0.179	0.198	0.196	0.204	0.216	0.237	0.260	0.283

附表 2-12　2005—2016 年卫生、社会保障和社会福利业发展水平省域测算

省份	2005 年	2006 年	2007 年	2008 年	2009 年	2010 年	2011 年	2012 年	2013 年	2014 年	2015 年	2016 年
北京	0.206	0.228	0.229	0.256	0.266	0.276	0.313	0.323	0.364	0.433	0.485	0.536
天津	0.076	0.092	0.115	0.119	0.139	0.148	0.155	0.182	0.194	0.223	0.255	0.266
河北	0.162	0.163	0.172	0.180	0.214	0.217	0.206	0.218	0.245	0.286	0.313	0.326
山西	0.066	0.064	0.079	0.086	0.105	0.120	0.133	0.160	0.138	0.149	0.186	0.213
内蒙古	0.073	0.085	0.095	0.121	0.128	0.128	0.142	0.166	0.157	0.182	0.192	0.212
辽宁	0.140	0.161	0.177	0.189	0.206	0.212	0.223	0.268	0.263	0.271	0.275	0.279
吉林	0.082	0.094	0.108	0.111	0.124	0.127	0.134	0.147	0.159	0.177	0.206	0.236
黑龙江	0.117	0.122	0.140	0.160	0.170	0.161	0.163	0.178	0.206	0.215	0.229	0.263
上海	0.181	0.201	0.205	0.208	0.232	0.238	0.279	0.283	0.302	0.333	0.372	0.432
江苏	0.217	0.253	0.247	0.263	0.277	0.310	0.353	0.353	0.395	0.452	0.553	0.600
浙江	0.239	0.246	0.238	0.236	0.264	0.269	0.284	0.321	0.346	0.390	0.448	0.506
安徽	0.110	0.118	0.138	0.145	0.187	0.182	0.195	0.198	0.216	0.256	0.293	0.300
福建	0.118	0.118	0.142	0.144	0.179	0.183	0.194	0.179	0.224	0.250	0.283	0.309
江西	0.106	0.111	0.110	0.105	0.128	0.135	0.142	0.152	0.163	0.193	0.231	0.239
山东	0.231	0.239	0.269	0.310	0.328	0.353	0.370	0.376	0.407	0.478	0.538	0.611
河南	0.225	0.237	0.272	0.269	0.298	0.306	0.317	0.325	0.365	0.426	0.525	0.578
湖北	0.125	0.127	0.152	0.176	0.200	0.214	0.243	0.248	0.273	0.307	0.370	0.419
湖南	0.160	0.147	0.172	0.183	0.222	0.230	0.258	0.260	0.316	0.364	0.413	0.503
广东	0.283	0.291	0.305	0.330	0.366	0.381	0.390	0.403	0.442	0.521	0.579	0.634
广西	0.119	0.117	0.132	0.124	0.148	0.167	0.173	0.178	0.208	0.235	0.261	0.299
海南	0.044	0.050	0.052	0.047	0.064	0.076	0.109	0.091	0.096	0.110	0.129	0.154
重庆	0.092	0.093	0.109	0.129	0.137	0.163	0.177	0.182	0.203	0.238	0.257	0.280
四川	0.180	0.172	0.197	0.205	0.283	0.282	0.281	0.320	0.346	0.384	0.448	0.516
贵州	0.068	0.063	0.082	0.081	0.093	0.109	0.114	0.122	0.144	0.160	0.190	0.243
云南	0.092	0.091	0.111	0.115	0.136	0.156	0.166	0.175	0.195	0.220	0.251	0.313
陕西	0.137	0.143	0.153	0.148	0.169	0.177	0.204	0.210	0.250	0.275	0.290	0.326
甘肃	0.058	0.056	0.070	0.067	0.083	0.097	0.101	0.095	0.112	0.128	0.155	0.188
青海	0.031	0.037	0.044	0.048	0.043	0.059	0.059	0.056	0.054	0.063	0.073	0.081

(续表)

省份	2005年	2006年	2007年	2008年	2009年	2010年	2011年	2012年	2013年	2014年	2015年	2016年
宁夏	0.040	0.049	0.055	0.059	0.058	0.067	0.066	0.073	0.070	0.079	0.100	0.116
新疆	0.081	0.084	0.082	0.095	0.113	0.119	0.135	0.137	0.159	0.168	0.201	0.223
范围	0.252	0.254	0.261	0.283	0.323	0.321	0.331	0.347	0.388	0.458	0.506	0.553
均值	0.129	0.135	0.148	0.157	0.179	0.189	0.203	0.213	0.234	0.266	0.303	0.340
中位数	0.118	0.118	0.139	0.145	0.170	0.172	0.185	0.182	0.212	0.244	0.268	0.299

附表 2-13 2005—2016 年文化体育和娱乐业发展水平省域测算

省份	2005年	2006年	2007年	2008年	2009年	2010年	2011年	2012年	2013年	2014年	2015年	2016年
北京	0.324	0.339	0.367	0.428	0.456	0.481	0.509	0.545	0.617	0.635	0.686	0.719
天津	0.092	0.094	0.093	0.094	0.105	0.118	0.142	0.148	0.144	0.150	0.181	0.225
河北	0.089	0.095	0.103	0.100	0.118	0.129	0.138	0.148	0.196	0.199	0.230	0.257
山西	0.057	0.064	0.068	0.072	0.085	0.087	0.098	0.106	0.120	0.139	0.158	0.170
内蒙古	0.070	0.078	0.091	0.083	0.094	0.110	0.096	0.108	0.131	0.137	0.134	0.160
辽宁	0.114	0.132	0.131	0.139	0.172	0.181	0.188	0.222	0.231	0.227	0.224	0.218
吉林	0.054	0.067	0.072	0.074	0.079	0.093	0.093	0.097	0.100	0.100	0.129	0.123
黑龙江	0.067	0.073	0.083	0.082	0.092	0.093	0.105	0.127	0.135	0.142	0.161	0.170
上海	0.211	0.178	0.184	0.194	0.207	0.209	0.213	0.221	0.230	0.252	0.287	0.364
江苏	0.228	0.215	0.209	0.207	0.231	0.259	0.274	0.318	0.410	0.479	0.514	0.584
浙江	0.161	0.168	0.168	0.175	0.202	0.208	0.245	0.296	0.347	0.373	0.418	0.477
安徽	0.151	0.102	0.108	0.088	0.116	0.131	0.137	0.165	0.194	0.212	0.248	0.266
福建	0.106	0.119	0.131	0.138	0.139	0.149	0.176	0.206	0.245	0.281	0.300	0.331
江西	0.094	0.101	0.102	0.112	0.122	0.136	0.153	0.164	0.179	0.220	0.239	0.229
山东	0.137	0.156	0.165	0.245	0.277	0.303	0.308	0.344	0.372	0.406	0.408	0.478
河南	0.123	0.124	0.134	0.151	0.171	0.173	0.150	0.170	0.230	0.245	0.274	0.302
湖北	0.104	0.119	0.117	0.110	0.142	0.144	0.155	0.182	0.189	0.216	0.227	0.235
湖南	0.096	0.116	0.099	0.115	0.124	0.135	0.138	0.151	0.214	0.246	0.280	0.366
广东	0.249	0.261	0.274	0.298	0.322	0.325	0.339	0.340	0.390	0.410	0.441	0.480
广西	0.081	0.098	0.081	0.096	0.107	0.107	0.122	0.132	0.149	0.145	0.159	0.172
海南	0.050	0.063	0.060	0.074	0.098	0.118	0.100	0.091	0.106	0.113	0.125	0.119

（续表）

省份	2005年	2006年	2007年	2008年	2009年	2010年	2011年	2012年	2013年	2014年	2015年	2016年
重庆	0.071	0.078	0.086	0.091	0.095	0.100	0.110	0.118	0.133	0.131	0.165	0.176
四川	0.121	0.128	0.133	0.128	0.159	0.183	0.193	0.200	0.247	0.225	0.240	0.249
贵州	0.064	0.060	0.065	0.065	0.074	0.074	0.083	0.089	0.114	0.117	0.145	0.175
云南	0.076	0.083	0.096	0.087	0.112	0.114	0.128	0.145	0.160	0.164	0.176	0.183
陕西	0.075	0.088	0.087	0.110	0.111	0.110	0.125	0.145	0.156	0.172	0.197	0.195
甘肃	0.053	0.041	0.050	0.053	0.059	0.065	0.067	0.079	0.107	0.112	0.137	0.162
青海	0.036	0.034	0.041	0.042	0.051	0.049	0.051	0.057	0.057	0.062	0.068	0.078
宁夏	0.034	0.039	0.048	0.040	0.052	0.040	0.044	0.044	0.060	0.063	0.073	0.071
新疆	0.058	0.058	0.062	0.057	0.064	0.064	0.078	0.075	0.091	0.100	0.112	0.140
范围	0.290	0.306	0.326	0.388	0.405	0.441	0.465	0.500	0.560	0.573	0.618	0.647
均值	0.108	0.112	0.117	0.125	0.142	0.150	0.159	0.174	0.202	0.216	0.238	0.263
中位数	0.091	0.097	0.098	0.098	0.114	0.123	0.137	0.148	0.170	0.185	0.210	0.222

附表2-14 2005—2016年公共管理和社会组织业发展水平省域测算

省份	2005年	2006年	2007年	2008年	2009年	2010年	2011年	2012年	2013年	2014年	2015年	2016年
北京	0.114	0.117	0.101	0.114	0.126	0.113	0.121	0.169	0.210	0.188	0.230	0.183
天津	0.049	0.052	0.061	0.081	0.082	0.081	0.088	0.090	0.127	0.134	0.122	0.131
河北	0.131	0.124	0.114	0.120	0.130	0.129	0.125	0.149	0.162	0.159	0.188	0.230
山西	0.064	0.079	0.078	0.088	0.092	0.079	0.084	0.093	0.116	0.147	0.148	0.151
内蒙古	0.074	0.088	0.097	0.109	0.105	0.111	0.117	0.133	0.151	0.174	0.266	0.277
辽宁	0.093	0.085	0.093	0.104	0.128	0.137	0.138	0.197	0.175	0.159	0.126	0.151
吉林	0.055	0.070	0.066	0.067	0.063	0.072	0.069	0.113	0.123	0.125	0.136	0.170
黑龙江	0.072	0.089	0.089	0.101	0.110	0.108	0.100	0.113	0.116	0.127	0.124	0.137
上海	0.095	0.098	0.110	0.118	0.116	0.106	0.117	0.133	0.140	0.163	0.158	0.194
江苏	0.164	0.151	0.151	0.173	0.184	0.200	0.217	0.236	0.226	0.256	0.267	0.302
浙江	0.164	0.162	0.156	0.157	0.170	0.167	0.176	0.192	0.207	0.217	0.243	0.284
安徽	0.078	0.080	0.085	0.105	0.104	0.118	0.112	0.145	0.149	0.169	0.181	0.209
福建	0.075	0.082	0.091	0.115	0.115	0.100	0.118	0.131	0.149	0.181	0.180	0.202
江西	0.077	0.091	0.093	0.105	0.098	0.093	0.094	0.124	0.134	0.148	0.163	0.206

(续表)

省份	2005年	2006年	2007年	2008年	2009年	2010年	2011年	2012年	2013年	2014年	2015年	2016年
山东	0.317	0.288	0.278	0.318	0.327	0.339	0.328	0.347	0.370	0.388	0.433	0.437
河南	0.118	0.141	0.142	0.156	0.169	0.154	0.144	0.156	0.169	0.185	0.288	0.270
湖北	0.093	0.116	0.123	0.153	0.167	0.184	0.186	0.237	0.175	0.197	0.198	0.222
湖南	0.139	0.171	0.155	0.162	0.180	0.163	0.174	0.213	0.239	0.239	0.273	0.298
广东	0.175	0.201	0.238	0.278	0.296	0.427	0.609	0.654	0.594	0.616	0.460	0.465
广西	0.077	0.091	0.096	0.104	0.099	0.097	0.095	0.123	0.137	0.145	0.188	0.221
海南	0.025	0.031	0.031	0.036	0.046	0.051	0.055	0.060	0.063	0.069	0.080	0.095
重庆	0.060	0.078	0.066	0.076	0.080	0.087	0.088	0.103	0.134	0.153	0.162	0.150
四川	0.121	0.138	0.137	0.152	0.172	0.179	0.177	0.187	0.202	0.223	0.231	0.331
贵州	0.060	0.058	0.069	0.072	0.079	0.071	0.073	0.104	0.117	0.133	0.149	0.171
云南	0.068	0.086	0.099	0.110	0.093	0.087	0.095	0.109	0.130	0.123	0.183	0.257
陕西	0.079	0.091	0.124	0.164	0.173	0.164	0.160	0.150	0.130	0.146	0.152	0.158
甘肃	0.060	0.075	0.088	0.093	0.103	0.110	0.109	0.097	0.107	0.127	0.134	0.145
青海	0.028	0.040	0.039	0.041	0.043	0.046	0.050	0.059	0.063	0.070	0.088	0.103
宁夏	0.060	0.055	0.056	0.050	0.042	0.047	0.039	0.056	0.052	0.058	0.094	0.099
新疆	0.063	0.068	0.068	0.080	0.084	0.078	0.093	0.103	0.115	0.123	0.138	0.186
范围	0.292	0.258	0.247	0.282	0.284	0.381	0.570	0.597	0.542	0.558	0.380	0.369
均值	0.095	0.103	0.106	0.120	0.126	0.130	0.138	0.159	0.166	0.178	0.193	0.214
中位数	0.077	0.089	0.094	0.107	0.108	0.109	0.114	0.132	0.139	0.156	0.172	0.198

附表 2-15　八区域下制造业综合指数的区域间差异

区域间	2005年	2006年	2007年	2008年	2009年	2010年	2011年	2012年	2013年	2014年	2015年	2016年
2—1	0.343	0.343	0.323	0.309	0.281	0.277	0.283	0.278	0.281	0.308	0.328	0.371
3—1	0.500	0.510	0.496	0.461	0.425	0.419	0.442	0.412	0.416	0.447	0.488	0.534
3—2	0.304	0.310	0.310	0.303	0.293	0.296	0.295	0.297	0.302	0.306	0.307	0.311
4—1	0.384	0.393	0.356	0.339	0.307	0.311	0.311	0.312	0.362	0.378	0.394	0.425
4—2	0.345	0.352	0.315	0.317	0.308	0.306	0.291	0.300	0.332	0.332	0.335	0.338
4—3	0.366	0.380	0.360	0.367	0.363	0.362	0.348	0.346	0.363	0.359	0.353	0.356
5—1	0.203	0.215	0.234	0.243	0.232	0.237	0.229	0.230	0.234	0.256	0.260	0.244

(续表)

区域间	2005年	2006年	2007年	2008年	2009年	2010年	2011年	2012年	2013年	2014年	2015年	2016年
5—2	0.357	0.359	0.349	0.339	0.342	0.345	0.329	0.333	0.330	0.348	0.372	0.380
5—3	0.532	0.533	0.515	0.497	0.487	0.494	0.479	0.467	0.456	0.466	0.477	0.481
5—4	0.388	0.400	0.362	0.352	0.345	0.356	0.345	0.352	0.394	0.408	0.424	0.425
6—1	0.191	0.195	0.191	0.191	0.160	0.162	0.165	0.157	0.163	0.167	0.188	0.254
6—2	0.316	0.314	0.298	0.278	0.261	0.242	0.227	0.230	0.220	0.228	0.231	0.241
6—3	0.519	0.523	0.511	0.468	0.439	0.411	0.392	0.375	0.354	0.353	0.335	0.324
6—4	0.354	0.360	0.320	0.293	0.280	0.276	0.264	0.270	0.317	0.315	0.314	0.312
6—5	0.155	0.172	0.192	0.207	0.217	0.233	0.226	0.231	0.238	0.259	0.285	0.289
7—1	0.206	0.212	0.216	0.230	0.222	0.225	0.206	0.211	0.207	0.198	0.142	0.114
7—2	0.361	0.376	0.369	0.373	0.373	0.373	0.359	0.366	0.352	0.356	0.353	0.356
7—3	0.550	0.572	0.571	0.562	0.551	0.555	0.543	0.541	0.530	0.533	0.523	0.515
7—4	0.384	0.397	0.364	0.354	0.348	0.357	0.350	0.366	0.404	0.417	0.418	0.412
7—5	0.168	0.176	0.192	0.196	0.204	0.210	0.201	0.206	0.208	0.222	0.245	0.245
7—6	0.129	0.115	0.117	0.140	0.160	0.189	0.198	0.212	0.220	0.222	0.228	0.229
8—1	0.366	0.369	0.355	0.403	0.380	0.388	0.368	0.375	0.374	0.351	0.302	0.241
8—2	0.594	0.597	0.570	0.581	0.547	0.545	0.547	0.534	0.536	0.544	0.548	0.554
8—3	0.732	0.740	0.724	0.728	0.693	0.694	0.697	0.682	0.683	0.689	0.687	0.685
8—4	0.537	0.545	0.528	0.531	0.489	0.496	0.511	0.499	0.533	0.547	0.556	0.553
8—5	0.328	0.341	0.332	0.363	0.317	0.311	0.333	0.324	0.336	0.344	0.341	0.334
8—6	0.344	0.353	0.338	0.395	0.366	0.397	0.419	0.412	0.434	0.444	0.457	0.465
8—7	0.305	0.290	0.261	0.281	0.243	0.239	0.254	0.234	0.247	0.252	0.260	0.265

注：数据来源于作者测算，表中所涉及的八区域代码包括：东北综合经济区(1)、北部沿海综合经济区(2)、东部沿海综合经济区(3)、南部沿海综合经济区(4)、黄河中游综合经济区(5)、长江中游综合经济区(6)、大西南综合经济区(7)、大西北综合经济区(8)，下同。

附表2-16 八区域下服务业综合指数的区域间差异

区域间	2005年	2006年	2007年	2008年	2009年	2010年	2011年	2012年	2013年	2014年	2015年	2016年
2—1	0.371	0.353	0.348	0.347	0.339	0.327	0.326	0.315	0.322	0.336	0.358	0.414
3—1	0.493	0.456	0.474	0.438	0.403	0.401	0.402	0.380	0.383	0.415	0.462	0.514
3—2	0.206	0.217	0.232	0.198	0.184	0.156	0.163	0.167	0.170	0.173	0.171	0.168

（续表）

区域间	2005年	2006年	2007年	2008年	2009年	2010年	2011年	2012年	2013年	2014年	2015年	2016年
4-1	0.444	0.404	0.399	0.380	0.355	0.349	0.344	0.330	0.329	0.342	0.353	0.388
4-2	0.364	0.340	0.330	0.320	0.310	0.291	0.285	0.274	0.273	0.273	0.264	0.263
4-3	0.354	0.331	0.328	0.316	0.302	0.293	0.289	0.279	0.274	0.276	0.273	0.276
5-1	0.185	0.168	0.164	0.156	0.154	0.164	0.165	0.162	0.166	0.174	0.172	0.180
5-2	0.342	0.331	0.314	0.315	0.300	0.290	0.289	0.288	0.284	0.283	0.290	0.288
5-3	0.469	0.441	0.448	0.418	0.374	0.376	0.384	0.375	0.358	0.359	0.371	0.373
5-4	0.425	0.390	0.380	0.359	0.330	0.324	0.319	0.310	0.306	0.315	0.314	0.318
6-1	0.181	0.163	0.160	0.161	0.155	0.165	0.166	0.167	0.170	0.173	0.190	0.248
6-2	0.312	0.317	0.309	0.309	0.288	0.269	0.262	0.247	0.245	0.230	0.221	0.210
6-3	0.454	0.445	0.458	0.421	0.369	0.363	0.363	0.339	0.326	0.313	0.312	0.305
6-4	0.396	0.372	0.372	0.348	0.312	0.304	0.300	0.284	0.276	0.279	0.269	0.268
6-5	0.135	0.129	0.125	0.123	0.108	0.107	0.105	0.108	0.119	0.130	0.151	0.159
7-1	0.195	0.179	0.172	0.171	0.172	0.178	0.174	0.166	0.172	0.177	0.165	0.187
7-2	0.383	0.368	0.355	0.361	0.348	0.327	0.319	0.303	0.295	0.286	0.275	0.267
7-3	0.508	0.480	0.490	0.462	0.413	0.406	0.404	0.379	0.363	0.361	0.365	0.362
7-4	0.448	0.411	0.405	0.387	0.359	0.345	0.337	0.321	0.313	0.317	0.305	0.305
7-5	0.166	0.157	0.147	0.142	0.152	0.144	0.135	0.124	0.131	0.132	0.138	0.140
7-6	0.165	0.150	0.149	0.155	0.154	0.143	0.140	0.133	0.133	0.131	0.126	0.126
8-1	0.386	0.401	0.402	0.384	0.379	0.368	0.342	0.340	0.331	0.294	0.246	0.183
8-2	0.635	0.638	0.637	0.625	0.619	0.605	0.579	0.568	0.562	0.553	0.551	0.553
8-3	0.730	0.725	0.736	0.704	0.679	0.670	0.651	0.636	0.630	0.626	0.632	0.635
8-4	0.624	0.609	0.605	0.578	0.551	0.551	0.525	0.509	0.506	0.503	0.497	0.499
8-5	0.398	0.417	0.429	0.404	0.408	0.393	0.356	0.344	0.350	0.344	0.341	0.344
8-6	0.413	0.414	0.418	0.402	0.413	0.406	0.377	0.379	0.382	0.389	0.399	0.410
8-7	0.365	0.383	0.385	0.364	0.369	0.366	0.340	0.339	0.346	0.342	0.348	0.355

附表 3-1 三区域下制造业与其他门类服务业协调发展水平年际变化

门类	区域	2005年	2006年	2007年	2008年	2009年	2010年	2011年	2012年	2013年	2014年	2015年	2016年
S_1	东部	0.430	0.452	0.470	0.491	0.502	0.523	0.538	0.552	0.565	0.583	0.596	0.602
	中部	0.314	0.329	0.344	0.364	0.382	0.406	0.417	0.436	0.448	0.460	0.475	0.489
	西部	0.265	0.276	0.290	0.307	0.327	0.342	0.356	0.368	0.377	0.388	0.397	0.409
S_2	东部	0.400	0.418	0.434	0.451	0.466	0.476	0.491	0.511	0.524	0.544	0.568	0.584
	中部	0.289	0.305	0.314	0.331	0.345	0.350	0.357	0.375	0.386	0.397	0.418	0.437
	西部	0.244	0.252	0.264	0.273	0.292	0.300	0.308	0.320	0.327	0.337	0.348	0.363
S_5	东部	0.362	0.391	0.424	0.433	0.445	0.461	0.480	0.507	0.528	0.544	0.564	0.563
	中部	0.264	0.280	0.306	0.304	0.343	0.344	0.362	0.389	0.411	0.425	0.439	0.451
	西部	0.229	0.240	0.258	0.266	0.291	0.291	0.311	0.328	0.345	0.350	0.359	0.366
S_6	东部	0.416	0.432	0.453	0.460	0.485	0.508	0.527	0.549	0.567	0.581	0.590	0.604
	中部	0.289	0.304	0.325	0.341	0.364	0.382	0.402	0.429	0.451	0.460	0.469	0.480
	西部	0.249	0.258	0.274	0.281	0.304	0.319	0.337	0.356	0.376	0.382	0.384	0.389
S_7	东部	0.373	0.385	0.400	0.407	0.429	0.453	0.470	0.492	0.516	0.536	0.552	0.570
	中部	0.260	0.272	0.285	0.295	0.306	0.322	0.338	0.361	0.378	0.394	0.420	0.442
	西部	0.230	0.235	0.242	0.243	0.258	0.267	0.281	0.296	0.307	0.320	0.337	0.350
S_8	东部	0.360	0.372	0.390	0.404	0.420	0.435	0.455	0.476	0.492	0.515	0.534	0.553
	中部	0.261	0.271	0.291	0.297	0.317	0.330	0.337	0.360	0.377	0.392	0.413	0.431
	西部	0.238	0.243	0.259	0.260	0.275	0.281	0.293	0.304	0.315	0.333	0.342	0.352
S_9	东部	0.423	0.437	0.452	0.461	0.483	0.504	0.515	0.534	0.556	0.577	0.599	0.614
	中部	0.318	0.332	0.350	0.364	0.387	0.407	0.418	0.441	0.460	0.475	0.495	0.516
	西部	0.293	0.301	0.311	0.322	0.341	0.352	0.365	0.381	0.396	0.411	0.427	0.445
S_{11}	东部	0.433	0.445	0.462	0.471	0.491	0.510	0.525	0.536	0.554	0.575	0.592	0.607
	中部	0.328	0.341	0.358	0.371	0.395	0.412	0.421	0.436	0.453	0.469	0.491	0.508
	西部	0.271	0.280	0.295	0.307	0.333	0.343	0.353	0.363	0.376	0.391	0.411	0.428
S_{12}	东部	0.411	0.428	0.444	0.455	0.478	0.495	0.513	0.527	0.544	0.570	0.593	0.608
	中部	0.318	0.328	0.350	0.365	0.390	0.405	0.421	0.438	0.454	0.475	0.501	0.521
	西部	0.268	0.274	0.291	0.299	0.320	0.335	0.348	0.359	0.372	0.389	0.406	0.425

（续表）

门类	区域	2005年	2006年	2007年	2008年	2009年	2010年	2011年	2012年	2013年	2014年	2015年	2016年
S_{13}	东部	0.401	0.413	0.426	0.441	0.463	0.481	0.497	0.516	0.538	0.556	0.573	0.591
	中部	0.297	0.307	0.318	0.330	0.352	0.368	0.379	0.400	0.423	0.439	0.460	0.473
	西部	0.253	0.259	0.271	0.276	0.295	0.303	0.316	0.329	0.347	0.354	0.368	0.381
S_{14}	东部	0.378	0.386	0.398	0.415	0.431	0.445	0.463	0.486	0.497	0.511	0.516	0.529
	中部	0.292	0.312	0.322	0.341	0.354	0.365	0.371	0.402	0.411	0.426	0.445	0.461
	西部	0.253	0.267	0.279	0.290	0.301	0.307	0.316	0.332	0.344	0.357	0.378	0.397

注：数据来源于作者测算，所涉及的服务业门类代码包括：交通运输、仓储和邮政业（S_1）、信息传输、软件和信息技术服务业（S_2）、金融业（S_4）、房地产业（S_5）、租赁和商务服务业（S_7）、科学研究和技术服务业（S_8）、水利、环境和公共设施管理业（S_9）、教育（S_{11}）、卫生和社会工作（S_{12}）、文化、体育和娱乐业（S_{13}）、公共管理、社会保障和社会组织（S_{14}），下同。

附表3-2 八区域下制造业与其他门类服务业协调发展水平年际变化

门类	区域	2005年	2006年	2007年	2008年	2009年	2010年	2011年	2012年	2013年	2014年	2015年	2016年
S_1	东北	0.307	0.324	0.339	0.362	0.380	0.401	0.401	0.419	0.426	0.432	0.429	0.417
	北部沿海	0.422	0.446	0.463	0.486	0.497	0.517	0.532	0.547	0.554	0.570	0.582	0.590
	东部沿海	0.513	0.536	0.551	0.569	0.576	0.597	0.614	0.629	0.643	0.665	0.685	0.708
	南部沿海	0.373	0.389	0.414	0.432	0.448	0.468	0.485	0.497	0.513	0.534	0.559	0.566
	黄河中游	0.329	0.344	0.359	0.374	0.384	0.400	0.415	0.427	0.437	0.446	0.450	0.457
	长江中游	0.314	0.330	0.345	0.368	0.392	0.422	0.437	0.461	0.478	0.494	0.514	0.531
	大西南	0.297	0.306	0.320	0.339	0.358	0.374	0.390	0.400	0.416	0.429	0.445	0.462
	大西北	0.209	0.220	0.233	0.248	0.269	0.284	0.294	0.308	0.319	0.325	0.334	
S_2	东北	0.293	0.311	0.323	0.343	0.360	0.359	0.360	0.382	0.387	0.397	0.397	0.389
	北部沿海	0.377	0.398	0.412	0.426	0.439	0.444	0.463	0.482	0.493	0.512	0.537	0.560
	东部沿海	0.479	0.505	0.518	0.528	0.548	0.564	0.583	0.611	0.631	0.659	0.689	0.716
	南部沿海	0.370	0.374	0.397	0.417	0.430	0.441	0.452	0.467	0.477	0.495	0.525	0.542
	黄河中游	0.276	0.294	0.305	0.314	0.329	0.330	0.337	0.353	0.366	0.383	0.385	0.404
	长江中游	0.293	0.304	0.314	0.336	0.350	0.368	0.378	0.395	0.406	0.419	0.448	0.472
	大西南	0.277	0.287	0.294	0.306	0.324	0.330	0.334	0.348	0.359	0.366	0.384	0.402
	大西北	0.200	0.209	0.220	0.228	0.248	0.256	0.265	0.277	0.275	0.283	0.298	0.308

(续表)

门类	区域	2005年	2006年	2007年	2008年	2009年	2010年	2011年	2012年	2013年	2014年	2015年	2016年
S_5	东北	0.288	0.301	0.323	0.330	0.348	0.348	0.357	0.393	0.419	0.417	0.408	0.399
	北部沿海	0.353	0.389	0.406	0.412	0.430	0.442	0.469	0.489	0.511	0.532	0.550	0.565
	东部沿海	0.416	0.460	0.502	0.512	0.524	0.554	0.566	0.604	0.612	0.642	0.669	0.670
	南部沿海	0.313	0.331	0.378	0.380	0.388	0.405	0.417	0.444	0.463	0.475	0.505	0.507
	黄河中游	0.263	0.272	0.300	0.303	0.341	0.334	0.346	0.365	0.382	0.392	0.400	0.402
	长江中游	0.269	0.281	0.309	0.313	0.354	0.359	0.391	0.416	0.445	0.462	0.476	0.487
	大西南	0.254	0.264	0.280	0.286	0.319	0.315	0.342	0.359	0.377	0.382	0.398	0.409
	大西北	0.191	0.205	0.221	0.230	0.240	0.247	0.258	0.277	0.295	0.297	0.304	0.308
S_6	东北	0.290	0.307	0.323	0.339	0.367	0.387	0.401	0.426	0.436	0.424	0.407	0.391
	北部沿海	0.393	0.408	0.425	0.432	0.463	0.483	0.502	0.516	0.531	0.545	0.558	0.580
	东部沿海	0.515	0.530	0.551	0.557	0.580	0.603	0.620	0.647	0.668	0.685	0.699	0.722
	南部沿海	0.362	0.377	0.406	0.409	0.430	0.455	0.478	0.502	0.524	0.545	0.563	0.579
	黄河中游	0.278	0.294	0.316	0.333	0.355	0.367	0.386	0.410	0.434	0.438	0.438	0.446
	长江中游	0.301	0.315	0.336	0.356	0.382	0.403	0.425	0.455	0.478	0.496	0.509	0.525
	大西南	0.285	0.294	0.311	0.315	0.338	0.355	0.375	0.398	0.419	0.432	0.439	0.448
	大西北	0.204	0.208	0.224	0.227	0.245	0.259	0.274	0.289	0.307	0.309	0.311	0.314
S_7	东北	0.272	0.287	0.297	0.309	0.323	0.349	0.355	0.364	0.372	0.376	0.374	0.367
	北部沿海	0.356	0.366	0.374	0.377	0.415	0.434	0.449	0.474	0.501	0.520	0.540	0.563
	东部沿海	0.460	0.470	0.489	0.503	0.516	0.540	0.563	0.593	0.614	0.641	0.669	0.698
	南部沿海	0.317	0.332	0.353	0.355	0.370	0.391	0.411	0.430	0.454	0.472	0.493	0.513
	黄河中游	0.257	0.266	0.275	0.278	0.285	0.301	0.316	0.328	0.342	0.359	0.367	0.382
	长江中游	0.263	0.278	0.294	0.311	0.325	0.340	0.367	0.396	0.415	0.437	0.472	0.499
	大西南	0.260	0.258	0.269	0.270	0.282	0.292	0.305	0.325	0.339	0.357	0.383	0.400
	大西北	0.191	0.199	0.202	0.199	0.218	0.224	0.233	0.245	0.255	0.263	0.273	0.285

(续表)

门类	区域	2005年	2006年	2007年	2008年	2009年	2010年	2011年	2012年	2013年	2014年	2015年	2016年
S_8	东北	0.273	0.280	0.302	0.316	0.343	0.349	0.344	0.374	0.381	0.387	0.386	0.379
	北部沿海	0.367	0.381	0.393	0.403	0.428	0.438	0.459	0.481	0.507	0.527	0.551	0.584
	东部沿海	0.420	0.436	0.452	0.472	0.484	0.504	0.531	0.550	0.566	0.601	0.621	0.650
	南部沿海	0.298	0.307	0.331	0.345	0.352	0.367	0.386	0.405	0.412	0.431	0.454	0.471
	黄河中游	0.263	0.271	0.294	0.295	0.308	0.317	0.324	0.341	0.360	0.382	0.385	0.395
	长江中游	0.265	0.277	0.293	0.304	0.323	0.342	0.355	0.377	0.395	0.416	0.443	0.464
	大西南	0.263	0.266	0.287	0.282	0.297	0.305	0.321	0.332	0.345	0.361	0.377	0.391
	大西北	0.197	0.204	0.215	0.217	0.232	0.236	0.245	0.254	0.261	0.276	0.288	0.295
S_9	东北	0.307	0.318	0.337	0.353	0.377	0.397	0.400	0.425	0.437	0.439	0.439	0.427
	北部沿海	0.403	0.421	0.429	0.446	0.476	0.491	0.499	0.518	0.542	0.562	0.591	0.613
	东部沿海	0.521	0.537	0.545	0.552	0.565	0.583	0.599	0.616	0.638	0.666	0.688	0.712
	南部沿海	0.366	0.374	0.400	0.400	0.420	0.446	0.461	0.480	0.501	0.521	0.551	0.574
	黄河中游	0.324	0.336	0.355	0.368	0.389	0.399	0.415	0.430	0.450	0.468	0.480	0.499
	长江中游	0.342	0.356	0.372	0.388	0.416	0.440	0.456	0.480	0.502	0.523	0.547	0.573
	大西南	0.328	0.336	0.346	0.355	0.372	0.385	0.399	0.416	0.434	0.449	0.470	0.491
	大西北	0.231	0.239	0.248	0.256	0.273	0.283	0.292	0.310	0.319	0.334	0.347	0.362
S_{11}	东北	0.341	0.348	0.361	0.372	0.397	0.405	0.412	0.427	0.442	0.455	0.447	0.441
	北部沿海	0.418	0.434	0.447	0.458	0.482	0.499	0.513	0.526	0.548	0.558	0.583	0.602
	东部沿海	0.509	0.526	0.543	0.554	0.575	0.599	0.609	0.621	0.640	0.670	0.692	0.720
	南部沿海	0.375	0.381	0.406	0.413	0.428	0.447	0.467	0.477	0.490	0.513	0.541	0.556
	黄河中游	0.316	0.329	0.348	0.364	0.385	0.402	0.408	0.417	0.431	0.444	0.460	0.474
	长江中游	0.339	0.351	0.366	0.380	0.404	0.424	0.440	0.454	0.473	0.495	0.522	0.544
	大西南	0.309	0.317	0.332	0.342	0.370	0.380	0.389	0.401	0.419	0.439	0.460	0.480
	大西北	0.213	0.223	0.239	0.250	0.272	0.281	0.291	0.301	0.310	0.321	0.343	0.356

(续表)

门类	区域	2005年	2006年	2007年	2008年	2009年	2010年	2011年	2012年	2013年	2014年	2015年	2016年
S_{12}	东北	0.315	0.329	0.349	0.367	0.390	0.401	0.406	0.432	0.441	0.446	0.449	0.449
	北部沿海	0.399	0.414	0.432	0.447	0.470	0.485	0.497	0.513	0.529	0.559	0.583	0.602
	东部沿海	0.491	0.516	0.524	0.531	0.549	0.569	0.595	0.609	0.627	0.657	0.688	0.712
	南部沿海	0.359	0.367	0.390	0.395	0.422	0.440	0.465	0.466	0.488	0.515	0.542	0.562
	黄河中游	0.314	0.325	0.346	0.359	0.376	0.387	0.407	0.424	0.435	0.453	0.470	0.486
	长江中游	0.324	0.332	0.352	0.371	0.401	0.420	0.442	0.455	0.478	0.505	0.535	0.555
	大西南	0.303	0.304	0.324	0.332	0.355	0.372	0.385	0.397	0.416	0.436	0.457	0.482
	大西北	0.216	0.224	0.239	0.244	0.261	0.278	0.284	0.292	0.300	0.312	0.330	0.345
S_{13}	东北	0.287	0.303	0.316	0.329	0.354	0.370	0.375	0.401	0.408	0.407	0.413	0.402
	北部沿海	0.385	0.399	0.411	0.432	0.456	0.474	0.491	0.508	0.527	0.542	0.562	0.587
	东部沿海	0.484	0.488	0.497	0.504	0.524	0.543	0.562	0.588	0.617	0.645	0.667	0.698
	南部沿海	0.352	0.366	0.386	0.399	0.418	0.437	0.451	0.462	0.487	0.506	0.527	0.540
	黄河中游	0.285	0.298	0.312	0.326	0.341	0.351	0.358	0.376	0.399	0.412	0.422	0.434
	长江中游	0.314	0.320	0.327	0.339	0.367	0.388	0.404	0.427	0.454	0.479	0.501	0.519
	大西南	0.284	0.292	0.301	0.306	0.325	0.335	0.352	0.364	0.385	0.389	0.408	0.422
	大西北	0.209	0.210	0.227	0.226	0.246	0.249	0.258	0.269	0.285	0.294	0.307	0.321
S_{14}	东北	0.283	0.295	0.305	0.322	0.342	0.357	0.354	0.397	0.398	0.396	0.386	0.394
	北部沿海	0.384	0.388	0.391	0.410	0.426	0.432	0.440	0.463	0.486	0.494	0.513	0.522
	东部沿海	0.443	0.450	0.461	0.473	0.485	0.495	0.512	0.532	0.539	0.563	0.573	0.600
	南部沿海	0.317	0.333	0.356	0.375	0.391	0.418	0.455	0.473	0.481	0.501	0.497	0.511
	黄河中游	0.288	0.307	0.324	0.344	0.353	0.354	0.364	0.376	0.388	0.406	0.433	0.436
	长江中游	0.303	0.322	0.331	0.357	0.371	0.388	0.399	0.434	0.440	0.458	0.475	0.499
	大西南	0.278	0.293	0.301	0.313	0.320	0.326	0.336	0.356	0.376	0.389	0.412	0.437
	大西北	0.216	0.228	0.238	0.242	0.255	0.263	0.268	0.283	0.289	0.301	0.320	0.336

附表3-3 八区域下制造业与服务业耦合协调度的区域间差异

区域间	2005年	2006年	2007年	2008年	2009年	2010年	2011年	2012年	2013年	2014年	2015年	2016年
2—1	0.168	0.160	0.153	0.145	0.135	0.135	0.137	0.131	0.133	0.142	0.158	0.189
3—1	0.273	0.264	0.263	0.242	0.220	0.218	0.225	0.210	0.211	0.230	0.252	0.279

(续表)

区域间	2005年	2006年	2007年	2008年	2009年	2010年	2011年	2012年	2013年	2014年	2015年	2016年
3—2	0.128	0.127	0.130	0.122	0.112	0.114	0.116	0.117	0.117	0.120	0.121	0.122
4—1	0.206	0.200	0.187	0.178	0.164	0.163	0.161	0.160	0.172	0.180	0.183	0.197
4—2	0.185	0.179	0.165	0.162	0.156	0.151	0.145	0.142	0.154	0.155	0.152	0.154
4—3	0.204	0.203	0.192	0.190	0.184	0.180	0.176	0.174	0.180	0.180	0.176	0.178
5—1	0.090	0.087	0.088	0.088	0.084	0.087	0.087	0.085	0.089	0.096	0.094	0.086
5—2	0.163	0.158	0.150	0.146	0.145	0.147	0.141	0.141	0.140	0.147	0.158	0.161
5—3	0.272	0.265	0.260	0.246	0.231	0.234	0.231	0.225	0.217	0.221	0.227	0.228
5—4	0.201	0.196	0.184	0.175	0.165	0.165	0.161	0.163	0.174	0.182	0.185	0.186
6—1	0.093	0.089	0.087	0.088	0.078	0.084	0.086	0.083	0.086	0.090	0.099	0.128
6—2	0.141	0.139	0.132	0.121	0.112	0.102	0.095	0.089	0.084	0.080	0.078	0.078
6—3	0.259	0.257	0.256	0.232	0.208	0.198	0.193	0.182	0.172	0.168	0.162	0.157
6—4	0.182	0.179	0.169	0.155	0.143	0.139	0.136	0.136	0.147	0.149	0.145	0.146
6—5	0.070	0.071	0.073	0.074	0.077	0.083	0.080	0.084	0.089	0.099	0.114	0.117
7—1	0.092	0.090	0.089	0.093	0.087	0.088	0.084	0.081	0.080	0.077	0.064	0.061
7—2	0.176	0.173	0.168	0.169	0.168	0.164	0.158	0.153	0.147	0.145	0.141	0.140
7—3	0.290	0.288	0.288	0.277	0.260	0.259	0.254	0.246	0.237	0.237	0.234	0.230
7—4	0.202	0.198	0.186	0.179	0.169	0.169	0.164	0.164	0.174	0.178	0.174	0.173
7—5	0.077	0.076	0.076	0.078	0.083	0.081	0.078	0.075	0.078	0.082	0.091	0.092
7—6	0.067	0.063	0.065	0.070	0.078	0.079	0.078	0.078	0.081	0.081	0.080	0.082
8—1	0.191	0.198	0.193	0.200	0.194	0.192	0.179	0.181	0.177	0.159	0.137	0.108
8—2	0.336	0.335	0.324	0.323	0.310	0.307	0.300	0.290	0.288	0.287	0.288	0.290
8—3	0.441	0.439	0.434	0.422	0.397	0.394	0.388	0.377	0.374	0.375	0.376	0.376
8—4	0.297	0.291	0.285	0.277	0.260	0.264	0.262	0.254	0.259	0.262	0.264	0.264
8—5	0.192	0.198	0.196	0.196	0.182	0.176	0.173	0.166	0.171	0.170	0.165	0.164
8—6	0.205	0.205	0.201	0.210	0.205	0.212	0.211	0.209	0.216	0.221	0.227	0.233
8—7	0.172	0.174	0.167	0.164	0.154	0.154	0.152	0.147	0.151	0.151	0.156	0.159

附表 3-4　三区域下制造业与其他门类服务业耦合协调度的 Dagum 基尼系数分解

门类	年份	区域内差异				区域间差异			贡献率/(%)		
		总体	东部	中部	西部	东—中	东—西	中—西	区域内	区域间	超变密度
S_3	2005 年	0.160	0.119	0.063	0.106	0.177	0.246	0.109	22.304	70.730	6.966
	2006 年	0.161	0.117	0.067	0.100	0.180	0.251	0.109	21.660	71.709	6.531
	2007 年	0.154	0.107	0.064	0.097	0.172	0.243	0.105	21.214	73.150	5.636
	2008 年	0.149	0.104	0.062	0.092	0.164	0.237	0.103	21.057	73.911	5.033
	2009 年	0.139	0.104	0.053	0.094	0.149	0.217	0.098	22.254	72.063	5.683
	2010 年	0.138	0.105	0.057	0.091	0.143	0.215	0.102	22.459	71.519	6.022
	2011 年	0.136	0.103	0.060	0.092	0.141	0.209	0.101	22.963	70.719	6.318
	2012 年	0.135	0.105	0.062	0.088	0.137	0.208	0.104	22.975	69.945	7.080
	2013 年	0.139	0.112	0.073	0.092	0.140	0.209	0.110	23.945	67.331	8.724
	2014 年	0.141	0.113	0.079	0.091	0.142	0.210	0.113	23.972	67.186	8.842
	2015 年	0.143	0.119	0.086	0.090	0.141	0.210	0.119	24.560	66.195	9.245
	2016 年	0.146	0.135	0.087	0.091	0.147	0.205	0.119	25.974	61.587	12.439
	平均	0.145	0.112	0.068	0.094	0.153	0.222	0.108	22.945	69.670	7.385
S_2	2005 年	0.161	0.130	0.048	0.098	0.179	0.251	0.103	22.224	72.072	5.705
	2006 年	0.165	0.133	0.058	0.090	0.183	0.259	0.108	21.914	71.457	5.629
	2007 年	0.159	0.126	0.051	0.087	0.181	0.251	0.098	21.488	73.344	5.167
	2008 年	0.156	0.116	0.058	0.087	0.170	0.250	0.107	21.033	74.477	4.490
	2009 年	0.150	0.117	0.059	0.085	0.165	0.234	0.100	21.899	72.759	5.342
	2010 年	0.149	0.116	0.066	0.082	0.167	0.232	0.099	21.990	72.419	5.591
	2011 年	0.150	0.116	0.071	0.079	0.170	0.234	0.098	21.763	72.984	5.254
	2012 年	0.152	0.122	0.067	0.079	0.170	0.236	0.099	22.071	72.167	5.762
	2013 年	0.159	0.135	0.069	0.093	0.174	0.241	0.107	23.450	69.132	7.417
	2014 年	0.162	0.137	0.075	0.089	0.180	0.246	0.106	23.223	69.201	7.576
	2015 年	0.164	0.137	0.084	0.087	0.175	0.248	0.117	23.280	69.872	6.849
	2016 年	0.164	0.145	0.087	0.087	0.174	0.242	0.119	24.183	67.651	8.166
	平均	0.157	0.127	0.066	0.087	0.174	0.244	0.105	22.376	71.461	6.162

(续表)

门类	年份	区域内差异				区域间差异			贡献率/(%)		超变密度
		总体	东部	中部	西部	东—中	东—西	中—西	区域内	区域间	
S_5	2005年	0.151	0.111	0.060	0.090	0.177	0.235	0.094	21.438	71.020	7.542
	2006年	0.156	0.111	0.053	0.076	0.188	0.251	0.090	19.667	73.413	6.920
	2007年	0.153	0.111	0.061	0.074	0.176	0.249	0.096	20.032	76.127	3.841
	2008年	0.150	0.100	0.061	0.071	0.184	0.242	0.086	19.211	76.893	3.896
	2009年	0.140	0.105	0.057	0.089	0.151	0.218	0.098	22.123	70.908	6.969
	2010年	0.150	0.116	0.065	0.083	0.166	0.234	0.101	21.857	71.610	6.534
	2011年	0.146	0.107	0.080	0.091	0.159	0.223	0.107	22.581	69.540	7.879
	2012年	0.144	0.113	0.065	0.082	0.152	0.224	0.104	22.293	70.720	6.987
	2013年	0.144	0.114	0.076	0.079	0.152	0.222	0.109	22.583	68.273	9.144
	2014年	0.151	0.123	0.081	0.079	0.153	0.231	0.119	22.779	67.867	9.355
	2015年	0.154	0.128	0.083	0.081	0.156	0.235	0.121	23.124	67.918	8.957
	2016年	0.155	0.140	0.083	0.086	0.155	0.227	0.125	24.601	64.049	11.350
	平均	0.149	0.115	0.069	0.082	0.164	0.233	0.104	21.857	70.695	7.448
S_6	2005年	0.173	0.141	0.068	0.097	0.202	0.262	0.097	22.637	69.764	7.599
	2006年	0.174	0.140	0.071	0.100	0.198	0.265	0.100	22.580	69.612	7.808
	2007年	0.167	0.132	0.080	0.096	0.185	0.253	0.096	22.822	70.239	6.939
	2008年	0.164	0.132	0.083	0.097	0.172	0.250	0.097	23.256	69.785	6.959
	2009年	0.159	0.127	0.083	0.102	0.166	0.239	0.102	23.751	68.403	7.846
	2010年	0.157	0.125	0.085	0.099	0.163	0.235	0.099	23.776	69.069	7.155
	2011年	0.152	0.121	0.085	0.099	0.156	0.227	0.099	23.939	68.491	7.570
	2012年	0.149	0.125	0.084	0.098	0.149	0.221	0.098	24.656	66.887	8.457
	2013年	0.149	0.131	0.087	0.098	0.148	0.215	0.098	25.560	63.932	10.508
	2014年	0.154	0.134	0.099	0.101	0.153	0.218	0.101	25.833	63.058	11.109
	2015年	0.158	0.138	0.106	0.104	0.156	0.222	0.104	26.052	62.613	11.334
	2016年	0.164	0.146	0.112	0.106	0.162	0.228	0.106	26.283	61.624	12.093
	平均	0.160	0.133	0.087	0.100	0.168	0.236	0.100	24.262	66.956	8.781

（续表）

门类	年份	区域内差异				区域间差异			贡献率/(%)		
		总体	东部	中部	西部	东一中	东一西	中一西	区域内	区域间	超变密度
S_7	2005年	0.163	0.138	0.054	0.088	0.199	0.250	0.088	22.501	69.946	7.553
	2006年	0.165	0.139	0.058	0.085	0.195	0.255	0.095	22.206	70.384	7.411
	2007年	0.164	0.134	0.065	0.089	0.187	0.254	0.104	22.288	71.516	6.196
	2008年	0.169	0.137	0.072	0.089	0.184	0.263	0.118	22.182	71.018	6.800
	2009年	0.166	0.126	0.077	0.088	0.187	0.258	0.114	21.613	71.638	6.749
	2010年	0.168	0.126	0.068	0.089	0.188	0.265	0.113	21.146	73.393	5.461
	2011年	0.167	0.126	0.078	0.093	0.183	0.258	0.118	21.853	71.987	6.159
	2012年	0.165	0.125	0.082	0.089	0.174	0.257	0.122	21.872	72.028	6.101
	2013年	0.169	0.130	0.084	0.089	0.177	0.263	0.126	22.009	71.450	6.541
	2014年	0.172	0.133	0.099	0.091	0.179	0.263	0.133	22.598	69.512	7.890
	2015年	0.173	0.145	0.108	0.092	0.174	0.255	0.143	23.985	66.050	9.965
	2016年	0.175	0.157	0.105	0.099	0.173	0.254	0.147	25.032	63.909	11.060
	平均	0.168	0.135	0.079	0.090	0.183	0.258	0.118	22.440	70.236	7.324
S_8	2005年	0.149	0.115	0.064	0.092	0.185	0.064	0.087	22.495	66.045	11.460
	2006年	0.150	0.113	0.064	0.089	0.182	0.064	0.090	21.997	67.355	10.648
	2007年	0.143	0.106	0.055	0.093	0.170	0.055	0.092	21.978	67.397	10.625
	2008年	0.146	0.110	0.062	0.087	0.169	0.062	0.093	21.914	71.047	7.039
	2009年	0.146	0.114	0.061	0.092	0.164	0.061	0.098	22.651	68.127	9.222
	2010年	0.150	0.117	0.064	0.094	0.164	0.064	0.105	22.695	68.504	8.801
	2011年	0.152	0.120	0.070	0.096	0.172	0.070	0.102	23.134	67.821	9.045
	2012年	0.156	0.129	0.072	0.096	0.168	0.072	0.111	23.527	67.012	9.461
	2013年	0.158	0.130	0.077	0.101	0.165	0.077	0.117	23.941	66.003	10.056
	2014年	0.157	0.132	0.085	0.097	0.168	0.085	0.114	24.268	64.774	10.957
	2015年	0.160	0.138	0.091	0.095	0.165	0.091	0.123	24.641	64.673	10.686
	2016年	0.163	0.145	0.089	0.095	0.167	0.089	0.128	24.678	64.194	11.128
	平均	0.153	0.123	0.071	0.094	0.170	0.071	0.105	23.160	66.913	9.927

(续表)

门类	年份	区域内差异				区域间差异			贡献率/(%)		
		总体	东部	中部	西部	东一中	东一西	中一西	区域内	区域间	超变密度
S_9	2005年	0.149	0.134	0.075	0.097	0.167	0.199	0.093	26.316	60.171	13.512
	2006年	0.150	0.137	0.077	0.096	0.166	0.204	0.097	26.190	60.190	13.620
	2007年	0.143	0.123	0.078	0.098	0.152	0.197	0.100	25.954	62.388	11.658
	2008年	0.146	0.126	0.079	0.098	0.149	0.195	0.102	26.311	60.589	13.100
	2009年	0.146	0.121	0.078	0.101	0.141	0.190	0.105	26.477	59.933	13.590
	2010年	0.150	0.121	0.081	0.097	0.139	0.193	0.110	26.170	61.082	12.748
	2011年	0.152	0.120	0.086	0.097	0.137	0.186	0.110	26.708	59.625	13.667
	2012年	0.156	0.119	0.081	0.091	0.131	0.183	0.109	26.553	59.837	13.610
	2013年	0.158	0.125	0.081	0.095	0.132	0.185	0.111	27.002	59.099	13.899
	2014年	0.157	0.129	0.091	0.093	0.139	0.185	0.115	27.191	57.314	15.496
	2015年	0.160	0.129	0.098	0.091	0.141	0.184	0.118	27.154	57.068	15.778
	2016年	0.163	0.139	0.101	0.093	0.144	0.181	0.121	28.114	53.283	18.603
	平均	0.153	0.127	0.084	0.096	0.145	0.190	0.108	26.678	59.215	14.107
S_{11}	2005年	0.162	0.130	0.065	0.114	0.168	0.247	0.118	23.562	67.261	9.177
	2006年	0.160	0.129	0.071	0.104	0.167	0.244	0.118	23.377	67.241	9.382
	2007年	0.152	0.121	0.069	0.100	0.156	0.232	0.115	23.353	68.183	8.464
	2008年	0.148	0.121	0.071	0.096	0.151	0.223	0.114	23.790	67.026	9.184
	2009年	0.142	0.117	0.072	0.106	0.143	0.209	0.113	24.922	63.513	11.565
	2010年	0.140	0.114	0.068	0.100	0.139	0.208	0.112	24.381	65.510	10.109
	2011年	0.139	0.110	0.078	0.095	0.139	0.207	0.112	24.150	66.063	9.787
	2012年	0.137	0.111	0.075	0.092	0.134	0.206	0.112	24.216	65.822	9.963
	2013年	0.140	0.118	0.077	0.095	0.137	0.208	0.115	24.751	63.993	11.256
	2014年	0.143	0.122	0.087	0.095	0.140	0.207	0.118	25.348	62.385	12.267
	2015年	0.139	0.126	0.088	0.091	0.137	0.196	0.117	26.182	60.623	13.195
	2016年	0.142	0.138	0.092	0.092	0.142	0.194	0.117	27.229	57.148	15.623
	平均	0.145	0.121	0.076	0.098	0.146	0.215	0.115	24.605	64.564	10.831

(续表)

门类	年份	区域内差异				区域间差异			贡献率/(%)		
		总体	东部	中部	西部	东一中	东一西	中一西	区域内	区域间	超变密度
S_{12}	2005年	0.157	0.135	0.078	0.109	0.166	0.229	0.116	24.963	63.293	11.744
	2006年	0.159	0.135	0.079	0.100	0.170	0.236	0.116	24.225	65.092	10.683
	2007年	0.150	0.124	0.082	0.096	0.156	0.222	0.116	24.197	65.334	10.468
	2008年	0.150	0.127	0.081	0.097	0.151	0.222	0.120	24.481	64.375	11.144
	2009年	0.146	0.118	0.082	0.107	0.140	0.214	0.126	24.920	63.158	11.922
	2010年	0.142	0.118	0.082	0.098	0.137	0.207	0.120	25.025	63.485	11.490
	2011年	0.140	0.113	0.087	0.101	0.133	0.203	0.122	25.268	64.304	10.428
	2012年	0.140	0.117	0.080	0.102	0.132	0.204	0.121	25.369	63.004	11.627
	2013年	0.144	0.121	0.090	0.108	0.135	0.204	0.127	26.086	60.427	13.487
	2014年	0.147	0.124	0.099	0.107	0.140	0.207	0.132	26.153	59.891	13.956
	2015年	0.148	0.129	0.105	0.103	0.140	0.204	0.136	26.491	58.730	14.778
	2016年	0.147	0.136	0.104	0.103	0.140	0.197	0.133	27.427	56.252	16.320
	平均	0.148	0.125	0.087	0.102	0.145	0.212	0.124	25.384	62.279	12.337
S_{13}	2005年	0.157	0.128	0.074	0.092	0.173	0.237	0.106	23.162	68.839	7.998
	2006年	0.156	0.123	0.069	0.097	0.170	0.238	0.108	22.931	69.636	7.433
	2007年	0.149	0.117	0.067	0.086	0.165	0.229	0.102	22.385	70.912	6.703
	2008年	0.152	0.116	0.071	0.092	0.164	0.235	0.110	22.403	71.458	6.139
	2009年	0.147	0.112	0.073	0.091	0.153	0.226	0.112	22.622	71.184	6.193
	2010年	0.149	0.109	0.074	0.096	0.149	0.231	0.121	22.382	72.025	5.593
	2011年	0.147	0.107	0.069	0.099	0.149	0.228	0.116	22.469	71.550	5.981
	2012年	0.148	0.112	0.071	0.097	0.147	0.229	0.119	22.746	70.400	6.853
	2013年	0.150	0.121	0.081	0.095	0.149	0.226	0.123	23.753	67.525	8.722
	2014年	0.154	0.125	0.087	0.089	0.149	0.232	0.131	23.519	67.762	8.719
	2015年	0.152	0.127	0.089	0.088	0.145	0.227	0.132	23.941	67.047	9.012
	2016年	0.155	0.135	0.095	0.083	0.153	0.227	0.131	24.332	65.276	10.392
	平均	0.151	0.119	0.077	0.092	0.155	0.231	0.117	23.054	69.468	7.478

(续表)

门类	年份	区域内差异				区域间差异			贡献率/(%)		
		总体	东部	中部	西部	东一中	东一西	中一西	区域内	区域间	超变密度
S_{14}	2005年	0.152	0.157	0.070	0.083	0.170	0.220	0.096	25.953	61.370	12.677
	2006年	0.145	0.153	0.071	0.082	0.154	0.206	0.100	26.622	59.017	14.361
	2007年	0.140	0.145	0.073	0.084	0.150	0.196	0.097	26.944	59.182	13.875
	2008年	0.141	0.141	0.074	0.094	0.143	0.197	0.107	27.064	58.948	13.988
	2009年	0.140	0.135	0.080	0.096	0.141	0.196	0.109	26.950	59.388	13.662
	2010年	0.144	0.146	0.081	0.092	0.145	0.201	0.113	27.180	59.597	13.223
	2011年	0.148	0.149	0.084	0.096	0.151	0.204	0.112	27.406	60.196	12.398
	2012年	0.144	0.147	0.082	0.084	0.142	0.203	0.116	26.717	60.780	12.503
	2013年	0.140	0.142	0.076	0.086	0.138	0.200	0.111	26.610	60.578	12.812
	2014年	0.140	0.145	0.077	0.085	0.139	0.196	0.111	27.063	59.284	13.653
	2015年	0.135	0.143	0.096	0.081	0.139	0.174	0.113	28.402	53.189	18.408
	2016年	0.134	0.147	0.089	0.086	0.138	0.171	0.113	28.953	49.523	21.524
	平均	0.142	0.146	0.079	0.087	0.146	0.197	0.108	27.155	58.421	14.424

附表3-5　八区域下制造业与其他门类服务业耦合协调度的Dagum基尼系数分解

制造业与服务业		总体	区域内差异	区域间差异	超变密度	贡献率/(%)		
						区域内	区域间	超变密度
S_1	2005年	0.160	0.008	0.131	0.021	5.077	81.942	12.981
	2006年	0.161	0.008	0.132	0.021	4.975	82.260	12.765
	2007年	0.154	0.008	0.129	0.018	4.905	83.675	11.419
	2008年	0.149	0.007	0.124	0.018	4.888	83.281	11.831
	2009年	0.139	0.008	0.114	0.018	5.562	81.862	12.576
	2010年	0.138	0.008	0.112	0.018	5.696	81.144	13.161
	2011年	0.136	0.008	0.111	0.017	5.685	81.799	12.516
	2012年	0.135	0.008	0.108	0.019	5.925	80.326	13.749
	2013年	0.139	0.008	0.108	0.023	6.113	77.629	16.258
	2014年	0.141	0.009	0.110	0.022	6.125	77.986	15.889
	2015年	0.143	0.009	0.113	0.021	6.087	79.001	14.912
	2016年	0.146	0.009	0.115	0.021	5.960	79.335	14.705
	平均	0.145	0.033	0.101	0.011	22.945	69.670	7.385

（续表）

制造业与服务业		总体	区域内差异	区域间差异	超变密度	贡献率/(%)		
						区域内	区域间	超变密度
S_2	2005 年	0.161	0.008	0.129	0.023	5.273	80.289	14.438
	2006 年	0.165	0.009	0.130	0.026	5.261	78.925	15.314
	2007 年	0.159	0.008	0.129	0.021	5.133	81.466	13.402
	2008 年	0.156	0.008	0.127	0.021	5.262	81.317	13.421
	2009 年	0.150	0.008	0.120	0.021	5.671	80.389	13.940
	2010 年	0.149	0.008	0.120	0.021	5.539	80.659	13.802
	2011 年	0.150	0.008	0.124	0.018	5.504	82.268	12.228
	2012 年	0.152	0.009	0.123	0.020	5.696	81.183	13.121
	2013 年	0.159	0.010	0.126	0.024	6.049	79.151	14.800
	2014 年	0.162	0.009	0.129	0.024	5.855	79.551	14.595
	2015 年	0.164	0.010	0.131	0.022	5.945	80.297	13.759
	2016 年	0.164	0.009	0.133	0.021	5.607	81.624	12.769
	平均	0.145	0.033	0.101	0.011	22.945	69.670	7.385
S_5	2005 年	0.151	0.009	0.118	0.024	5.916	77.892	16.191
	2006 年	0.156	0.008	0.128	0.021	4.847	81.909	13.243
	2007 年	0.153	0.008	0.129	0.017	5.103	83.806	11.091
	2008 年	0.150	0.007	0.126	0.017	4.743	84.153	11.104
	2009 年	0.140	0.008	0.112	0.020	5.379	80.165	14.456
	2010 年	0.150	0.008	0.122	0.020	5.407	81.452	13.140
	2011 年	0.146	0.008	0.118	0.020	5.723	80.398	13.879
	2012 年	0.144	0.008	0.117	0.019	5.655	81.334	13.011
	2013 年	0.144	0.009	0.111	0.024	6.152	77.058	16.790
	2014 年	0.151	0.009	0.118	0.023	5.885	78.632	15.483
	2015 年	0.154	0.009	0.122	0.023	5.657	79.211	15.131
	2016 年	0.155	0.009	0.122	0.024	5.782	79.002	15.216
	平均	0.145	0.033	0.101	0.011	22.945	69.670	7.385

(续表)

制造业与服务业		总体	区域内差异	区域间差异	超变密度	贡献率/(%)		
						区域内	区域间	超变密度
S_6	2005年	0.173	0.009	0.137	0.027	5.225	79.361	15.414
	2006年	0.174	0.009	0.136	0.028	5.318	78.412	16.270
	2007年	0.167	0.009	0.131	0.026	5.561	78.567	15.872
	2008年	0.164	0.009	0.129	0.026	5.708	78.507	15.785
	2009年	0.159	0.010	0.124	0.025	6.116	78.088	15.797
	2010年	0.157	0.010	0.123	0.024	6.251	78.519	15.229
	2011年	0.152	0.010	0.119	0.024	6.302	78.177	15.521
	2012年	0.149	0.010	0.114	0.026	6.529	76.384	17.088
	2013年	0.149	0.010	0.109	0.030	6.849	73.205	19.946
	2014年	0.154	0.010	0.114	0.030	6.753	73.970	19.278
	2015年	0.158	0.010	0.121	0.027	6.579	76.271	17.150
	2016年	0.164	0.010	0.129	0.025	6.289	78.238	15.473
	平均	0.145	0.033	0.101	0.011	22.945	69.670	7.385
S_7	2005年	0.163	0.009	0.129	0.025	5.317	79.183	15.501
	2006年	0.165	0.009	0.131	0.025	5.541	79.156	15.303
	2007年	0.164	0.009	0.131	0.024	5.362	79.958	14.680
	2008年	0.169	0.009	0.136	0.025	5.277	80.245	14.479
	2009年	0.166	0.009	0.135	0.022	5.548	81.117	13.335
	2010年	0.168	0.009	0.138	0.021	5.555	81.935	12.510
	2011年	0.167	0.009	0.137	0.021	5.629	81.940	12.431
	2012年	0.165	0.009	0.137	0.019	5.385	83.297	11.318
	2013年	0.169	0.009	0.138	0.021	5.397	82.032	12.571
	2014年	0.172	0.010	0.138	0.024	5.538	80.420	14.042
	2015年	0.173	0.010	0.139	0.025	5.574	80.080	14.346
	2016年	0.175	0.010	0.143	0.023	5.460	81.601	12.939
	平均	0.145	0.033	0.101	0.011	22.945	69.670	7.385

(续表)

制造业与服务业		总体	区域内差异	区域间差异	超变密度	贡献率/(%)		
						区域内	区域间	超变密度
S_8	2005年	0.149	0.008	0.113	0.027	5.662	75.951	18.387
	2006年	0.150	0.008	0.117	0.025	5.320	77.921	16.759
	2007年	0.143	0.008	0.110	0.026	5.379	76.604	18.016
	2008年	0.146	0.008	0.119	0.019	5.500	81.569	12.931
	2009年	0.146	0.009	0.115	0.022	6.154	78.776	15.070
	2010年	0.150	0.009	0.117	0.023	6.141	78.279	15.580
	2011年	0.152	0.009	0.119	0.023	6.157	78.545	15.298
	2012年	0.156	0.010	0.120	0.026	6.343	76.827	16.829
	2013年	0.158	0.010	0.120	0.027	6.582	76.198	17.221
	2014年	0.157	0.010	0.120	0.027	6.519	76.167	17.314
	2015年	0.160	0.011	0.122	0.028	6.578	76.121	17.301
	2016年	0.163	0.010	0.129	0.025	5.956	78.914	15.129
	平均	0.145	0.033	0.101	0.011	22.945	69.670	7.385
S_9	2005年	0.144	0.008	0.112	0.024	5.630	77.781	16.589
	2006年	0.146	0.008	0.112	0.026	5.679	76.719	17.601
	2007年	0.140	0.008	0.108	0.024	5.930	77.071	16.999
	2008年	0.139	0.009	0.104	0.026	6.112	74.964	18.924
	2009年	0.136	0.009	0.101	0.026	6.404	74.191	19.405
	2010年	0.137	0.009	0.101	0.027	6.484	73.894	19.622
	2011年	0.135	0.009	0.100	0.026	6.575	73.809	19.616
	2012年	0.131	0.009	0.096	0.027	6.674	73.002	20.324
	2013年	0.134	0.009	0.097	0.028	6.746	72.630	20.624
	2014年	0.137	0.009	0.099	0.028	6.919	72.350	20.732
	2015年	0.138	0.010	0.102	0.026	6.919	74.074	19.007
	2016年	0.141	0.010	0.105	0.026	6.798	74.977	18.225
	平均	0.145	0.033	0.101	0.011	22.945	69.670	7.385

（续表）

制造业与服务业		总体	区域内差异	区域间差异	超变密度	贡献率/(%)		
						区域内	区域间	超变密度
S_{11}	2005年	0.162	0.010	0.122	0.030	6.087	75.246	18.667
	2006年	0.160	0.009	0.121	0.030	5.853	75.698	18.448
	2007年	0.152	0.009	0.116	0.027	5.861	76.622	17.517
	2008年	0.148	0.009	0.113	0.027	5.882	76.104	18.015
	2009年	0.142	0.009	0.105	0.029	6.524	73.414	20.061
	2010年	0.140	0.008	0.106	0.025	6.024	76.045	17.931
	2011年	0.139	0.009	0.106	0.024	6.184	76.580	17.237
	2012年	0.137	0.009	0.104	0.024	6.331	75.901	17.768
	2013年	0.140	0.009	0.104	0.028	6.317	74.052	19.631
	2014年	0.143	0.009	0.103	0.030	6.567	72.362	21.071
	2015年	0.139	0.009	0.103	0.027	6.609	73.910	19.481
	2016年	0.142	0.009	0.106	0.027	6.573	74.638	18.789
	平均	0.145	0.033	0.101	0.011	22.945	69.670	7.385
S_{12}	2005年	0.157	0.010	0.114	0.033	6.592	72.534	20.875
	2006年	0.159	0.010	0.118	0.031	6.240	74.213	19.546
	2007年	0.150	0.010	0.110	0.030	6.405	73.387	20.207
	2008年	0.150	0.010	0.109	0.031	6.547	72.806	20.647
	2009年	0.146	0.010	0.105	0.031	7.031	72.016	20.952
	2010年	0.142	0.010	0.102	0.029	6.917	72.281	20.802
	2011年	0.140	0.010	0.104	0.026	6.862	74.539	18.599
	2012年	0.140	0.010	0.102	0.029	6.931	72.611	20.458
	2013年	0.144	0.010	0.102	0.032	7.175	70.661	22.164
	2014年	0.147	0.011	0.105	0.032	7.128	70.939	21.934
	2015年	0.148	0.011	0.106	0.032	7.158	71.311	21.531
	2016年	0.147	0.010	0.106	0.031	7.108	72.032	20.860
	平均	0.145	0.033	0.101	0.011	22.945	69.670	7.385

(续表)

制造业与服务业		总体	区域内差异	区域间差异	超变密度	贡献率/(%)		
						区域内	区域间	超变密度
S_{13}	2005年	0.157	0.009	0.123	0.024	5.646	78.766	15.587
	2006年	0.156	0.009	0.123	0.024	5.566	78.898	15.536
	2007年	0.149	0.008	0.118	0.023	5.646	79.057	15.296
	2008年	0.152	0.009	0.121	0.023	5.741	79.337	14.922
	2009年	0.147	0.009	0.116	0.022	6.140	78.948	14.912
	2010年	0.149	0.009	0.120	0.020	6.071	80.308	13.622
	2011年	0.147	0.009	0.119	0.019	5.970	80.927	13.103
	2012年	0.148	0.009	0.118	0.021	6.166	79.781	14.052
	2013年	0.150	0.010	0.116	0.025	6.441	77.087	16.472
	2014年	0.154	0.010	0.121	0.024	6.237	78.308	15.456
	2015年	0.152	0.009	0.120	0.023	6.098	78.850	15.052
	2016年	0.155	0.009	0.125	0.021	5.982	80.421	13.597
	平均	0.145	0.033	0.101	0.011	22.945	69.670	7.385
S_{14}	2005年	0.152	0.011	0.108	0.033	7.068	71.081	21.851
	2006年	0.145	0.010	0.101	0.034	7.221	69.617	23.162
	2007年	0.140	0.010	0.097	0.032	7.345	69.623	23.032
	2008年	0.141	0.010	0.099	0.032	7.338	70.135	22.527
	2009年	0.140	0.011	0.097	0.032	7.843	69.032	23.126
	2010年	0.144	0.011	0.098	0.035	7.869	67.802	24.328
	2011年	0.148	0.011	0.103	0.033	7.781	69.550	22.669
	2012年	0.144	0.011	0.099	0.034	7.592	68.550	23.857
	2013年	0.140	0.010	0.096	0.034	7.375	68.413	24.212
	2014年	0.140	0.010	0.096	0.033	7.350	68.964	23.686
	2015年	0.135	0.010	0.092	0.033	7.582	68.233	24.184
	2016年	0.134	0.010	0.090	0.034	7.661	66.948	25.390
	平均	0.145	0.033	0.101	0.011	22.945	69.670	7.385

附表 3-6 八区域下制造业与服务业各门类耦合协调度的区域间差异

门类	区域间差异	2005年	2006年	2007年	2008年	2009年	2010年	2011年	2012年	2013年	2014年	2015年	2016年
S_3	2-1	0.158	0.153	0.145	0.137	0.127	0.130	0.130	0.124	0.127	0.139	0.145	0.169
	3-1	0.241	0.246	0.239	0.220	0.203	0.212	0.214	0.193	0.193	0.213	0.230	0.258
	3-2	0.124	0.128	0.133	0.129	0.126	0.127	0.129	0.128	0.128	0.132	0.134	0.136
	4-1	0.174	0.173	0.169	0.159	0.146	0.153	0.162	0.158	0.174	0.183	0.180	0.187
	4-2	0.182	0.177	0.169	0.167	0.161	0.161	0.162	0.166	0.176	0.175	0.172	0.172
	4-3	0.205	0.206	0.200	0.200	0.194	0.194	0.194	0.191	0.199	0.196	0.193	0.198
	5-1	0.091	0.087	0.092	0.092	0.089	0.090	0.080	0.082	0.086	0.096	0.097	0.085
	5-2	0.149	0.145	0.144	0.144	0.145	0.155	0.142	0.147	0.151	0.156	0.170	0.171
	5-3	0.237	0.238	0.237	0.228	0.225	0.234	0.228	0.224	0.221	0.220	0.225	0.230
	5-4	0.162	0.165	0.164	0.158	0.150	0.161	0.164	0.166	0.183	0.190	0.194	0.193
	6-1	0.092	0.084	0.086	0.081	0.070	0.069	0.073	0.065	0.072	0.081	0.082	0.104
	6-2	0.154	0.151	0.140	0.127	0.111	0.103	0.092	0.098	0.096	0.090	0.088	0.085
	6-3	0.250	0.256	0.250	0.228	0.206	0.197	0.189	0.187	0.180	0.169	0.157	0.159
	6-4	0.161	0.159	0.153	0.147	0.133	0.136	0.144	0.145	0.162	0.162	0.157	0.157
	6-5	0.068	0.071	0.074	0.072	0.076	0.088	0.077	0.078	0.089	0.100	0.120	0.120
	7-1	0.097	0.088	0.091	0.092	0.099	0.087	0.082	0.088	0.083	0.078	0.059	0.038
	7-2	0.191	0.184	0.179	0.181	0.183	0.182	0.171	0.171	0.166	0.166	0.164	0.161
	7-3	0.288	0.289	0.289	0.281	0.277	0.275	0.267	0.261	0.255	0.256	0.252	0.250
	7-4	0.173	0.171	0.168	0.161	0.156	0.163	0.169	0.170	0.184	0.189	0.187	0.183
	7-5	0.086	0.083	0.082	0.083	0.089	0.087	0.081	0.079	0.081	0.087	0.092	0.090
	7-6	0.069	0.059	0.060	0.068	0.078	0.084	0.085	0.081	0.084	0.093	0.099	0.095
	8-1	0.173	0.184	0.179	0.189	0.193	0.182	0.176	0.186	0.192	0.182	0.167	0.137
	8-2	0.307	0.314	0.297	0.300	0.293	0.293	0.285	0.282	0.288	0.296	0.301	0.299
	8-3	0.397	0.411	0.400	0.393	0.381	0.379	0.375	0.367	0.371	0.380	0.382	0.382
	8-4	0.235	0.248	0.241	0.237	0.228	0.236	0.240	0.235	0.249	0.263	0.269	0.263
	8-5	0.176	0.192	0.180	0.182	0.171	0.164	0.165	0.160	0.167	0.178	0.175	0.170
	8-6	0.163	0.173	0.166	0.182	0.190	0.197	0.200	0.192	0.206	0.225	0.240	0.237
	8-7	0.125	0.139	0.126	0.127	0.121	0.123	0.127	0.125	0.132	0.139	0.145	0.145

(续表)

门类	区域间差异	2005年	2006年	2007年	2008年	2009年	2010年	2011年	2012年	2013年	2014年	2015年	2016年
S_4	2-1	0.165	0.158	0.151	0.140	0.127	0.134	0.142	0.132	0.129	0.124	0.124	0.140
	3-1	0.244	0.249	0.238	0.215	0.196	0.202	0.209	0.193	0.193	0.206	0.226	0.247
	3-2	0.125	0.132	0.132	0.129	0.125	0.126	0.132	0.127	0.127	0.132	0.139	0.141
	4-1	0.179	0.188	0.171	0.165	0.158	0.149	0.155	0.150	0.165	0.171	0.169	0.173
	4-2	0.168	0.176	0.159	0.157	0.156	0.142	0.135	0.135	0.150	0.154	0.152	0.155
	4-3	0.184	0.193	0.176	0.178	0.177	0.166	0.158	0.157	0.167	0.167	0.167	0.170
	5-1	0.099	0.095	0.096	0.098	0.093	0.097	0.102	0.096	0.104	0.107	0.103	0.087
	5-2	0.142	0.141	0.142	0.145	0.139	0.147	0.139	0.137	0.132	0.133	0.145	0.148
	5-3	0.228	0.237	0.230	0.214	0.207	0.214	0.214	0.209	0.202	0.205	0.212	0.212
	5-4	0.166	0.178	0.163	0.165	0.160	0.159	0.155	0.155	0.169	0.179	0.184	0.178
	6-1	0.102	0.097	0.094	0.089	0.084	0.090	0.101	0.092	0.099	0.092	0.095	0.121
	6-2	0.122	0.122	0.117	0.099	0.093	0.080	0.080	0.080	0.074	0.075	0.077	0.085
	6-3	0.217	0.226	0.219	0.188	0.168	0.160	0.160	0.162	0.148	0.146	0.139	0.130
	6-4	0.152	0.162	0.141	0.140	0.139	0.129	0.121	0.121	0.140	0.144	0.143	0.143
	6-5	0.066	0.069	0.078	0.090	0.093	0.102	0.096	0.091	0.099	0.106	0.123	0.122
	7-1	0.095	0.095	0.092	0.097	0.099	0.094	0.095	0.095	0.094	0.083	0.067	0.051
	7-2	0.159	0.165	0.163	0.170	0.169	0.163	0.146	0.146	0.130	0.117	0.111	0.110
	7-3	0.255	0.271	0.269	0.265	0.258	0.253	0.241	0.237	0.221	0.217	0.208	0.200
	7-4	0.169	0.182	0.169	0.173	0.173	0.165	0.156	0.159	0.167	0.168	0.164	0.156
	7-5	0.079	0.084	0.086	0.093	0.100	0.098	0.090	0.089	0.093	0.096	0.104	0.097
	7-6	0.064	0.070	0.070	0.089	0.103	0.103	0.093	0.088	0.089	0.084	0.080	0.077
	8-1	0.162	0.167	0.178	0.202	0.200	0.193	0.179	0.193	0.189	0.183	0.154	0.129
	8-2	0.295	0.294	0.296	0.309	0.293	0.292	0.280	0.283	0.274	0.273	0.263	0.264
	8-3	0.391	0.399	0.399	0.400	0.382	0.380	0.374	0.372	0.369	0.375	0.367	0.364
	8-4	0.266	0.264	0.277	0.280	0.264	0.273	0.273	0.274	0.273	0.277	0.272	0.263
	8-5	0.179	0.178	0.186	0.203	0.190	0.181	0.175	0.177	0.181	0.187	0.177	0.171
	8-6	0.190	0.190	0.197	0.230	0.229	0.234	0.228	0.223	0.234	0.242	0.240	0.246
	8-7	0.151	0.144	0.146	0.151	0.138	0.143	0.148	0.150	0.161	0.172	0.172	0.177

(续表)

门类	区域间差异	2005年	2006年	2007年	2008年	2009年	2010年	2011年	2012年	2013年	2014年	2015年	2016年
S_{10}	2-1	0.149	0.141	0.125	0.131	0.130	0.137	0.147	0.139	0.136	0.136	0.141	0.166
	3-1	0.282	0.237	0.204	0.184	0.171	0.165	0.170	0.163	0.160	0.174	0.200	0.222
	3-2	0.152	0.125	0.117	0.102	0.086	0.091	0.095	0.099	0.094	0.098	0.110	0.103
	4-1	0.195	0.199	0.187	0.178	0.169	0.174	0.169	0.159	0.172	0.182	0.175	0.177
	4-2	0.195	0.202	0.190	0.183	0.177	0.182	0.184	0.176	0.181	0.172	0.169	0.169
	4-3	0.227	0.220	0.205	0.195	0.185	0.193	0.199	0.194	0.195	0.192	0.196	0.195
	5-1	0.105	0.092	0.094	0.084	0.085	0.089	0.093	0.095	0.092	0.095	0.089	0.072
	5-2	0.156	0.153	0.142	0.146	0.152	0.164	0.163	0.157	0.159	0.153	0.163	0.161
	5-3	0.276	0.247	0.230	0.203	0.197	0.200	0.199	0.193	0.188	0.192	0.206	0.209
	5-4	0.200	0.200	0.192	0.180	0.173	0.179	0.169	0.162	0.179	0.187	0.188	0.185
	6-1	0.078	0.080	0.083	0.074	0.069	0.073	0.083	0.081	0.081	0.086	0.072	0.086
	6-2	0.171	0.161	0.141	0.135	0.137	0.136	0.133	0.118	0.106	0.092	0.082	0.083
	6-3	0.309	0.266	0.240	0.204	0.185	0.175	0.170	0.158	0.146	0.138	0.140	0.139
	6-4	0.186	0.191	0.182	0.168	0.157	0.160	0.152	0.144	0.160	0.161	0.153	0.154
	6-5	0.095	0.078	0.077	0.072	0.073	0.074	0.069	0.078	0.092	0.098	0.110	0.105
	7-1	0.106	0.115	0.124	0.108	0.112	0.118	0.107	0.103	0.090	0.087	0.060	0.042
	7-2	0.201	0.208	0.193	0.191	0.206	0.217	0.213	0.194	0.189	0.180	0.172	0.178
	7-3	0.332	0.309	0.285	0.259	0.252	0.255	0.248	0.233	0.227	0.233	0.231	0.234
	7-4	0.212	0.219	0.211	0.197	0.192	0.197	0.180	0.167	0.179	0.190	0.185	0.183
	7-5	0.121	0.111	0.106	0.097	0.101	0.098	0.086	0.083	0.084	0.083	0.085	0.079
	7-6	0.093	0.093	0.098	0.087	0.094	0.097	0.089	0.083	0.087	0.099	0.094	0.098
	8-1	0.191	0.176	0.194	0.178	0.183	0.178	0.166	0.175	0.178	0.169	0.139	0.127
	8-2	0.324	0.299	0.292	0.287	0.299	0.295	0.286	0.278	0.286	0.282	0.275	0.287
	8-3	0.449	0.396	0.383	0.351	0.343	0.332	0.320	0.316	0.322	0.332	0.330	0.340
	8-4	0.273	0.253	0.257	0.247	0.247	0.229	0.213	0.205	0.225	0.240	0.238	0.242
	8-5	0.197	0.165	0.168	0.159	0.156	0.141	0.130	0.131	0.148	0.153	0.145	0.145
	8-6	0.162	0.145	0.158	0.158	0.169	0.166	0.159	0.166	0.186	0.203	0.199	0.211
	8-7	0.138	0.104	0.111	0.103	0.104	0.095	0.085	0.094	0.105	0.110	0.112	0.117